EHUD NETZER

DIE PALÄSTE DER HASMONÄER UND HERODES' DES GROSSEN

SONDERHEFTE DER ANTIKEN WELT

Zaberns Bildbände zur Archäologie

VERLAG PHILIPP VON ZABERN · GEGRÜNDET 1785 · MAINZ

EHUD NETZER

Die Paläste der Hasmonäer und Herodes' des Großen

VERLAG PHILIPP VON ZABERN · MAINZ AM RHEIN

IV, 131 Seiten mit 113 Farb-, 19 Schwarzweiß- und 40 Strichabbildungen sowie einer Tabelle

Umschlag vorn: Luftaufnahme des Klippenpalastes von Caesarea Maritima, Blick nach Westen.

Vorsatz vorn: Eine Gruppe architektonischer Fragmente mit der Ebene von Jericho im Hintergrund.

Vorsatz hinten: Im runden Gebäude von Herodeion.

Umschlag hinten: Kopf eines Silens (?), Teil eines Waschbeckens im Unteren Herodeion.

Die Deutsche Bibliothek – CIP-Einheitsaufnahme

Die **Paläste der Hasmonäer und Herodes' des Großen** /
Ehud Netzer. [Übers.: Dominique Svenson und Hendrik Svenson-Evers]. –
Mainz am Rhein : von Zabern, 1999
ISBN 3-8053-2011-6 (Zaberns Bildbände zur Archäologie)
ISBN 3-8053-2569-X (Sonderhefte der Antiken Welt)

ISBN 3-8053-2011-6
ISBN 3-8053-2569-X (Sonderhefte der Antiken Welt)
Übersetzung aus dem Englischen: Dominique Svenson und Hendrik Svenson-Evers
Lithos: Scancomp, Wiesbaden
Satz und Gestaltung: Tina Heuser, Verlag Philipp von Zabern, Mainz

Printed in Germany by Philipp von Zabern
Printed on fade resistant and archival quality paper (PH 7 neutral) · tcf

Inhalt

Vorwort

Dieses Buch ist dem Andenken an meine Eltern Yosef-Shlomo und Puah Menczel gewidmet, die mich mit Liebe zu dem Erbe meiner Vergangenheit erfüllten

Expansionszüge und religiös-partikulare kriegerische Auseinandersetzungen innerhalb der jüdischen Gemeinschaft des Heiligen Landes kennzeichnen die Endphase der Epoche des zweiten Tempels. Es war dies die Übergangszeit von der hellenistischen zur römischen Welt, die Zeuge so bedeutsamer Entwicklungen wie der Kristallisation des jüdischen Glaubens und des Aufkommens des Christentums wurde.

Die geschichtlichen Ereignisse dieses Zeitraums sind aus den literarischen Quellen, vor allem den Schriften des Flavius Josephus, gut bekannt. Auch die archäologischen Überreste sind alles andere als spärlich. Die besterhaltenen und wohl auch lebendigsten Zeugnisse finden sich an Orten, die in den Regionen Palästinas liegen, in denen Wüstenbedingungen vorherrschen, also vorzugsweise in der judäischen Wüste (auch Jericho wird in diesem Zusammenhang zu dieser Kategorie gezählt). Auf jeden Fall kam vieles, was in diesem Buch vorgestellt wird, an solchen Fundorten ans Licht.

Dieses Buch faßt nicht nur das heutige Wissen über die von den Hasmonäern und von Herodes d. Gr. errichteten Paläste zusammmen, sondern bildet auch das Resümee der Jahrzehnte, in denen ich an der Freilegung einiger dieser Paläste beteiligt war, sei es, wie in Masada, als Architekt oder, wie in Jericho, im Unteren Herodeion, in Kypros und in dem Palast auf der Klippe in Caesarea Maritima, als Initiator und Direktor der Grabung (in Kypros teilte ich diese Verantwortung mit Immanuel Damati und in Caesarea mit Kathryn Gleason und Barbara Burrell).

Ich nutze diese Gelegenheit, um zuallererst den zahlreichen und engagierten Mitgliedern des Teams zu danken, das mich bei diesem bedeutenden Unternehmen begleitete, vor allem Rachel Bar-Nathan, Rivka Birger-Kalderon, Egon Lass, David Stacey, Silvia Rosenberg, Ronit Kamil-Gitler und Ayala Feller. Zu Dank verpflichtet bin ich ferner all den Institutionen, Fonds und Personen, die mir bei der Durchführung dieser Ausgrabungen behilflich waren. Besondere Erwähnung verdient die Unterstützung, die mir Sam Israel, Mendel Kaplan und Ben Frenkel gewährten.

Ich danke Jorje Salzberg für seine Hilfe beim Zeichnen eines Großteils der in diesem Buch abgebildeten Pläne (besonders der isometrischen) und Zeev Radovan, der die Fotografien bei den von mir geleiteten Grabungen aufnahm. Darüber hinaus gilt mein Dank Robert Emoils für die Übersetzung des Textes aus dem Hebräischen ins Englische und Dominique Svenson und Hendrik Svenson-Evers für die Übersetzung aus dem Englischen ins Deutsche.

Mein Dank gilt schließlich, aber nicht zuletzt Franz Rutzen und dem Verlag Philipp von Zabern für die Publikation dieses Buches.

Paläste und Dynasten

Im weitesten Sinne läßt sich ein Palast als Wohnsitz definieren. Bei dem Versuch, die unterschiedlichen Arten von Gebäuden innerhalb dieser Kategorie zu bestimmen, muß zunächst eine Unterscheidung zwischen dem gewöhnlichen Wohnsitz dieser Zeit und der Prachtvilla getroffen werden, die sich von ihm in Größe und glanzvoller Ausstattung unterschied. Ein Palast ist im Grunde genommen ein prachtvoller Wohnsitz, der als Residenz des Herrschers und Sitz der Staatsverwaltung dienen soll. Naturgemäß mochte er größer, komplexer und großartiger sein als eine Prachtvilla, doch war das nicht notwendigerweise der Fall. So sind Gebäude bekannt, die weder sonderlich groß noch prachtvoll waren, indes erwiesenermaßen als Residenz eines Herrschers dienten. Man wird solche Anlagen daher zu Recht als Paläste bezeichnen dürfen. Im umgekehrten Fall verdient ein besonders großer, komplexer und prachtvoller Wohnsitz die Bezeichnung Palast, auch wenn kein konkreter Hinweis ihn mit einem Königshaus verbindet. Auf jeden Fall dienten Paläste nicht nur als Wohnsitz für den Herrscher, sondern auch als eine Stätte für königliche Zeremonien und andere obligatorische Funktionen, die aus seiner Stellung resultierten. Sie boten ferner Raum für den Empfang von Untertanen und von ausländischen Gästen sowie für Beratungen mit Regierungsmitgliedern, die häufig Familienangehörige oder enge Freunde waren. Gelegentlich wurden Paläste zu Festungen ausgebaut, um dem Herrscher und seiner Familie Schutz zu bieten.

Die ältesten herrschaftlichen Repräsentationsbauten

Paläste existierten in Israel seit verhältnismäßig früher Zeit. Die älteste bauliche, als Palast gedeutete Anlage liegt im nördlichen Teil des Negev, der südlichen Region des Heiligen Landes, im frühbronzezeitlichen Arad[1]. Die Ausgräber von Megiddo (einer berühmten alten Stadt an der Kreuzung der Verkehrswege im Norden des Landes) entdeckten außergewöhnlich große Gebäude, die sie als Paläste bezeichneten und die aus der Mittleren Bronzezeit stammen[2]. Einer der berühmtesten Paläste, die in diesem Land freigelegt wurden, ist derjenige der israelitischen Könige in Samaria, zur Zeit des Herodes Sebaste genannt, dessen hervorstechendste bauliche Merkmale die Verwendung von behauenen Steinen und die exquisiten Elfenbeinarbeiten sind. Allerdings ist dieser Palast bislang nicht völlig ausgegraben[3]. Er diente als Residenz der Herrscher des nördlichen Landesteils von Israel zur Zeit des ersten Tempels. Hier residierten König Ahab und seine berüchtigte Frau Jezebel. Vor kurzem wurde ein anderer Palast Ahabs in Jezreel (einem Ort am Rande des gleichnamigen Tales) teilweise ausgegraben, doch legte man bis heute hauptsächlich die ihn schützenden Befestigungsanlagen frei[4]. Die Reste eines weiteren Palastes aus derselben Zeit wurden im Tell Lachish, südöstlich von Jerusalem, ausgegraben. Erhalten sind allerdings nur die Fundamente der einstigen Anlage[5].

Aus der Bibel sind viele Einzelheiten der von König Salomon in Jerusalem erbauten Paläste bekannt. Offenbar waren an ihrer Errichtung phönizische Architekten und Bauarbeiter beteiligt, und einige Baumaterialien, in der Hauptsache Holz, wurden aus dem Libanon importiert:

«Salomo baute auch einen Palast für sich selbst. Es dauerte dreizehn Jahre, bis die ganze Anlage vollendet war. Er baute eine große Halle, die der ›Libanonwald‹ genannt wurde. Sie war 50 Meter lang, 25 Meter breit und 15 Meter hoch. Ihre Decke wurde von vier Reihen von Zedernsäulen getragen, auf denen Zedernbalken ruhten. Im Obergeschoß befanden sich 45 abgeteilte Räume, die mit Zedernbrettern gedeckt waren, je 15 in einer Reihe. Die Halle hatte an den beiden Seitenwänden drei übereinanderliegende Reihen von je drei Fenstern, die sich genau gegenüberstanden. An den Schmalseiten waren je drei einander gegenüberliegende Türen, deren Rahmen vierfach abgestuft waren. Weiter baute Salomo die ›Säulenhalle‹ und die ›Thronhalle‹. Die Säulenhalle war 25 Meter lang und 15 Meter breit und hatte eine Vorhalle, deren Dach ebenfalls von Säulen getragen wurde. Die Thronhalle war vom Boden bis zur Decke mit Zedernholz getäfelt. Sie hieß auch Gerichtshalle, weil der König hier Gericht hielt. Salomos Wohnhaus lag hinter der Thronhalle in einem anderen Hof. Es war in derselben Bauweise errichtet, und ebenso das Haus für die ägyptische Königstochter, die Salomo geheiratet hatte. Alle diese Gebäude waren aus besten Quadersteinen aufgeführt, die auf der Außen- und Innenseite mit der Steinsäge geschnitten waren. Die Fundamente bestanden aus mächtigen Steinblöcken, teils vier, teils fünf Meter lang. Darauf erhoben sich Mauern aus Quadersteinen, zwischen denen Balken aus Zedernholz eingefügt waren. Der große Hof um die Palastgebäude war von einer Mauer eingefaßt, die abwechselnd aus drei Lagen behauener Steine und einer Lage Zedernbalken aufgeführt war. In derselben Bauweise waren auch die Mauer um den inneren Vorhof und die Vorhalle des Tempels errichtet worden» (1. Könige 7, 1–12)[6].

Bedauerlicherweise konnte dieser Komplex, der die grundlegende Scheidung von Empfangs- und häuslichen Bereichen so vorzüglich widerspiegelt, bislang nicht lokalisiert werden. Bemerkenswert ist die Verwendung von Zedern aus dem Libanon, die auch in späteren Zeiten für die Errichtung königlicher oder öffentlicher Gebäude in Israel benutzt wurden.

Die Dynastien der Hasmonäer und Idumäer

Im Mittelpunkt dieses Buches stehen die Paläste der Hasmonäerdynastie und diejenigen des Herodes, der auch Herodes der Große genannt wird. Diese beiden Königsfamilien herrschten nacheinander (zuerst die Hasmonäer, dann die Dynastie des Herodes) in Israel im 2. und 1. Jh. v. Chr., genauer: von der zweiten Hälfte des 2. Jhs. v. Chr. bis zum Beginn des 1. Jhs. n. Chr.[7] (Abb. 1). Die beiden Familien unterschieden sich in vielerlei Hinsicht. Während die hasmonäische Dynastie sich ausschließlich aus einer Priesterfamilie rekrutierte, war Herodes der Sproß einer idumäischen Familie, die, zusammen mit anderen Idumäern, zur Zeit des Alexander Jannaios (103–76 v. Chr.) zum Judentum übergetreten war.

Die Entstehung des hasmonäischen Königreiches war das Ergebnis eines

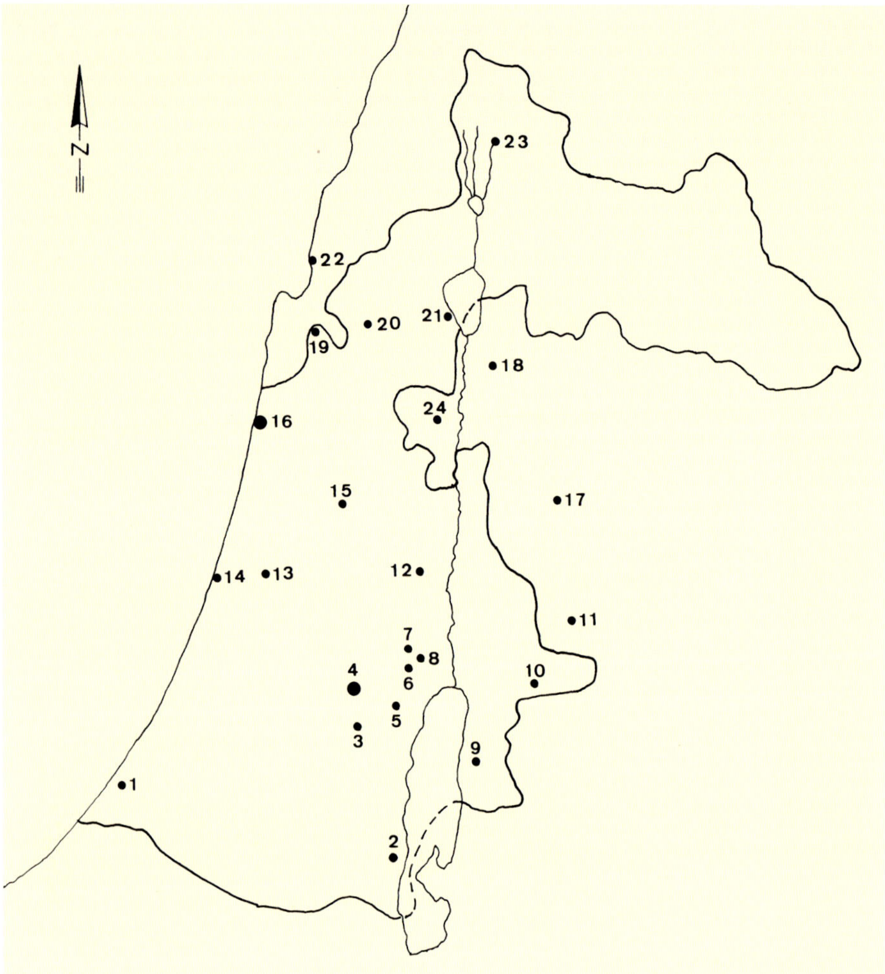

1

Aufstandes der Juden unter Führung einer Priesterfamilie aus Modiin gegen das im Niedergang begriffene Königreich der Seleukiden. Anfänglich wurde diese Revolte von fünf Brüdern angeführt, den Söhnen von Mattathias dem Makkabäer. Im Zuge dieser als Makkabäer-Aufstand bekannten Erhebung gelangten die Hasmonäer an die Macht und gründeten schließlich eine unabhängige Dynastie. Der letzte der Brüder, Simon (143/2–135/4 v. Chr.), herrschte bereits über ein verhältnißmäßig geordnetes Reich, doch erst sein Sohn Johannes Hyrkanos I. (135/4–104 v. Chr.) ließ sich zum König ausrufen. Die unabhängige Herrschaft der Hasmonäer währte bis zur Eroberung des Landes durch Pompeius, im Jahre 63 v. Chr. Danach leiteten sie die Staatsgeschäfte als Klientelkönige mit dem Titel eines Ethnarchen bis zum Jahre 40 v. Chr. (oder 37 v. Chr., wenn man die kurze Regierungszeit von Mattathias Antigonos mitrechnet).

Über die Bauprojekte der Hasmonäer ist wenig bekannt. Ihr Hauptpalast (bzw. ihre Paläste) befand sich in der Hauptstadt Jerusalem; Reste davon wurden bislang nicht entdeckt. Andererseits sind die von ihnen in Jericho errichteten Winterpaläste aufgrund der umfangreichen Ausgrabungen gut bekannt, die dort unter meiner Leitung zwischen 1973 und 1987 vorgenommen wurden[8]. Ebenfalls hier beschrieben werden die von ihnen erbauten Festungen, die aller Wahrscheinlichkeit nach auch Palastflügel enthielten. Die Hasmonäer unterhielten möglicherweise außer in Jerusalem und Jericho in noch weiteren Städten Paläste, doch ist darüber weder durch frühe schriftliche Überlieferungen noch durch archäologische Ausgrabungen etwas bekannt.

Herodes wurde am hasmonäischen Hof erzogen. Sein Vater Antipater, ein erfahrener Politiker, war ein enger Ratgeber und der erste Minister von Hyrkanos II. (76–67; 63–40 v. Chr.). Sein erstes politisches Amt, das eines Statthalters von Galiläa, erhielt Herodes von Hyrkanos II. (gleichzeitig amtierte sein älterer Bruder Phasael als Statthalter von Judäa). Im Jahre 40 v. Chr. wurde Syrien von den Parthern erobert. Der Hasmonäerprinz Mattathias Antigonos (40–37 v. Chr.) schloß mit ihnen ein Bündnis und wurde von ihnen als Zeichen der Anerkennung zum Herrscher über Judäa eingesetzt. Herodes blieb keine andere Wahl, als mit seiner Familie und seinen Leibwächtern zu fliehen (in dem dem Herodeion gewidmeten Kapitel wird dieses Ereignis ausführlich behandelt). Er gelangte nach Rom, wo ihn der Senat zum König über Judäa einsetzte. Der neue Monarch benötigte drei Jahre aufreibenden Kampfes, um seinen Thronanspruch durchzusetzen und Judäa von der Herrschaft des Mattathias Gonatas zu befreien.

Herodes' Regierung währte lange, nämlich ungefähr 36 Jahre, vom Zeitpunkt seiner Einsetzung im Jahre 40 v. Chr. bis zu seinem Tode 4 v. Chr. Diese ersten Jahre der *pax Romana* waren für Israel eine Zeit relativer Ruhe und wirtschaftlicher Blüte. Herodes regierte sein Königreich mit fester Hand und erreichte Bemerkenswertes in der Verwaltung und der wirtschaftlichen Entwicklung, was ihm die Ausführung verschiedener Bauvorhaben ermöglichte. Diese Projekte umfaßten zur damaligen Zeit alle Bereiche des Lebens. Seine beiden bedeutendsten Unternehmungen waren der Neubau des zweiten Tempels in Jerusalem und die Anlage eines Hafens – »Sebastos« – an der offenen Küste von Caesarea, auch Caesarea Maritima genannt. Ferner errichtete er mehrere Paläste, die zu einem großen Teil durch die Ausgrabungen der letzten Jahre bekannt sind und in diesem Buch beschrieben werden. Im Gegensatz zu den Bauprojekten der Hasmonäer fanden diejenigen des Herodes in beträchtlichem Ausmaß Erwähnung in den literarischen Quellen, vor allem in den Werken des jüdischen Historikers Flavius Josephus. Er gibt eine ziemlich detaillierte Beschreibung der beiden Paläste in der Hauptstadt – der Antonia und des Hauptpalastes in der Oberstadt. Von ihnen ist nur sehr wenig erhalten, und man wüßte ohne die literarische Überlieferung nicht einmal von ihrer Existenz.

Ungeachtet der großen Unterschiede zwischen der hasmonäischen und der herodianischen Dynastie gibt es auch viele Gemeinsamkeiten. Beide herrschten über dasselbe Gebiet und dasselbe Volk, wenngleich Herodes' Reich, und in geringerem Ausmaß auch das der Hasmonäer, auch Angehörige anderer Nationen umfaßte.

***Abb. 1** Karte von Eretz-Israel (Palästina) zur Regierungszeit des Herodes, mit Eintragung der in diesem Buch erwähnten Orte. 1. Askalon, 2. Masada, 3. Herodeion, 4. Jerusalem, 5. Hyrkania, 6. Kypros, 7. Qarantal, 8. Jericho, 9. Maichairus, 10. Esbus, 11. Philadelphia, 12. Alexandreion, 13. Antipatris, 14. Jaffa, 15. Samaria-Sebaste, 16. Caesarea Maritima, 17. Gerasa, 18. Gadara, 19. Gaba Hippeon, 20. Sepphoris, 21. Tiberias, 22. Akko Ptolemais, 23. Banias, 24. Beth Shean.*

Der erste hasmonäische Palast des Johannes Hyrkanos I.

Südlich der heutigen Stadt Jericho erstreckt sich entlang der antiken Straße, die von Jerusalem durch das Wadi Qelt in die Ebene herabführte, ein ausgedehntes Gelände, das früher Tulul Abu el-'Alayiq genannt wurde. Seit dem letzten Drittel des 19. Jhs. zog es die Aufmerksamkeit aller Gelehrten auf sich, welche die Ebene von Jericho erforschten[9]. Nach allgemeiner Ansicht lag dort das Jericho aus der Zeit des zweiten Tempels oder das «Jericho des Neuen Testamentes», wie es gelegentlich bezeichnet wird, im Gegensatz zum Tell es-Sultan, dem bekannten Ort des vorgeschichtlichen und des biblischen Jericho, das eine der ältesten Städte der Welt ist. Der Name Abu el-'Alayiq leitet sich von den beiden Hügeln im Norden und Süden her, die sich zu beiden Seiten des Wadi Qelt erheben. Die Mehrzahl der Forscher brachte diese beiden Tells mit den zwei Festungen in Verbindung, die Pompeius nach seiner Eroberung Palästinas 63 v. Chr. zerstörte: Der Historiker Strabon berichtet, daß die Festungen der »Tyrannen«, welche die Verkehrswege nach Jericho sicherten, von dem römischen Oberbefehlshaber zerstört wurden[10].

Im Jahre 1868 unternahm Charles Warren als erster Archäologe Ausgrabungen an diesem Ort. Der legendäre Warren, der hauptsächlich durch seine Untersuchungen auf dem Tempelberg in Jerusalem berühmt wurde, grub in jenem Jahr im Rahmen von Ausgrabungen auf insgesamt neun Tells in der Ebene von Jericho, um das Jericho der Zeit Joshuas zu finden, in begrenztem Umfang auch auf den beiden oben erwähnten Tells[11]. Später, kurz vor Ausbruch des Ersten Weltkriegs, wurden die Arbeiten auf den Gipfeln dieser beiden Tells von den deutschen Archäologen Sellin, Watzinger und Noldeke weitergeführt. Sie waren Mitglieder einer Expedition, die sich auf die Untersuchung des ältesten Tells in der Ebene von Jericho konzentrierte, des Tell es-Sultan, wo das Jericho der Zeit Joshuas lag[12]. Die Erforschung des an das Wadi Qelt angrenzenden Geländes wurde 1950 durch die beiden amerikanischen Archäologen Kelso und Baramki[13] und ein Jahr später durch ihren Landsmann Pritchard[14] wiederaufgenommen. Die beiden amerikanischen Expeditionen setzten nicht nur die Erforschung der beiden Tells fort, sondern legten auch die Überreste prächtiger Gebäude südlich des Wadi Qelt frei, die alle aus der Zeit des Herodes stammen.

2

Abb. 2 Antike Kanäle westlich des hasmonäischen Palastes im Westteil der Ebene von Jericho. Große Abschnitte dieser Leitungen wurden schon vor dem Beginn der archäologischen Forschungen an der Oberfläche freigelegt.

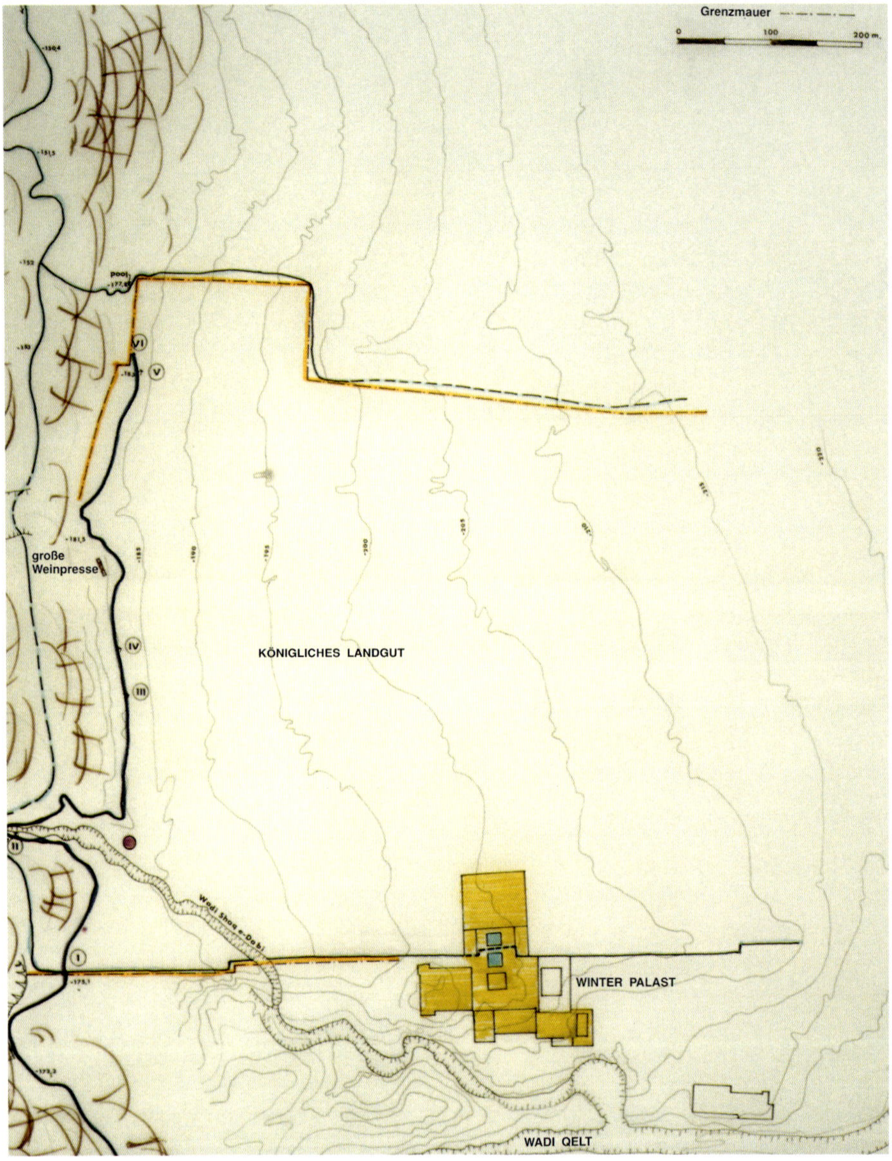

3

Die bislang umfassendste Erforschung des Ortes führte ich im Auftrag der Hebräischen Universität ab Anfang 1973 durch[15]. In mühevoller Arbeit, die sich über fast 15 Jahre hinzog, wurde ein großer Teil des Areals freigelegt. Im Zuge dieser Untersuchung zeichnete sich ab, daß hier tatsächlich große Arbeiten gegen Ende der Zeit des zweiten Tempels durchgeführt worden waren. Klar wurde aber auch, daß sich in Wirklichkeit hier nicht das Jericho jener Tage befunden hatte, sondern vielmehr ein Komplex von Winterpalästen. Damals war die Stadt offenbar noch nicht an einem Ort konzentriert, sondern die Gebäude lagen verstreut, in der Art einer Gartenstadt zwischen schon bestehenden Obstgärten und Plantagen. Den Komplex der Winterpaläste, der viele verschiedene Entwicklungsstadien durchlief, benutzten zuerst die hasmonäischen Herrscher, später dann Herodes und sein Sohn, die alle ihren ständigen Wohnsitz in Jerusalem hatten.

Die Anfänge der hasmonäischen Paläste

Die Aktivitäten der Hasmonäer im Westteil der Ebene von Jericho galten zunächst der Entwicklung der Landwirtschaft. Diese Ebene besitzt im Grunde Wüstencharakter, weshalb der Anbau von Feldfrüchten nur mit Hilfe von künstlicher Bewässerung möglich war. Innerhalb der Stadtgrenzen des heutigen Jericho befindet sich die Quelle Ein as-Sultan, in deren unmittelbarer Nachbarschaft sich die antike Stadt Jericho entwickelte. Das gesamte Wasser dieser Quelle wurde offenbar bereits vor der Hasmonäerzeit für landwirtschaftliche Zwecke verwendet. Dagegen wurden die zahlreichen ergiebigen Quellen in der Umgebung der Ebene von Jericho, im Wadi Qelt und im Gebiet von Na'aran, nur zum Teil nutzbar gemacht (Abb. 2). Als erstes zapfte man im Rahmen dieser neuen Maßnahmen die drei Quellen im Wadi Qelt an: Ein Fara, Ein el-Fawar und Ein Qelt. Von der höchstgelegenen der drei wurde eine Wasserleitung auf der nördlichen Böschung des Wadi angelegt, die das Wasser aller drei Quellen kanalisierte und zum westlichen Teil der Ebene leitete[16]. Die Wasserleitung versorgte ein Gebiet von wenigstens 45 ha (450 *Dunam*), das niemals zuvor bewässert worden war und von nun an als eine landwirtschaftliche Anlage dienen sollte, von uns »königliches Landgut« genannt (Abb. 3).

Unsere Untersuchungen und Ausgrabungen haben die gesamte Infrastruktur dieses königlichen Landgutes offengelegt, das von einer Mauer begrenzt wurde und eine Anzahl landwirtschaftlicher Einrichtungen umfaßte[17]. Die Wasserleitung endete am Nordrand des Gutes und diente zweifellos zu seiner Bewässerung. Historischen Quellen zufolge wurden hier Dattelpalmen und Balsamsträucher (*opabalsamum*) kultiviert. Die Datteln, so heißt es, verwendete man hauptsächlich zur Weinherstellung, während die Balsamsträucher zur Produktion von Parfums und Medikamenten dienten[18]. Bei den meisten der in der Nachbarschaft des königlichen Landgutes entdeckten Anlagen handelte es sich um Weinpressen (deren besondere Konstruktion die Schlußfolgerung zuläßt, daß sie zur Herstellung von Wein aus Datteln, nicht aus Trauben dienten), wohingegen die übrigen wohl der Parfumerzeugung dienten (Abb. 4). Eine weitere Anlage, die in der Umgebung des königlichen Landgutes freigelegt wurde, bestand aus einem runden Turm, der vermutlich als Wachtturm diente und in seinem unteren Teil einen Taubenschlag (*columbarium*) besaß (Abb. 5). Das Bedürfnis nach einem Wachtturm an dieser Stelle resultierte wahrscheinlich aus der Lage in der Nähe einer alten Straße, die einst Jericho mit dem nördlich von Jerusalem gelegenen Beth-El verband. Drei ähnliche Türme wurden in Masada entdeckt, und die Fundamente eines weiteren, der offenbar derselben Kategorie angehörte, wurden in Kypros freigelegt. In

***Abb. 3** Plan des Königsgutes. Der hasmonäische Palastkomplex ist gelb gezeichnet. Die römischen Zahlen I bis VI bezeichnen die Öffnungen in der Hauptwasserleitung, von denen das Wasser zu kleineren, es zu den Feldern bringenden Kanälen abfließt.*

***Abb. 4** Weinpresse mit walzenförmigem Quetschstein; im Hintergrund Nuseib 'Uweishira.*

***Abb. 5** Ein westlich des Königsgutes entdeckter Kolumbarienturm.*

all diesen Fällen ist zu vermuten, daß es sich um Wachttürme mit einem Taubenschlag im unteren Geschoß handelte, eine Kombination von Funktionen, die wahrscheinlich von den Hasmonäern erfunden wurde[19].

Möglicherweise als Bestandteil der ursprünglichen Planung errichtete man nicht lange nach der Fertigstellung des königlichen Landgutes einen im Süden daran angrenzenden Winterpalast. Der für diesen Palast gewählte Ort lag am Rand des Gutes, nahe der Stelle, wo das Wadi Qelt aus den Bergen heraustritt. Es ist dies der Jerusalem nächstgelegene Punkt der ganzen Ebene, nur 20 km, weniger als einen Tagesmarsch, von der Stadt entfernt. An dieser Stelle erlaubt eine leichte Anhöhe einen Blick über den größten Teil der Ebene. Dieser Umstand dürfte einer der Gründe gewesen sein, die ausschlaggebend für die Errichtung des Palastes gerade an dieser Stelle waren (Abb. 6, 7).

Die Nähe zu Jerusalem, das milde Klima im Winter (die Temperatur liegt hier im Durchschnitt 10 Grad über derjenigen in Jerusalem), die enge Nachbarschaft zum königlichen Landgut, das in den wenigen Jahren seiner Existenz bereits Früchte trug, und sicherlich auch die reichliche Versorgung mit dem hierher geleiteten Wasser bildeten eine solide Grundlage für den erfolgreichen Unterhalt eines Winterpalastes. Rückblickend ist festzustellen, daß der hasmonäische Palast mit seinen sechs Entwicklungsphasen und später derjenige des Herodes mit seinen drei Phasen den besten Beweis für die Richtigkeit der Erwägungen liefern, die die Errichtung eines Winterpalastes und die Wahl seines Ortes leiteten.

Der erste hasmonäische Palast in Jericho (Abb. 8) wurde, wie schon oben erwähnt, unweit der Stelle erbaut, wo das Wadi Qelt die Berge verläßt, nahe dem Punkt, an dem das weniger bekannte Wadi Sheikh ad-Dabi darin einmündet. Hier liegt der nördliche der beiden Tells von Tulul 'Abu el Alayiq. Dem Bau des Palastes ging die Errichtung eines Wachtturms direkt oberhalb des Wadi Sheikh ad-Dabi voraus, der offensichtlich einen Teil der Verteidigungsanlage des königlichen Landgutes bildete. Dieser Turm maß im Grundriß etwa 13 x 13 m und verfügte über Außenmauern aus Quadersteinen. Als die Entscheidung fiel, den Palast zu bauen, gelang es den Architekten, den Turm in die neue Anlage mit einzubeziehen und dadurch seinen Abriß zu vermeiden. Da der Palast vermutlich von Anfang an so angelegt war, daß man ihn notfalls verteidigen konnte, fügte er sich sogar gut in das Gesamtkonzept ein. Der Turm

4

bildete später die Südwestecke des Palastes.

Bedauerlicherweise ist das Wissen um den ersten an dieser Stelle errichteten Palasts lückenhaft (Abb. 9). Wie noch eingehend darzulegen ist, beschloß man

5

6

in einem späteren Stadium, den Palast mit Erde zu füllen, um einen neuen, mit einem Graben umgebenen Palast darüber zu errichten. In Wirklichkeit bestand der Unterbau aus einer Kombination von Erdpackungen und steinernen Mauern. Im Zuge der Bauarbeiten wurden Teile des ursprünglichen Gebäudes, vor allem an seiner Peripherie, beschädigt. Jedenfalls verfügten wir nicht über die Mittel und die nötige Zeit, die Erde zu entfernen und die steinernen Mauern abzutragen, um den gesamten Palast freizulegen. Dies ist der einzige Teil des Komplexes der Winterpaläste, der nicht völlig bekannt ist. Andererseits sind Teile des Gebäudes hervorragend erhalten, einige bis zu einer Höhe von zwei Geschossen, also etwa 7 bis 8 m.

Erwähnenswert ist an dieser Stelle, daß alle Mauern des Palastes aus Lehmziegeln über einem Sockel aus Feldsteinen errichtet wurden (Abb. 10), nur einige Türpfosten wurden zu ihrer Verstärkung aus Quadersteinen gebaut. Gleichfalls erwähnenswert ist die Tatsache, daß diese Mauern einen qualitativ hervorragenden Kalkverputz besaßen, wenn auch nur bis zu einer Höhe von ungefähr 1,2 bis 1,8 m über dem Boden. Oberhalb dieses Niveaus, offensichtlich aus Kostengründen, bestanden der Putz wie auch die Wände aus Lehm. Wie freilich Flecken von Kalkverputz auf dem Lehmverputz zeigen, waren die Wänden ursprünglich vollständig gekalkt, so daß den Bewohnern des Gebäudes das Vorhandensein zweier verschiedener Arten von Verputz gar nicht bewußt wurde. Alle freigelegten Böden bestanden aus einem Estrich aus Kalk über einer Bettung von Kiesel- und Feldsteinen. Diese Art von Boden ist charakteristisch für sehr viele Räume, Korridore und Höfe der verschiedenen Gebäude, sowohl hasmonäischer Paläste als auch des Palastes des Herodes.

Mit Wasser wurde der neue Palast durch eine unterirdische Leitung versorgt, die von der vom Wadi Qelt herführenden Wasserleitung kurz vor deren Eintritt in das königliche Landgut abzweigte. Diese Leitung verlief außerhalb des Bauwerks, parallel zur südlichen Begrenzungsmauer des Gutes. Sie war etwa 400 m lang und bestand aus einzelnen Tonrohren von jeweils 43 bis 51 cm Länge, die 50 cm tief in der Erde verlegt waren. Darüber hatte man zum Schutz eine Mörtelschicht – bestehend aus kleinen Feldsteinen und mit Kalk versetztem Lehm – gebreitet und diese anschließend mit Erde bedeckt. Möglicherweise diente die Leitung ursprünglich auch als ein Siphon, mit dessen Hilfe man das Wasser zum zweiten Geschoß hinaufbefördern konnte. Allerdings gibt es keine Hinweise, die diese Vermutung bestätigen könnten.

Ungefähr in der Mitte des Bauwerks lag ein schätzungsweise 25 x 18 m großer Innenhof, von dem lediglich ein Teil seiner Südwestecke freigelegt wurde. Sein Boden bestand, wie auch derjenige der Räume, aus einem Kalkestrich. Auf ihm fand man entlang der Westmauer einen Wasserkanal, der wahrscheinlich zum Drainagesystem des Palastes gehörte. Von Interesse ist auch eine Rinne, die auf halber Höhe dieser heute noch bis zu zu einer Höhe von ungefähr 7 m erhaltenen Westmauer verläuft. Sie bezeugt das einstige Vorhandensein eines längst verfaulten Holzbalkens und wird von uns mit dem zweiten Geschoß in Verbindung gebracht. Theoretisch könnte der Hof ursprünglich von Säulengängen umgeben gewesen sein, doch dies ist nicht sehr wahrscheinlich. Ähnliche Höfe gab es auch in den Zwillingspalästen in Jericho und in den kleinen Palästen von Masada (s. unten). Während jedoch entlang dreier Seiten des Hofes mehrere Räume gelegen waren, fehlten solche entlang seiner Westmauer, die mithin als Außenmauer des Gebäudes fungierte.

Der größte Flügel des Baus lag nördlich des Hofes und enthielt Wohn- sowie verschiedene Wirtschaftsräume. Im Westteil dieses Nordflügels wurden mehrere Räume freigelegt, darunter einer, der mit Marmorplatten imitierenden Stuckpaneelen geschmückt war. Freigelegt wurden ferner Teile mehrerer Räume und ein Korridor im Zentrum des Flügels. Einer dieser Räume diente als Badezimmer, und in dem angrenzenden Raum, entlang des Korridors, entdeckten wir eine Anlage zum Erwärmen von Wasser. Die Badewanne selbst besaß einen Kalkverputz (Abb. 11). Im Ostteil des Flügels legten wir ein intaktes Ritualbad (*Mikveh*) frei (Abb. 12), eines der ältesten bislang in Palästina gefundenen. Diese *Mikveh*, die in einem recht großen Raum liegt, besteht aus zwei tiefen Becken, von denen nur eins Stufen besitzt. Jedes war 4 x 2,2 m groß und etwa 2,5 m tief. Vollständig erhalten sind die Zu- und Abflüsse der *Mikveh*, einschließlich eines Bleirohrs, das die beiden Becken verband. Es liegt ungefähr 15 cm unterhalb der Oberkante ihrer gemeinsamen Wand. Das Wasser wurde durch ein System von Kanälen und Rohren zu dem Gebäude geleitet. Es handelte sich also um fließendes und nicht um geschöpftes Wasser, dessen Verwendung in Ritualbädern nach den Vorschriften in antiken jüdischen Quellen verboten war. Der Nordflügel besaß wie die anderen Teile des Gebäudes zwei Geschosse und enthielt damit schätzungsweise etwa 40 bis 50 Räume.

Der Flügel im Osten des Hofes war erheblich kleiner als der Nordflügel. Er blieb praktisch unausgegraben. Alles, was darüber gesagt werden kann, bezieht sich auf einen dort vorhandenen 30 m langen und 3,4 m breiten Korridor, der sich über die gesamte Länge des Baus erstreckt und an seine Außenmauer angrenzt. Sein südliches Ende führte in den Empfangsraum des Palastes (s. unten),

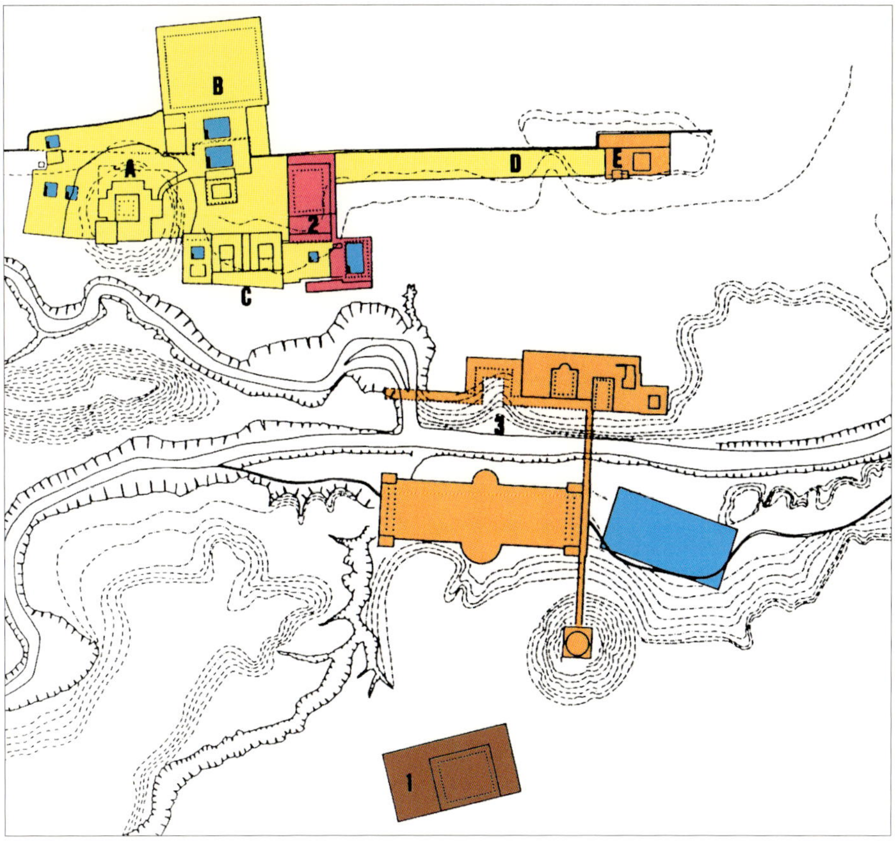

7

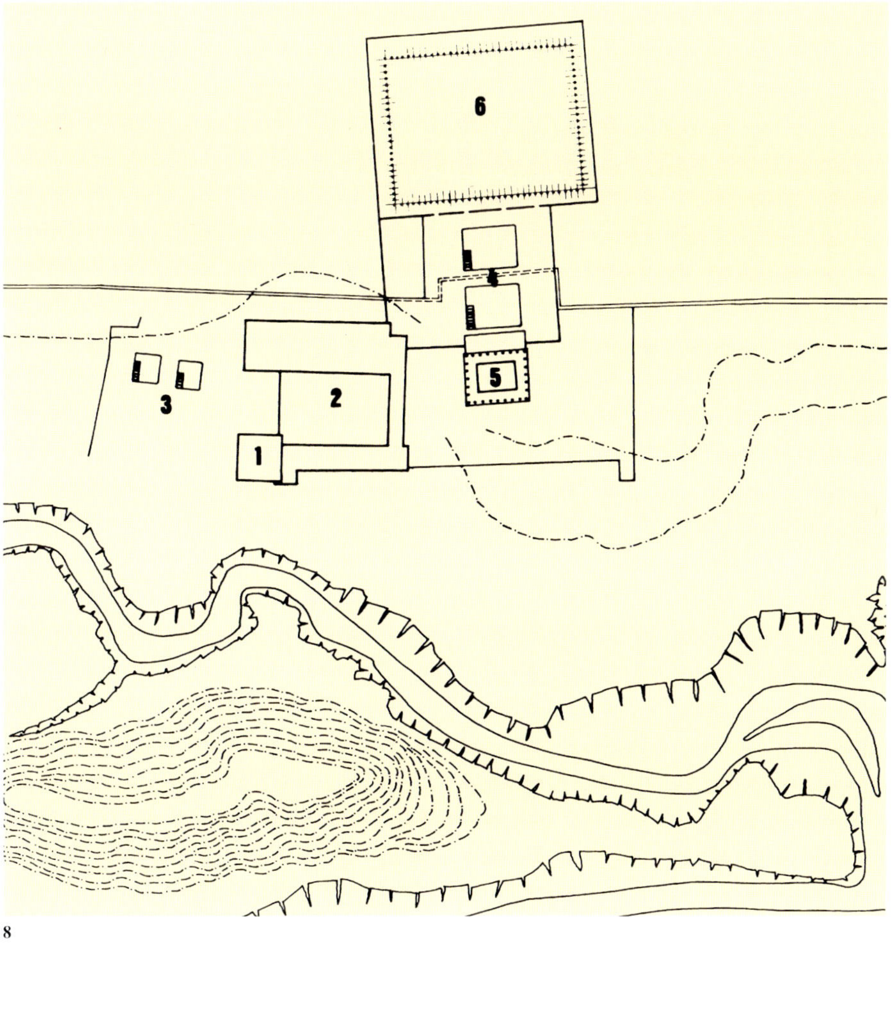

8

***Abb. 6** Der Komplex der Winterpaläste vom Westen her gesehen.*

***Abb. 7** Übersichtsplan über die Ortslage des Winterpalastkomplexes in Jericho (Tulul Abu el-'Alayiq). A – der nördliche Tell einschließlich des »begrabenen« ersten hasmonäischen Palastgebäudes und des von einem Graben umgebenen befestigten Palastes, B – der Beckenkomplex, C – die Zwillingspaläste, D – die Wohnungen des Personals, E – das »Industriegebiet«; 1 – Herodes' erster Palast, 2 – der Haupt-(Ost-) Flügel von Herodes' zweitem Palast, 3 – Herodes' dritter Palast.*

***Abb. 8** Plan des hasmonäischen Palastkomplexes in seinen frühen Phasen: der zusammen mit dem Köngsgut errichtete Turm, der erste Palastbau an diesem Ort, zwei an das erste Palastgebäude angrenzende kleine Schwimmenbecken, 4 – 6 der Schwimmbeckenkomplex, die Schwimmenbecken, der Pavillon, der sogenannte Hasmonäische Garten.*

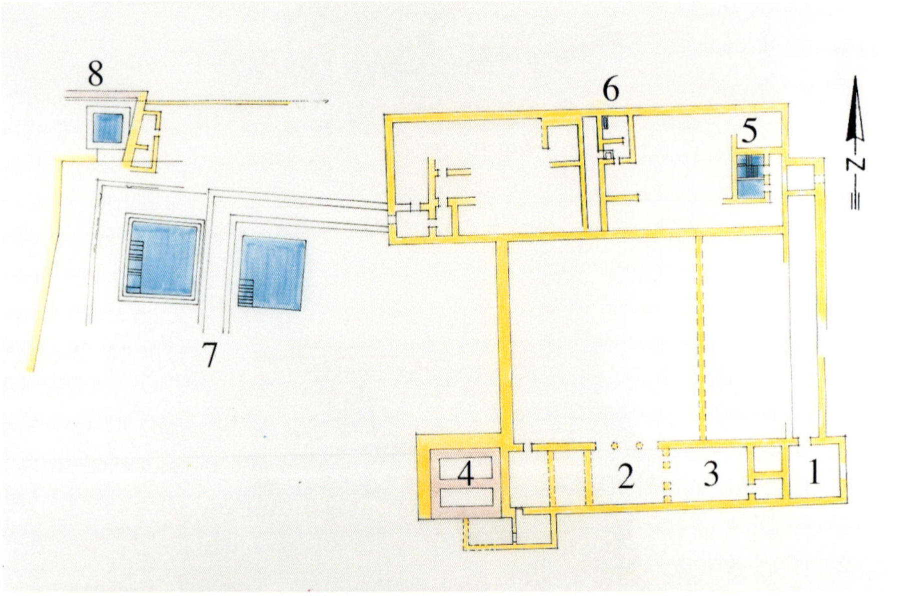

9

11

10

sein nördliches in den Nordflügel und dessen Ritualbad. Am nördlichen Ende des Korridors, neben der *Mikveh*, befindet sich ein Raum, durch den der Palast verlassen werden konnte. Es läßt sich nicht feststellen, ob dieser Ausgang von Anfang an existierte oder erst hinzugefügt wurde, als man die Badeanlage (die weiter unten beschrieben wird) errichtete.

Der Südflügel des Palastes diente aller Wahrscheinlichkeit nach hauptsächlich zu Empfängen und Zeremonien. Ein Teil eines Raumes, vermutlich der Eingangshalle des Palastes, wurde am östlichen Ende dieses Flügels freigelegt. Die Türöffnung des Eingangs fehlt, doch geben die entlang der Wände erhaltenen Sitzbänke Aufschluß über die Funktion des Raums. Räume mit Sitzbänken, die sowohl als Eingangs- wie auch als Wachräume dienten, sind in Palästina vor allem aus Masada bekannt. Man entdeckte in Jericho einen weiteren ähnlichen Raum in den Palästen der Hasmonäer (s. unten). In diesem Zusammenhang soll erwähnt werden, daß ein weiterer, gleichfalls mit Bänken versehener Eingangsraum rund 800 Jahre später, in der früharabischen Epoche, in der Nähe von Jericho errichtet wurde, im Palast des Hisham, auch Khirbet Mefjer genannt[20].

Westlich des Eingangsraums, jenseits zweier kleiner Zimmer, von denen nur eines freigelegt ist, lag ein Raum, der offensichtlich als der Empfangsraum oder als das *triclinium* des Palastes diente. Zwar wurde nur seine Südostecke freigelegt, doch die eleganten Dekorationen des Raumes weisen auf seine Funktion hin. Die Mauern waren bis zu einer Höhe von etwa 1,6 m mit Fresken bedeckt (Abb. 13). Oberhalb dieser Fresken waren sie mit Reihen von aus Stuck gefertigten Platten verkleidet, die steinernes Mauerwerk imitierten; eine ähnliche Technik, wie die bereits im Zusammenhang mit einem Raum des Nordflügels erwähnte. Einem derartigen Dekorationsstil begegnet man in Villen auf Delos und bei einigen Gräbern in Alexandria[21]. Man betrat diesen prachtvoll geschmückten Saal vermutlich nicht vom Empfangsraum her, sondern vom Hof aus. Analog zu dem Westpalast in Masada gab es anscheinend westlich dieses reich geschmückten Saales einen weiteren Raum, der sich zum Hof hin öffnete und durch den das angenommene *triclinium* betreten wurde. (In Masada bringen wir Empfangsfunktionen mit einem ähnlichen halboffenen Raum in Verbindung, doch läßt sich Genaueres über den hier besprochenen Palast nur nach weiteren Ausgrabungen sagen.) Andererseits bot der prachtvoll dekorierte Saal Zugang zu einem kleinen, zwischen ihm und dem Eingangsraum liegenden Gemach, das wahrscheinlich als Lager, vielleicht auch als Ankleidezimmer, genutzt wurde.

Im Zentrum des Südflügels gab es weitere, bislang nicht ausgegrabene Räume. Abschnitte mehrerer Räume, die an den in der Südwestecke des Palastes stehenden Turm angrenzen, wurden am östlichen Ende dieses Flügels freigelegt. Der Turm selbst war im Erdgeschoß in zwei lange, schmale Räume unterteilt. Als man den Palast errichtete, verstärkte man seine Wände und verkleidete sie auf wenigstens drei Seiten mit behauenen Steinen, ähnlich denen des ersten Turms. Da der größte Teil des Palastes offenkundig zweigeschossig war (vor allem nach der Höhe der Ziegelmauer zu urteilen, die im Westen des Hofs erhalten blieb), ist anzunehmen, daß man den Turm nach der Verstärkung seiner Mauern bis zu einer Höhe von drei Geschossen, etwa 12 m oder mehr, aufstockte.

Wie oben erwähnt, befanden sich an der Westseite des Hofs keine Räume. Ihn trennte lediglich eine hohe Ziegelmauer von dem westlich des Gebäudes gelegenen Garten. Da der Nordflügel und der Turm zu beiden Seiten des Hofs einen Vorsprung nach Westen bilden, entsteht der Eindruck, der Garten sei an dieser Stelle gewissermaßen in das Gebäude »eingedrungen«. Ob es an dieser Stelle aber eine direkte Verbindung zwischen beiden gab, erscheint höchst zweifelhaft.

Während das mittlere Gebäude im Bau war, errichtete man westlich davon das erste Schwimmbecken, etwa 9 x 8 m groß (Abb. 14). Das Wasser wurde mittels einer Rohrleitung in das Becken eingelassen, die wahrscheinlich von der unterirdischen Leitung abzweigte, die das zentrale Gebäude des Palastes und offenbar auch die es umgebenden Gärten versorgte.

Dieses Becken – und viele andere, teilweise sogar noch größere hier freigelegte – diente dem Badevergnügen. Jedenfalls bezeichnet man alle Becken hier als »Schwimmbecken«, obwohl man nicht genau weiß, wozu sie letztlich benutzt wurden[22].

Offensichtlich widmete man der Umgebung des oben erwähnten Beckens im Westen des Palastes große Aufmerksamkeit. Zunächst umgab man das Gelände mit einer Umfassungsmauer, die offenbar der Wahrung der Privatsphäre diente. Möglicherweise war dieser Bereich von Anfang an gepflastert, doch gibt es hierfür keine sicheren Anzeichen. Nördlich des Beckens fand man Spuren zweier daran anschließender kleiner Ankleideräume, die vielleicht ebenfalls über bescheidene Badeeinrichtungen verfügten.

Anscheinend wurde noch zur Zeit des Hasmonäers Johannes Hyrkanos (134–104 v. Chr.), während der ersten Phase des Gebäudes, ein zweites, ähnlich geformtes Becken hinzugefügt. Die Lage der beiden Becken dicht nebeneinander und ihre Ähnlichkeit führten zu der Annahme, daß sie für zwei verschiedene Gruppen von Benutzern bestimmt waren, z. B. für Männer und für Frauen. Möglicherweise war der architektonische Standard nun höher. In der letzten Nutzungsphase der Becken wurden der Boden um sie herum mit Mosaiken geschmückt und die Umfassungsmauern mit Fresken dekoriert. Gleichzeitig gab es in ihrer Umgebung zahlreiche Wasseranlagen,

*Abb. 9 Plan des ersten hasmonäischen Palastes in Jericho (gelb). Die beiden kleinen Schwimmbecken wurden westlich davon hinzugefügt. Der südwestliche Turm (rosa) entstand vor der Errichtung des Palastes, offenbar gleichzeitig mit dem Königsgut. 1 – angenommener Eingangsraum, 2 – angenommenes Vestibül und offene Empfangshalle, 3 – Empfangshalle (***triclinium?***), 4 – Turm aus einer frühen Phase, 5 – Ritualbad, 6 – Badeanlagen, 7 – Schwimmbecken, 8 – Wasserreservoir.*

Abb. 10 Die Südostecke des hasmonäischen Palastes. Man beachte die mit Kalk verputzten Lehmziegelmauern. Der Raum im Vordergrund wurde versuchsweise als Eingangs- und Wachraum gedeutet.

Abb. 11 Badewanne aus dem Nordflügel des hasmonäischen Palastes.

Abb. 12 Ritualbad (Mikweh), das in der Nordostecke des hasmonäischen Palastes entdeckt wurde.

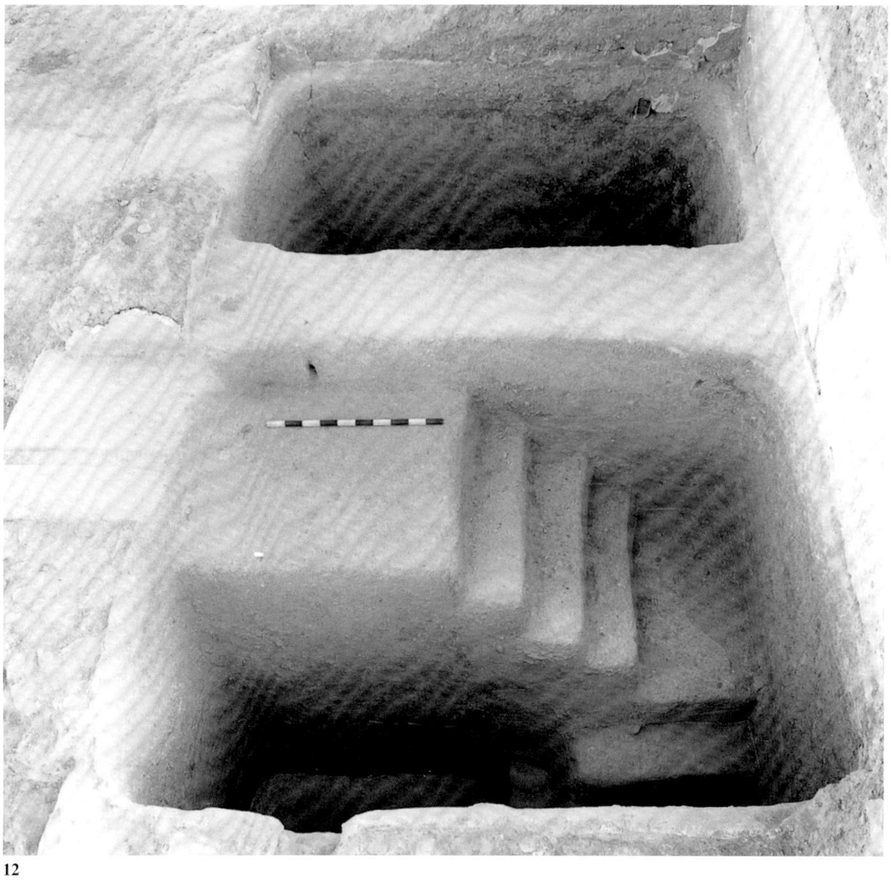

12

13 a

13 b

14

einschließlich Springbrunnen. Dies geht aus den hier gefundenen Resten einiger weniger Wasserversorgungssysteme hervor, zu denen auch eine Reihe von Bleirohren gehört. Leider fehlen hinreichende Anhaltspunkte, die eine Rekonstruktion der Anlagen und der Architektur des sie umgebenden Komplexes gestatten würden. Auf jeden Fall bildeten Schwimmbecken von nun an einen integralen Bestandteil des Winterpalastes von Jericho in all seinen Bauphasen.

***Abb. 13 a – b** Einzelheiten der Freskodekoration des hypothetisch als Empfangsraum gedeuteten Raums nahe der Südostecke des Gebäudes.*

***Abb. 14** Eines der beiden westlich des ersten Palastes errichteten Schwimmbecken.*

***Abb. 15** Die Vereinigung der Qelt- und der Na'aran- Leitung.*

Die Schwimmbeckenanlage des Alexander Jannaios

Als Alexander Jannaios den von seinem Vater errichteten Palast erbte, fielen ihm nicht nur das Gebäude und die es umgebenden Plantagen zu, sondern er erhielt auch die zwei angrenzenden Schwimmbecken – ein kostbarer Besitz zu einer Zeit, da solche Becken eine große Seltenheit darstellten. Anscheinend war der Thronerbe sehr ehrgeizig. Seine Bestrebungen galten sowohl der Erweiterung des königlichen Landgutes und seiner Plantagen als auch dem Bau zahlreicher neuer Schwimmbecken, größer noch und prachtvoller als die schon vorhandenen. Die Durchführung dieser beiden Projekte verband Alexander miteinander auf Grundlage ihres gemeinsamen Nenners – der Notwendigkeit der Wasserversorgung.

Die Lösung des Problems, die Wasserversorgung dieses Teils der Ebene von Jericho zu verbessern, bestand darin, das kostbare Naß von den Quellen im Norden herzuleiten. Die drei dicht beieinanderliegenden Quellen (Ein Nueima, Ein Dyuk und Ein Shosha) im Na'aran-Tal nordöstlich von Jericho führten das ganze Jahr über Wasser. Eine weitere Quelle, Ein Auja, die größte in der Umgebung von Jericho, lag etwas weiter entfernt im Norden. All diese Quellen wurden nun mit dem königlichen Landgut und dem angrenzenden Palast mittels einer Wasserleitung verbunden[23] (Abb. 15). Es ist davon auszugehen, daß diese Quellen auch weiterhin ihre unmittelbare Umgebung mit Wasser versorgten. Die neue Leitung erlaubte sowohl eine Erweiterung des Palastes als auch die Anlage eines neuen Beckenkomplexes.

Der Beckenkomplex wurde im Nordosten des Hauptgebäudes des Palastes und an dieses angrenzend angelegt (Abb. 16), teils wohl auf dem Gelände des hier üblicherweise vorhandenen Ziergartens, teils im Norden auf dem zum königlichen Landgut gehörenden Land. Er erstreckte sich über ein etwa 1,2 ha großes Gebiet.

In der Mitte des neuen Beckenkomplexes lagen zwei Schwimmbecken von je 18 x 13 m Größe und ungefähr 3,5 m Tiefe nebeneinander, getrennt durch einen 6 m breiten Geländestreifen (Abb. 17). Beide Becken waren nach den gleichen Entwurfsprinzipien gebaut, die schon von den zwei älteren Becken im Westen des Palastes her bekannt sind – eine Bank entlang der Oberkante der Seitenwände, Stufen an einer Seitenwand usw. Das Wasser wurde durch die neue Leitung, die nicht zufällig zwischen den Becken verlief, eingelassen. Sie durchschnitt den gesamten Beckenkomplex und setzte sich dann in östlicher Richtung parallel zur südlichen Grenze des königlichen Gutes fort.

Wie bei den älteren Becken im Westen des Palastes wurde auch hier der Umgebung starke Beachtung geschenkt. Diesmal allerdings erfolgte die Planung in großem Maßstab, was nicht nur von der Bedeutung zeugt, die Alexander Jannaios

15

dem Baden und Schwimmen beimaß, sondern auch von der Absicht, den Beckenkomplex in einen Ort der Unterhaltung und zum Empfang von Gästen zu verwandeln. Die zeremoniellen und offiziellen Aspekte kommen in der Planung der Anlage entlang einer einzigen, in Nord-Süd-Richtung verlaufenden Symmetrieachse zum Ausdruck. Der Aspekt der Unterhaltung und des Empfangs drückt sich in der Errichtung einer pavillonartigen Halle am südlichen Ende des Komplexes aus, ferner in der Schaffung eines gepflasterten Platzes um die Becken herum und in der Anlage eines großen, ringsum von Kolonnaden gesäumten Ziergartens an der Nordseite des Komplexes. Von Bedeutung ist die Tatsache, daß der Pavillon, die beiden Becken und der Peristylgarten alle entlang der erwähnten Symmetrieachse angeordnet sind.

Der die beiden Schwimmbecken umgebende Platz besaß eine Ausdehnung von 46 m in westöstlicher und 42 m in nordsüdlicher Richtung. Die gepflasterten Flächen im Westen und Osten waren verhältnismäßig breit, jede etwa 14 m. Den Bodenbelag des Platzes bildete zweckgemäß ein Kalk-Estrich über einer Bettung von Kieselsteinen. An der Südwestecke dieses Platzes war eine 14 x 12 m große Erweiterung angefügt, die den Beckenkomplex mit dem Palast verband. Insgesamt betrug die Fläche innerhalb der Platzgrenzen 2100 m^2; nach Abzug der beiden je 235 m^2 großen Becken bleibt eine gepflasterte Fläche von 1630 m^2. Hier fanden offensichtlich Spiele, gesellschaftliche Treffen und andere Unterhaltungen statt.

Der Anlage der gepflasterten Flächen folgten Maßnahmen zum weiteren Ausbau, die im wesentlichen im Anschütten von Füllerde östlich und nördlich der beiden Becken bestanden. Dazu wurde z. T. Erde verwendet, die beim Ausheben der Becken angefallen war. Darüber hinaus errichtete man Terrassenmauern, um die Erdmassen zu halten. Bemerkenswert ist die Konstruktion der Wasserleitung im Bereich des Platzes, vor allem zwischen den Becken und östlich davon, da man sie sowohl oberhalb als auch innerhalb der Erdanschüttung verlegte, eine im Rahmen des alten Wasserversorgungssystems von Jericho einzigartige Erscheinung. Dies, wie auch der Verlauf der Leitung entsprechend der Ausrichtung des Beckenkomplexes, diente als Beweis dafür, daß jener gleichzeitig mit der Leitung von Na'aran angelegt wurde.

Die etwa 12 x 8 m große Halle in der Mitte des Pavillons wurde von 4,5 m breiten Säulenhallen umgeben; die Gesamtfläche des Pavillons betrug daher 23 x 17 m. Nicht zufällig errichteten die Architekten den Pavillon auf dem höchsten Punkt des hier behandelten Komplexes. Zudem erhöhte man das Gebäude zusätzlich durch ein Podium, um so einen Aussichtspunkt zu schaffen, der einen hervorragenden Überblick über den Platz mit den Schwimmbecken und das dortige Geschehen sowie über die entferntere Landschaft, vor allem nach Osten und

***Abb. 16** Überblick über den Beckenkomplex im hasmonäischen Palast, Blick nach Nordosten.*

***Abb. 17** Die beiden großen, zur Regierungszeit des Alexander Jannaios errichteten Schwimmbecken.*

***Abb. 18** Trümmer der dorischen Säulen, die in der Nähe der Fundamente des Pavillons gefunden wurden.*

16

17

18

Süden, erlaubte. Zu unserem großen Bedauern ist dieses Gebäude völlig zerstört, und nur die Fundamente sind *in situ* erhalten. Allerdings fanden sich in den Trümmern in einem kleinen Becken, das an die Westseite des Pavillons angrenzt[24], Überreste der Säulen und des Gebälks, die es ermöglichten, das Aussehen der die Halle umgebenden Säulengänge genau zu rekonstruieren (Abb. 18). Die Fragmente waren während eines Erdbebens, auf das weiter unten noch eingegangen wird, in das Becken gestürzt. Säulen und Gebälk waren in dorischer Ordnung errichtet. Die Säulen besaßen, wie bei diesem Stil üblich, Kanneluren – die aus Stuck geformt waren, den man auf die steinernen Trommeln aufgetragen hatte –, und das Gebälk enthielt den geläufigen Metopen-Triglyphenfries. Die Metopen trugen keinen plastischen Bildschmuck, es läßt sich heute jedoch nicht mehr feststellen, ob sie ursprünglich mit farbigen Gemälden geschmückt waren. Leider können wir aufgrund der Unzulänglichkeit der Befunde keine Rekonstruktion der Halle des Pavillons selbst vorschlagen. Schwierigkeiten bereitet vor allem die Bestimmung ihrer Größe sowie die Zahl und Lage ihrer Türdurchgänge. Dagegen kann angenommen werden, daß die Halle ursprünglich mit Fresken und Stukkaturen geschmückt war, von denen nur Spuren erhalten sind. Auch überragte sie vermutlich den sie umgebenden Säulengang, was den Einbau von Lichtgaden in den oberen Wandpartien ermöglichte. Dennoch habe ich anhand des Grundrisses, der Überreste von Säulen und Gebälk und aufgrund der Annahme, daß die Dächer flach waren (wie in diesem Palast im allgemeinen üblich), eine Rekonstruktion des Pavillons versucht (Abb. 19).

Im Norden erfolgte der Zugang zum Pavillon von dem Platz mit den Schwimmbecken aus über eine Treppe, die sich über die gesamte Gebäudelänge erstreckte. Wahrscheinlich gab es noch eine weitere, schmalere Treppe auf der gegenüberliegenden Seite des Pavillons, die zu den dort vorhandenen Ziergärten hinabführte (s. unten) (Abb. 20).

Der Beckenkomplex verfügte von An-

25

sich ein Turm in der Südwestecke des Gebäudes, der ursprünglich Bestandteil des zugeschütteten Palastes gewesen war. Seine Wände wurden nun ein zweites Mal verstärkt, und er wurde offenbar auch weiter in die Höhe gebaut, so daß er den höchsten Baukörper innerhalb des neuen Palastes bildete. Sicherlich nicht zufällig lag der Eingang des befestigten Palastes im Nordosten, dem Schwimmbeckenkomplex gegenüber. An dieser Stelle war kein Graben vorhanden, und der Geländestreifen bildete gleichsam eine etwa 6 m breite »Brücke«, die den Zugang zu dem Tell ermöglichte. Etwas weiter, am Abhang des Tells, führte offensichtlich eine Treppe zu dem Bauwerk auf der Erdanschüttung hinauf. Die vermutete Lage des Eingangs in der Rekonstruktion stützt sich auf die Anordnung der Mauern an der Ostseite. Der Eingang war zweifellos ein Schwachpunkt der Festung, und man kann mit gutem Grund annehmen, daß es eine Art Wächterhaus an dieser »Brücke« gab, in dem ständig Wachposten stationiert waren.

Der Graben wurde einem schmalen Geländestreifen entlang 7 m tief ausgehoben. Während seine äußere Wand senkrecht abfiel, stieg der Boden von dem Fuß der Mauer an und ging in den Abhang des Hügels über. Der untere Abschnitt des ansteigenden Geländes war in die Erde gegraben (und bildete den Graben), wohingegen der obere Abschnitt aus Füllerde bestand (den Flanken der Erdanschüttung). Die äußere Wand des Grabens erhielt ihre Festigkeit durch eine Stützmauer von 1 m Stärke aus schichtweise verlegten Steinen, darunter teils Feldsteine, teils Quadersteine, anscheinend in Zweitverwendung[27]. Die Mauer ragte schätzungsweise bis in eine Höhe von 3 m über das Niveau des Geländes jenseits des Grabens hinaus. Ihre Gesamthöhe belief sich damit auf etwa 10 m.

26

***Abb. 25** Überreste eines Siphons aus Tonrohren, entdeckt am Nordwesthang des künstlichen Hügels.*

***Abb. 26** Fragmente einer Freskodekoration, gefunden an den Hängen des künstlichen Hügels.*

***Abb. 27** Isometrische Rekonstruktion des Hasmonäerpalastes in seiner vierten Phase (dargestellt ist ein Teil des Beckenkomplexes mit dem befestigten Palast im Hintergrund).*

27

Der Graben bildete ein erstes Hindernis, das sich Eindringlingen in den Weg stellte. Diejenigen, denen es gelang, die senkrecht aufragende Mauer zu ersteigen, sahen sich einem 10 m tiefen Abgrund gegenüber, der nicht leicht zu überwinden war. Auf jeden Fall genossen die Palastwachen nicht nur die Vorteile, die ihnen der 15 m hohe Hang bot, sondern auch die der darauf errichteten Festungsmauern und Türme (Abb. 24).

Abgesehen von den Fundamenten hat sich auf dem Abhang und der Kuppe der Erdanschüttung lediglich ein System erhalten, das mit Hilfe eines Siphons Wasser zur Kuppe des Erdhügels führte (Abb. 25). Diese Anlage begann ungefähr 400 m westlich des Palastes, an der Stelle, wo die Qelt-Leitung sich mit der Na'aran-Leitung vereinigte, in unmittelbarer Nähe des Anfangs der Rohrleitung, die den Palast in seiner ersten Phase mit Wasser versorgt hatte. Von einem kleinen Tank, in dem sich mitgeführte Schwebepartikel absetzen konnten und der je nach Erfordernis von jeder der Leitungen mit Wasser gespeist wurde, ging eine Tonleitung aus, die auf ihrer ganzen Länge neben der Na'aran-Leitung verlief. An der Stelle, wo sie den Palast erreichte, führte sie vermutlich unter dem Graben hindurch und stieg dann steil zur Kuppe des Erdhügels an. Dieses ausgeklügelte System ermöglichte offensichtlich die Nutzung der Badeanlagen innerhalb des befestigten Palastbezirks.

Einen weiteren indirekten Beweis für die Pracht des Palastes liefern die Stuckfragmente, die am Abhang des Hügels entdeckt wurden (Abb. 26).

Die Errichtung des befestigten Palastes im Zentrum des Erholungsgeländes zog mehrere Probleme nach sich, für die eine Lösung zu finden war. Nördlich des Anwesens wurde die Hauptwasserleitung, die Na'aran-Leitung, durchtrennt, und man mußte einen Bypaß nördlich des Grabens anlegen. Im Westen waren die Erbauer gezwungen, ein hier vorhandenes Schwimmbecken zu durchschneiden, um den Graben fortzuführen. Auch in diesem Fall – wiewohl man eigentlich auf den Ersatz dieses Beckens durch ein neues hätte verzichten können, weil es dort wenigstens noch drei andere gab – legte man anscheinend 30 m weiter nördlich, jenseits der Na'aran-Leitung, ein weiteres Bekken an. Im Osten wurde ein kleiner Teil des gepflasterten Platzes überdeckt. Nichtsdestotrotz funktionierte auch nach der Errichtung des befestigten Palastes der Kern der Anlage weiter, der aus den Wasserleitungen, den Schwimmbecken, die man regelmäßig leerte und wieder füllte, dem Pavillon, dem zweifellos eine zentrale Funktion für das Leben im Palast zukam, und den umgebenden Gärten bestand (Abb. 27).

Die Zwillingspaläste Alexandra Salomes

einschließlich der letzten Phase des hasmonäischen Palastkomplexes

Nach dem Tode des Alexander Jannaios im Jahre 76 v. Chr. folgte ihm seine Witwe, Alexandra Salome, auf den Thron. Es ist dies der einzige Fall in der Geschichte der hasmonäischen Dynastie, in dem eine Frau die Herrschaft antrat. Zwar war sie fähig, die Aufgaben eines Herrschers zu erfüllen, konnte aber als Frau ein Amt, das ihre Vorgänger versehen hatten, nicht übernehmen – das des Hohenpriesters. Folglich wurde das Priesteramt ihrem ältesten Sohn Johannes Hyrkanos II. übertragen. Anscheinend fand die Ernennung allgemein die Billigung der Öffentlichkeit, nicht jedoch die seines jüngeren Bruders Aristobulos II.[28] Die Rivalitäten zwischen den beiden müssen schon zuvor bestanden haben, traten aber möglicherweise so lange nicht offen zutage, bis der ältere Bruder für dieses hohe Amt nominiert wurde. Dies erzeugte zweifelsohne Unruhe am Hofe und veranlaßte ihre Mutter, die Königin, nach Wegen zu suchen, die aufgetretenen Spannungen zu mildern. Es war nicht möglich, das Amt des Hohenpriesters unter den Brüdern aufzuteilen, aber auch eine Aufteilung der Macht zwischen ihnen lag offenbar nicht in der Absicht ihrer Mutter. Grundbesitz und Vermögen hingegen waren teilbar. Meines Erachtens liegt hier der Grund für die Errichtung der Zwillingsbauten, die im Süden des Beckenkomplexes in Jericho freigelegt wurden[29]. Sämtliche archäologisch-stratigraphischen Aussagen weisen auf eine Bauzeit kurz nach den 80er Jahren des 1. Jhs. v. Chr. hin, die damit in die Regierungszeit Alexandra Salomes fällt. Dies ist, soweit wir wissen, tatsächlich das einzige antike Beispiel von Gebäuden, die man heute als »halb frei stehend« bezeichnen würde.

Die Zwillingspaläste wurden an den Hauptpalast angebaut, der im Laufe der Zeit von seinem ursprünglichen Ort auf die Kuppe des befestigten Erdhügels, den man darüber aufgeschüttet hatte, »verlegt« worden war, südlich des von Alexander Jannaios angelegten Beckenkomplexes (Abb. 28). Der gewählte Ort bestand hauptsächlich aus steil abschüssigem Gelände, offenbar der einzige noch freie Raum in unmittelbarer Nähe des Palastes. Man hatte von ihm eine hervorragende Sicht, und seine Südlage bot den Vorteil, der angenehmen Wintersonne ausgesetzt zu sein. Man errichtete hier nicht nur die beiden Paläste, sondern legte auch daran angrenzend je einen umfriedeten Garten mit einem Schwimmbecken in dessen Mitte an.

Eine ungewöhnliche Lösung für ein gewöhnliches Problem

Die Planer der Zwillingspaläste sahen sich zwei Aufgaben gegenüber. Die eine resultierte aus der Vorgabe, zwei genau gleiche Paläste zu errichten, ein damals ziemlich ungewöhnliches Projekt. Ihre zweite Aufgabe bestand darin, keines der

28

29

30

bestehenden Gebäude zu beeinträchtigen. Der Hauptpalast war davon nicht betroffen, da er auf der Kuppe des künstlichen Hügels stand. Andererseits hätte ein hohes Gebäude teilweise die Sicht vom Pavillon aus behindert, dem Mittelpunkt des Komplexes. Wäre der vorhandene Raum nicht begrenzt gewesen, hätte man die neuen Paläste vermutlich als eingeschossige Bauten errichtet und zu diesem Zweck sicherlich ein ebeneres Gelände gewählt. Auch hätte man wohl eine »traditionellere« Lösung hinsichtlich des relativ steilen Abhangs gewählt, hätten die Ingenieure nicht auf die Erfordernisse des Pavillons Rücksicht nehmen müssen; die Bauten wären wohl auf einem erhöhten Podium errichtet worden. Die gewählte Lösung war für die damalige Zeit ungewöhnlich. Zur Schaffung eines ebenen Bauplatzes für die neuen Gebäude entschieden sich die Architekten, bis in eine Tiefe von 6 m in den nördlichen Abhang des Hügels hineinzugraben, was die Errichtung von hohen und festen Stützmauern erforderlich machte. Als Ergebnis dieser Maßnahmen wurde eine Beeinträchtigung des Pavillons – der ja zum Vergnügen aller im Palast Lebenden gedacht war – vermieden, obwohl die neuen Bauten über zwei Geschosse verfügten. Und nochmals sei betont, daß die beiden hervorstechenden Züge dieser Anlage – die Verdopplung eines Gebäudes und das Bauen in einen Hang hinein – für die damalige Zeit ungewöhnlich waren, auch wenn man dies heute als eine geläufige Erscheinung betrachtet (Abb. 29).

Bei den neuen Bauten handelte es sich um zwei benachbarte, rechteckige Palastflügel von jeweils 26,0 x 22,5 m Größe, deren Grundriß praktisch identisch war und die einander beinahe spiegelbildlich entsprachen. Ihre Mitte nahm jeweils ein 10,0 x 9,2 m großer Hof ein, den an allen vier Seiten Räume umgaben. Der Hauptraum eines jeden Palastes, das *triclinium* (9,0 x 7,5 m groß), welches für den Empfang von Gästen und vielleicht sogar für Bankette gedacht war, grenzte im Süden an den Hof und öffnete sich mit seiner ganzen Breite zu diesem hin mittels zweier Säulen *in antis*, d. h. zwei Säulen mittig zwischen beidseits den Wänden vorgelegten Pilastern (Abb. 30). Sicherlich wurde das im Sommer heiße, im Winter gemäßigte Klima bei der Planung der Zwillingspaläste in Rechnung gestellt. Es ist davon auszugehen, daß die Räume allgemein nur ein Stockwerk hoch waren, wohingegen die *triclinia* eine Höhe von zwei Stockwerken (etwa 6 bis 7 m) besaßen.

Man betrat beide Gebäude von der Südseite, durch einen gemeinsamen, kleinen Hof (9,0 x 4,5 m), der Teil des 4,5 m breiten Bereichs zwischen den Rechteckbauten war. Der Rest dieses Bereichs war zwischen den beiden Palästen aufgeteilt und gehörte zu deren Wirtschaftsräumen. Vermutlich war dieser Bereich nur eingeschossig, so daß das Fehlen eines oberen Stockwerks den Einbau von Fenstern in den daran angrenzenden Räumen ermöglichte. Erhalten sind freilich lediglich die Schwellen der Eingänge. Während der Eingangsraum des westlichen Palastes entlang seiner Wände Bänke aufwies, fanden sich in seinem östlichen Gegenstück hierfür keine Hinweise.

In jedem der beiden Gebäude wurde ein zentraler Treppenschacht freigelegt (Abb. 31), in dessen Mitte ein rechteckiger Pfeiler stand, um den herum die Treppe hinaufführte. Während die unteren Stufen auf dem Boden auflagen, ruhten die ebenfalls aus Stein bestehenden oberen Stufen auf Holzbrettern, wie aus den *in situ* erhaltenen Aussparungen hervorgeht. Es stellte sich heraus, daß der östliche Palast zwei zusätzliche Treppen besaß, die vom Eingangsraum bzw. von der Küche nach oben führten. Ob diese zur ursprünglichen Ausstattung gehörten oder nachträglich hinzugefügt wurden,

***Abb. 28** Gesamtübersicht über die Zwillingspaläste und ihre Umgebung, Blick nach Norden. Die Zwillingspaläste befinden sich in der Mitte, auf der linken Seite.*

***Abb. 29** Die Zwillingspaläste während der Ausgrabungen. Man beachte die Stützmauer aus Feldsteinen am Nordende des Gebäudes.*

***Abb. 30** Reste des* **triclinium** *im östlichen der Zwillingspaläste. Im Vordergrund ein Abschnitt des Innenhofes des Wohnhauses.*

31

32

läßt sich kaum entscheiden. Jedenfalls bezeugt das Vorhandensein mehrerer Treppen eine intensive Nutzung des oberen Stockwerks. Es gibt gute Gründe für die Annahme, daß man über diese zentralen Treppenschächte auch auf die Dächer der beiden Paläste hinaufsteigen konnte. Das Hineinbauen in den Hügel machte es vielleicht sogar möglich, ohne große Schwierigkeiten von den Dächern in nördlicher Richtung zu dem Hauptpalast und dem Beckenkomplex zu gelangen. Die Idee, ein Gebäude vom Dach her zu betreten, war höchst ungewöhnlich, doch ist, wie schon erwähnt, die gesamte den beiden Palästen zugrundeliegende Planung unkonventionell.

Obwohl es nicht mit Sicherheit festzustellen ist, besaßen anscheinend nur einige Räume in den Zwillingspalästen eine Dekoration, hauptsächlich mit Fresken. Das Vorhandensein von Dekorationen beweisen eindeutig zwei Räume des östlichen Palastes; wahrscheinlich waren auch noch weitere Räume geschmückt. Im *triclinium* des westlichen Palastes zierten plastisch vorspringende, schwarz und rot gefärbte Stuckpaneele die Wände. Ähnliche plastisch vorspringende Paneele in den Palästen des Herodes waren dagegen nie bemalt, sondern weiß wie der Kalkverputz der Wand – solche weißen Paneele wies übrigens auch ein Raum des »begrabenen« Palastes in Jericho auf. In dem Raum östlich dieses *triclinium* hatte man hingegen die Paneele nicht plastisch ausgeführt, sondern lediglich auf den glatten Verputz der Wände gemalt. Hier war vermutlich auch die Decke bemalt. In den Wänden eines

***Abb. 31** Der Haupttreppenschacht im östlichen der Zwillingspaläste. Man beachte die Vertiefungen in dem rechteckigen Pfeiler in der Mitte, die einst zur Aufnahme der Holzbretter dienten, auf denen die nicht mehr vorhandenen Stufen ruhten.*

***Abb. 32** Die Badeanlage im westlichen der Zwillingspaläste. Im Hintergrund ist der Baderaum sichtbar, im Vordergrund das Ritualbad (Mikweh).*

***Abb. 33** Eine der beiden Badewannen aus den Zwillingspalästen.*

Abb. 34** Reste des Garten-Tricliniums**, *das in dem Garten östlich der Zwillingspaläste entdeckt wurde.*

33

34

anderen Raums desselben Palastes wurde eine Reihe von Nischen entdeckt, die vielleicht auf seine Funktion als Bibliothek schließen lassen.

Ritualbäder, Küchen und Baderäume

In beiden Zwillingspalästen konnte eine Gruppe von Räumen freigelegt werden, die wahrscheinlich als Küchen dienten. Jede verfügte über ein Ritualbad (*Mikveh*), das einen Teil der Anlage bildete und allem Anschein nach für das Küchenpersonal und die Dienstboten bestimmt war. Die *Mikveh* im östlichen Palast nahm zwei Räume ein: in dem einen befand sich das Becken mit Stufen, im anderen dasjenige ohne Stufen (*otzar*). Sein Gegenstück im westlichen Palast bestand lediglich aus einem Becken mit Stufen, die jedoch nicht in Höhe des Fußbodens, sondern erst 95 cm tiefer begannen. Dies legt nahe, daß das Becken zum Eintauchen von Gegenständen, nicht aber von Menschen, mithin zu rituellen Waschungen diente: nach den Gesetzen der Mishnah und des Talmud sollten in bestimmten Fällen verschiedene Haushaltsgegenstände und sogar Möbel in die *Mikva'ot* getaucht werden.

In jeder der Küchen gab es einen bestimmten Bereich, der als Kochstelle fungierte, wie aus den Resten von Asche hervorgeht. In der Küche des westlichen Palastes lag er etwa 50 cm über dem Boden, während er sich in derjenigen des östlichen Palastes auf Bodenniveau befand. Andere Partien des Fußbodens dienten dagegen, wie die leicht erhöhten Estrichstreifen, die diese Flächen begrenzten, nahelegen, wahrscheinlich zum Abstellen von Gefäßen, vielleicht Krügen oder Amphoren. Im westlichen Palast wurden Nischen in den Wänden entdeckt; die größeren rechteckigen waren für die Aufbewahrung von Gegenständen vorgesehen, in die kleineren dreieckigen stellte man Öllampen.

Von besonderem Interesse ist die Anlage der Baderäume der Paläste, die, anders als diejenige der Küchen, augenscheinlich symmetrisch war (Abb. 32). Jeder Palast besaß ein 4,8 x 2,8 m großes Eingangs- und Umkleidezimmer, zu dessen beiden Seiten sich ein ca. 3 x 3 m großes Badezimmer befand, das, offenbar zur Vermeidung von Wärmeverlusten, durch einen engen, nur 1 m breiten Korridor zugänglich war. Von dem Korridor führte ein enger, niedriger, überwölbter Durchgang in die Baderäume. Die mit einem Kalkverputz versehenen Wannen sind unversehrt erhalten (Abb. 33). In allen Baderäumen fanden sich Spuren eines Stuhls. Auch konnte festgestellt werden, daß jeweils eine Ecke dieser Räume mit dem jenseits der Wand befindlichen Heißwassertank in Verbindung stand. Das heiße Wasser floß aus einer kleinen Öffnung, die es allem Anschein nach in jedem der beiden Räume gab, und wurde dann in Gefäßen zu den Wannen getragen. In einem der Baderäume blieben eine kleine dreieckige Nische für eine Öllampe sowie eine kleine, rot gestrichene Rinne erhalten, die in 1,8 m Höhe über dem Boden in der Wand verlief. Man kann mit gutem Grund annehmen, daß auch in den anderen Räumen entsprechende Einrichtungen vorhanden waren. Vergleichbare Rinnen wurden jedenfalls in Baderäumen sowohl im ersten Palast hier in Jericho als auch im Westpalast in Masada gefunden[30]. Von den Ankleidezimmern konnte man auch zu dem 2,4 x 2,4 m großen Tauchbecken der beiden Badeanlagen gelangen. Jedes dieser beiden Becken, bei denen es sich um *Mikwa'ot* handelte, verfügte über eine von seinem Eingang bis auf den Grund hinabführende Treppe. Entdeckt wurden ferner die Einrichtungen für die Versorgung mit Wasser und für seine Erhitzung. Vielleicht konnte man diese *Mikwa'ot* auch, wenigstens teilweise, durch Zugabe von heißem Wasser erwärmen, das nicht von den beiden Kesseln, welche die Badewannen versorgten, sondern von einem weiteren Kessel stammte. Auf jeden Fall verdient das System der Wasserversorgung und Abwasserbeseitigung in den beiden Palästen Bewunderung.

Die Gartenanlagen

Während die beiden Bauten einander stark ähnelten, unterschieden sich die zugehörigen Gärten deutlich voneinander, wenngleich auch sie einem einheitlichen Plan folgten. Der Unterschied ist größtenteils auf die verschiedenen topographischen Gegebenheiten zu beiden Seiten der Zwillingspaläste zurückzuführen. Man konnte die Gärten wahrscheinlich nur von den Palästen her betreten, und zwar durch einen besonderen Korridor von dem gemeinsamen Hof aus. Die Umfassungsmauern der Gärten, von denen nur die Fundamente erhalten sind, waren vermutlich ziemlich hoch, um die Privatsphäre der sich darin Aufhaltenden zu gewährleisten.

Der an den westlichen Palast angrenzende Garten maß 32 x 19 m und erstreckte sich in Nord-Süd-Richtung. In seiner Mitte befand sich ein etwa 8 x 8 m großes Schwimmbecken, und im Süden entdeckten wir ein Gebäude, das aus nur einem Raum von insgesamt 10 x 8 m Größe bestand und sich wahrscheinlich mit seiner ganzen Breite zum Becken hin öffnete. Offenbar verfügte dieser Raum an drei Seiten über Bänke oder Ruhebetten und fungierte als *triclinium* oder Gartenpavillon. Erwähnung verdient desgleichen ein wahrscheinlich zweigeschossiger Säulengang, der die gesamte Breite des nördlichen Endes des Gartens einnahm. Sein unteres Geschoß besaß

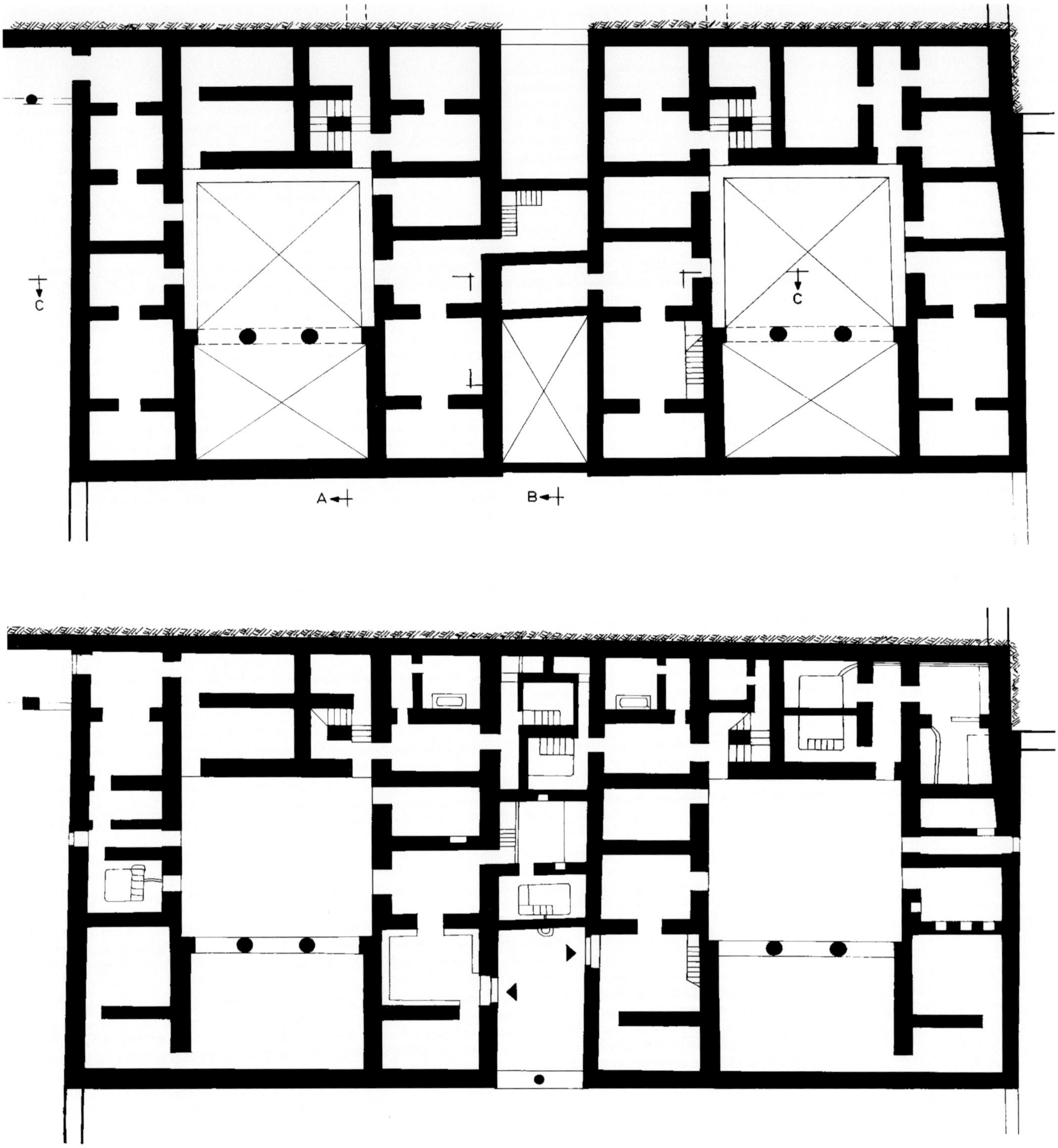

35

Pfeiler, das obere Säulen, wie aus den im Garten verstreut gefundenen Säulentrommeln hervorgeht.

Der östliche Garten war 40 x 25 m groß und erstreckte sich in Ost-West-Richtung. Auch er besaß ein Schwimmbecken in seiner Mitte, das mit einer Größe von 7 x 7 m das kleinste bislang in Jericho entdeckte ist. An seiner Nordwestecke wurde ein Gebäude, an drei Seiten von Bänken gesäumt, entdeckt, bei dem es sich zweifelsfrei um ein sog. Garten-*triclinium* handelt (Abb. 34). Zwischen diesen Bänken gab es eine Art Becken, das von Wasserkanälen umgeben war. Teile des Gebäudes waren mit roten, gelben und schwarzen Fresken geschmückt. Dieses *triclinium* unterschied sich völlig von dem des westlichen Gartens, ähnelt freilich stark einem Gebäude, das I. Damati in einem lokalen Palast in Khirbet el-Murak, im westlichen Teil der Hebronberge, freilegte und als den Palast des Hilkya identifizierte[31]. Vergleichbare Anlagen wurden auch in einigen Häusern Pompejis entdeckt, wie

***Abb. 35** Rekonstruierter Grundriß des Erdgeschosses und des zweiten Geschosses der Zwillingspaläste.*

***Abb. 36** Rekonstruierte Schnitte durch die Zwillingspaläste. AA – Schnitt durch die im Westen gelegende Villa, mit Blick nach Westen, BB – Schnitt durch den Mitteltrackt der Räume, mit Blick nach Westen, CC – Schnitt durch beide Villen, mit Blick nach Westen.*

z. B. im Haus des Epheben[32]. Zusätzlich zu dem oben genannten Bau gab es möglicherweise noch einen weiteren östlich des Beckens, der vielleicht demjenigen ähnelte, dessen Überreste im westlichen Garten gefunden wurden und bei dem es sich vielleicht um einen Pavillon handelt[33]. Doch erfuhr dieses Gelände einschneidende Veränderungen zur Zeit des Herodes, durch die die älteren Gebäudereste zerstört wurden.

Es ist meines Erachtens als gewiß anzusehen, daß die beiden Paläste ein oberes Geschoß besaßen (Abb. 35, 36). Wir haben bereits die Treppenschächte erwähnt, die dies bestätigen. Es sei nochmals darauf hingewiesen, daß die Tiefe, mit der man die Paläste in den Hang hineinbaute, zu zweistöckigen und nicht bloß zu eingeschossigen Bauten paßt. Auch die Pilaster im Erdgeschoß beider Gebäude, die in den Raum vorspringen, dort aber keinen konstruktiven Zweck erfüllen, können als Hinweis auf ein zweites Stockwerk angesehen werden, dessen Wände nicht direkt über denen des Erdgeschosses standen. Jedenfalls hat es den Anschein, daß die Anlage der Räume im zweiten Geschoß im allgemeinen derjenigen der darunter gelegenen Räume entsprach, wenngleich die *triclinia*, wie oben erwähnt, wahrscheinlich die Höhe von zwei Stockwerken besaßen. Um den Zugang zu den Räumen im Westen und Osten des Hofes zu ermöglichen, gab es an diesen Seiten wahrscheinlich schmale Vorhallen entlang ihrer Wände, wie indirekt aus der Konstruktion der Wände im Erdgeschoß hervorgeht.

Es erscheint an dieser Stelle zweckmäßig, noch einmal die ursprünglichen Bewohner der Zwillingspaläste in Erinnerung zurufen, jene streitsüchtigen Brüder, für die diese Anlagen erbaut wurden: Beim Tode ihrer Mutter wenige Jahre nach Errichtung der Zwillingspaläste erhob sich Aristobulos II. siegreich gegen seinen älteren Bruder Hyrkanos II., doch endete

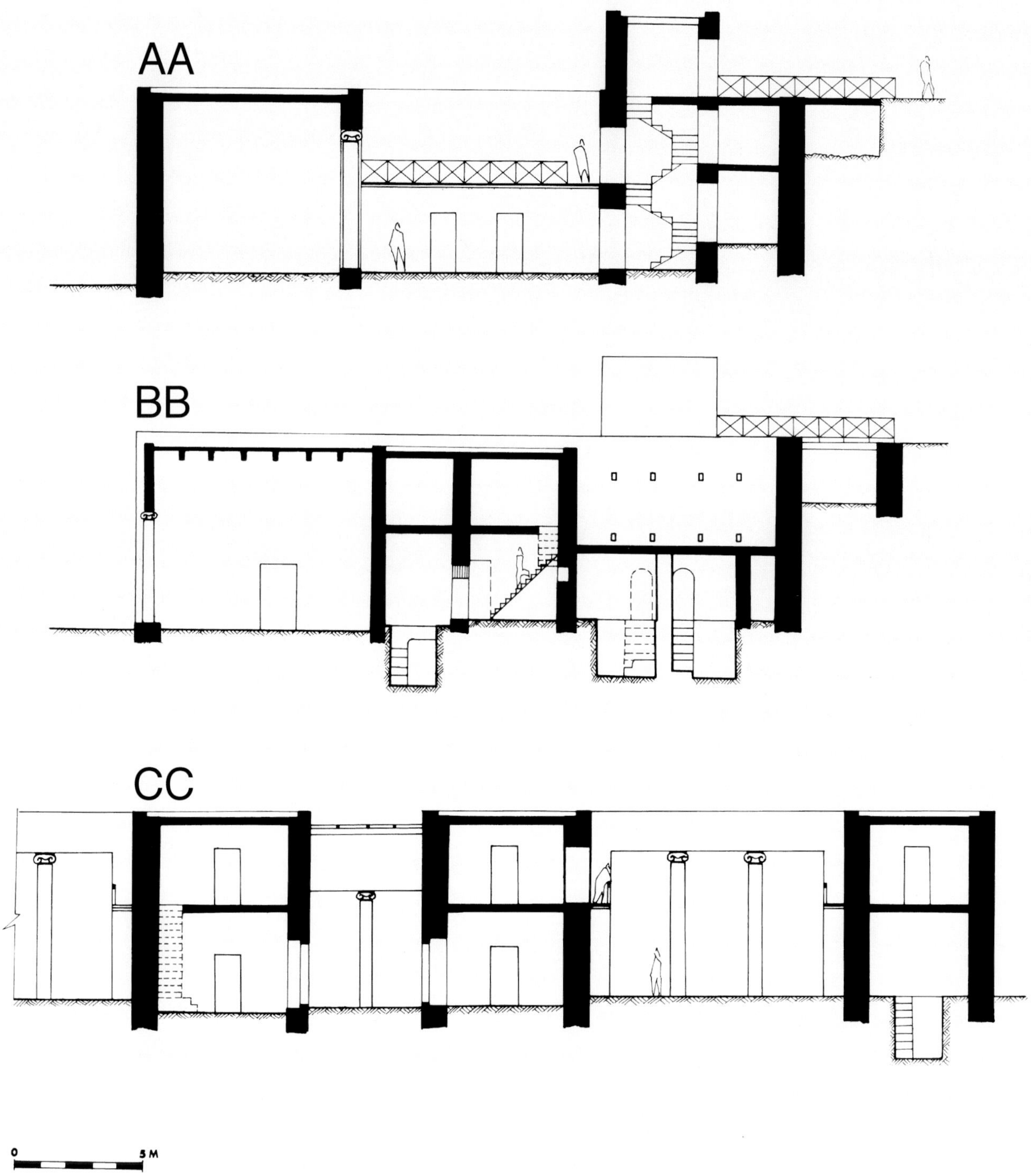

36

ihr Kampf in »familiärem Einvernehmen«. Entsprechend dem zwischen ihnen geschlossenen Friedensvertrag verzichtete Hyrkanos auf das Hohepriesteramt, das er nach dem Tode seines Vaters übernommen hatte, und auf die Königswürde, die ihm nun rechtmäßig zustand. Andererseits teilten die Brüder das Familieneigentum untereinander auf. Gemäß dem Friedensvertrag residierte Aristobulos im Hauptpalast der Hasmonäer in Jerusalem, während Hyrkanos den dortigen Wohnsitz seines Bruders erhielt[34]. Meiner Meinung nach spiegeln sich die Bedingungen dieses Friedensvertrages deutlich in dem archäologischen Befund in Jericho wider.

Neugestaltung des Beckenkomplexes

Zu dem Zeitpunkt, als die Zwillingspaläste entstanden, wurden offenbar auch an dem Beckenkomplex gewisse Veränderungen vorgenommen. In der Hauptsache betraf dies die architektonisch-visuelle Verbindung zwischen den Becken und dem sie umgebenden Platz einerseits sowie dem Peristylgarten im Norden andererseits. War dieser Peristylhof ursprünglich weitgehend zu dem Platz und den Becken hin abgeschlossen – sieht man von allem Anschein nach einst vorhandenen Öffnungen in der Trennwand zwischen beiden ab –, so entstand nun das Bedürfnis, beides direkter miteinander zu verbinden. Zu diesem Zweck wurde die an den Platz angrenzende Südmauer des Gartens abgerissen und durch eine Säulenreihe ersetzt, die zusammen mit den Säulen der Stoa jenseits dieser Mauer und dem daraufruhenden Dach eine Art offenen Säulengang oder Pergola bildete[35]. Diese neu hinzugefügten Säulen sind, wie alle anderen in dem Peristylgarten, nicht mehr vorhanden, doch haben sich ihre Basen – Steinplatten, die im Abstand von 2,2 m (von Plattenmitte zu Plattenmitte) in die Fundamente der abgerissenen Mauer hineingesenkt sind – erhalten.

Diese Veränderungen gingen einher mit dem Bau einer 11,0 x 6,5 m großen Halle im nördlichen Teil des Gartens, zur Westseite des Platzes hin. Aussehen und Funktion dieser Halle lassen sich nur schwer bestimmen, da einzig die Fundamente erhalten sind. Doch gibt deren Anordnung Anlaß zu der Vermutung, daß an ihrer schmalen Ostseite eine Vorhalle (vermutlich *in antis*) vorhanden war, die eine Aussicht auf den Platz und die Becken in seiner Mitte bot. Daher könnte man die Halle als Empfangsraum, vielleicht als ein zusätzliches *triclinium*, benutzt haben. Auf jeden Fall lassen diese baulichen Veränderungen nicht nur auf eine verfeinerte architektonische Sichtweise, sondern auch auf einen größeren Betrieb innerhalb des Beckenkomplexes und offenbar auch im Palastkomplex schließen (Abb. 37).

Während es die vorhandenen stratigraphischen Aussagen erlauben, die chronologische Reihenfolge aller oben erörterter Gebäude zu bestimmen, läßt sich nicht mit Sicherheit sagen, wann und zu welchem Zweck die bislang nur teilweise ausgegrabene Gruppe von Gebäuden östlich des hasmonäischen Palastes errichtet wurde. Tatsächlich haben wir es hier mit zwei Anlagen zu tun. Die eine war mit einer Grundfläche von etwa 50 x 30 m verhältnißmäßig groß und lag unmittelbar östlich des Pavillons und der ihn säumenden Gärten. Ihren südlichen Teil errichtete man über einer Anschüttung aus Füllerde, die von hohen Mauern gestützt wurde. Einziger identifizierbarer Überrest dieser Anlage ist ein tiefes, 4,0 x 3,3 m großes Becken, das möglicherweise als *Mikveh* diente. Das gesamte Gelände erfuhr eine tiefgreifende Umgestaltung zur Zeit des Herodes durch den Bau seines zweiten Palastes in Jericho, weshalb von den ursprünglich hier vorhandenen Bauten wenig erhalten blieb. Daher ist auch die Funktion dieser Anlage nicht klar; entweder handelte es sich um einen weiteren, unbekannten Palast-

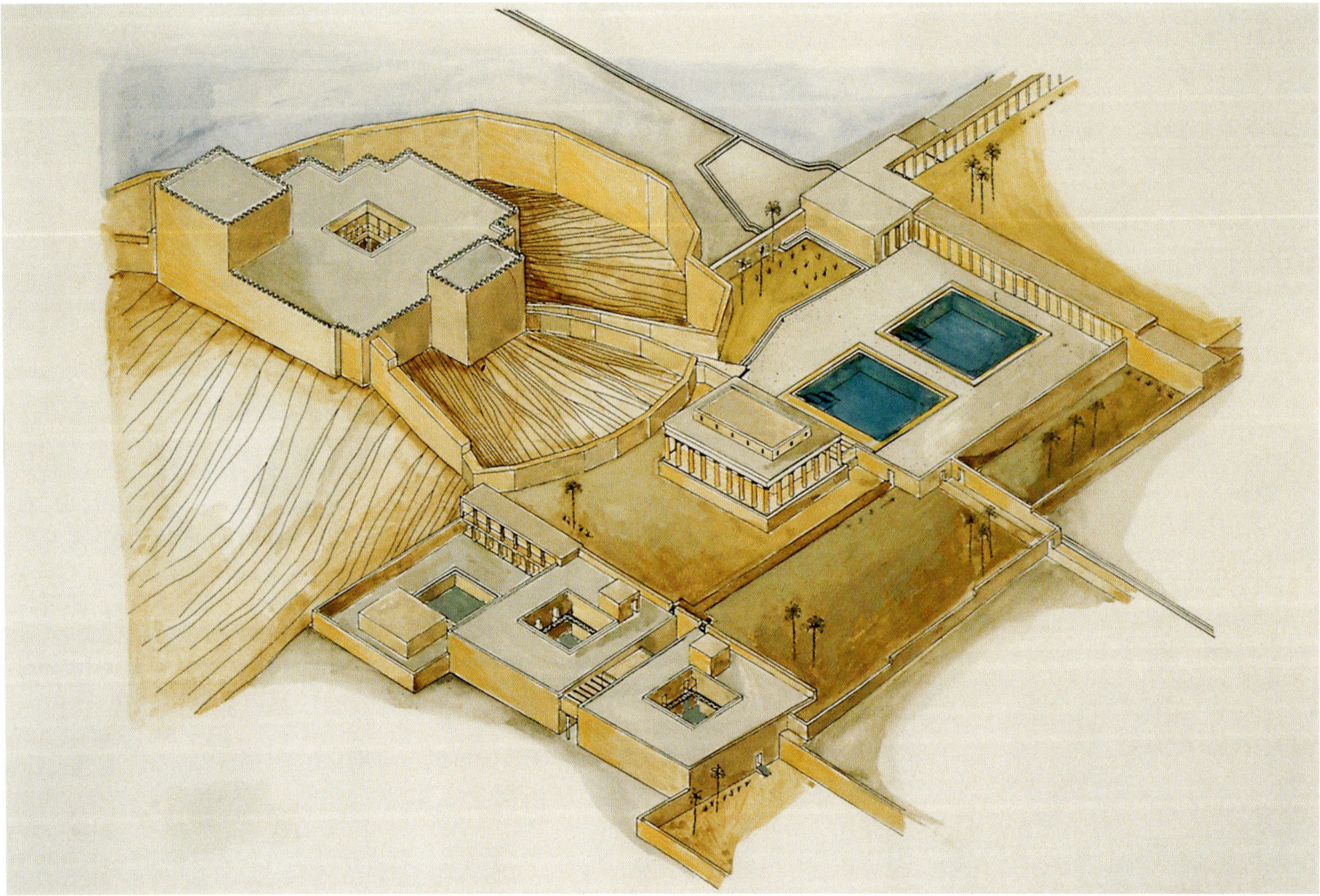

37

38

flügel, oder sie gehörte funktional zu der unten beschriebenen Gruppe.

Die zweite Anlage bestand aus etwa sechs Häusern, die man in einer Reihe entlang der Südseite der Na'aran-Leitung auf dem sich östlich des Palastes erstreckenden Gelände erbaut hatte. Sie waren außerhalb der Umfriedungsmauer des Königsgutes, die hier parallel zu der Wasserleitung verläuft, gelegen und möglicherweise für das ranghöchste Personal bestimmt, das für den Palast bzw. das Königsgut zuständig war. Jedenfalls wurden keine Dekorationen irgendwelcher Art in diesen nur zum Teil ausgegrabenen Häusern gefunden. Anscheinend verfügte jedes von ihnen über einen Innenhof und eine *Mikveh* mit zwei Becken, von denen eines Stufen besaß. Das östlichste Haus in dieser Reihe grenzt an das von den Ausgräbern so genannte »Industriegebiet«, das möglicherweise mit den in der Nachbarschaft stattfindenden landwirtschaftlich-industriellen Aktivitäten in Beziehung stand. Die Häuserreihe beginnt jenseits der zuerst genannten Anlage und erstreckt sich – bei einer Breite von 20 m – 185 m weit nach Osten. Die Größe der Häuser beträgt durchschnittlich 20 x 18 m.

***Abb. 37** Isometrische Rekonstruktion des hasmonäischen Palastes in seiner 5. Phase. Im Vordergrund die Zwillingspaläste, im Hintergrund der Pavillon des Beckenkomplexes und der befestigte Palast.*

***Abb. 38** Gesamtansicht des hasmonäischen Badehauses westlich des großen Schwimmbeckens. Das kleine, mit einer Treppe versehene Becken (ein Ritualbad) im Vordergrund wurde durch einen Kessel beheizt, der sich ursprünglich in dem Loch befand, das in dem schattigen Teil sichtbar ist.*

Die letzten Phasen des hasmonäischen Palastkomplexes

Mit der Errichtung der Zwillingspaläste näherte sich der hasmonäische Palastkomplex seiner Vollendung. Gleichwohl wurden daran in den folgenden Jahren noch zahlreiche bauliche Veränderungen vorgenommen, bis ihn das Erdbeben des Jahres 31 v. Chr. zerstörte.

Die letzten bedeutenden Veränderungen in der Geschichte des Palastes erfolgten anscheinend nach dem Tode Alexandra Salomes 67 v. Chr., im Anschluß an die Absetzung Johannes Hyrkanos' II. und die Thronbesteigung des Aristobulos II. Im folgenden werden drei Baumaßnahmen aufgeführt, die in diesen Zeitabschnitt fallen – eine kurze Epoche, die in politischer Hinsicht mit der Eroberung Palästinas durch Pompeius ihr Ende fand, dessen Einmarsch der erbitterte Streit der beiden rivalisierenden Brüder ausgelöst hatte.

Die größte und bedeutendste Baumaßnahme war die Anlage eines 20,0 x 12,5 m großen und 3 m tiefen Schwimmbeckens im Osten der Zwillingspaläste, welches ein schmaler Platz säumte und eine Mauer umgab. Der Zugang zum Becken erfolgte offensichtlich vom Garten des östlichen Zwillingspalastes aus. Vermutlich wurde es von Johannes Hyrkanos II. gebaut, der – entweder aus Scham oder weil man es ihm verboten hatte – die beiden großen Schwimmbecken des Palastes nicht benutzte. Anscheinend ließ er sich ein Becken von ungefähr derselben Größe errichten, wie die beiden von seinem Vater Alexander Jannaios rund 35 Jahre früher hinzugefügten Becken. Sein Becken, das einschließlich des Kalkverputzes der Seitenwände unversehrt erhalten ist, zeigt die »klassische« Bauweise, die bei allen in diesem Buch beschriebenen Becken zu finden ist: es besitzt eine oben in die Seitenwände eingelassene Bank und eine bis zum Grund hinabreichende Treppe an einer Seite.

Die zweite Baumaßnahme betraf den kleinen Garten östlich des Beckenkomplexes. Dort errichtete man eine Gruppe von je 32 m langen und 2,8 m breiten Speicherräumen, die offenbar zur Lagerung landwirtschaftlicher Erzeugnisse dienten. Sie nahmen die gesamte Fläche des ehemaligen Gartens ein, der von dem Beckenkomplex abgetrennt und dem an die neuen Lagerhäuser angrenzenden Wirtschaftsbereich des Königgutes zugeschlagen wurde. Es ist anzunehmen, daß der jüngere Bruder Aristobulos II., der zu dieser Zeit die Herrschaft innehatte, dieses Projekt ausführen ließ.

Die letzte Baumaßnahme, die in diesen Zeitraum fällt, wurde unweit dieser Stelle durchgeführt, nämlich in dem verbliebenen Teil des kleinen Gartens im Westen des Platzes, hinter dem oben beschriebenen *triclinium* aus der Regierungszeit Alexandra Salomes. Aufgrund der späteren Bautätigkeit, auf die noch einzugehen ist, läßt sich der Umfang des neuen Projektes nicht exakt bestimmen. Als offenbar wichtigstes Element wurde nun ein rechteckiges, 5,7 x 3,5 m großes und ungefähr 3 m tiefes Becken hinzugefügt. Dieses ist kleiner als alle bislang aus Jericho bekannten Becken, aber größer als die zahlreichen hier entdeckten Tauchbecken, und diente zu rituellen Waschungen. Was Einzelheiten der Form anbelangt, so besitzt es alle Züge eines Schwimmbeckens – eine in die Seitenwände eingelassene Bank und bis auf den Grund hinabführende Stufen. In der Tat sind zwei Annahmen denkbar: der einen zufolge lag dieses Becken einst innerhalb eines Gebäudes und ermöglichte »bevorzugten Personen« das Schwimmen an kalten Wintertagen oder bei besonders starkem Wind. Nach der anderen Annahme diente das Becken einer größeren Zahl weniger bedeutender Mitglieder der Königsfamilie zu rituellen Waschungen.

In den rund 30 Jahren zwischen der Eroberung des Landes durch Pompeius und der Zerstörung des Palastes durch das Erdbeben im Jahre 31 v. Chr. wurden nur wenige Veränderungen vorgenommen. Offenbar spiegelt diese Einschränkung der Bautätigkeit den Niedergang der Hasmonäer und ihres Einflusses sowie vielleicht auch die zwischen verschiedenen Fraktionen des Königshauses herrschenden Feindseligkeiten wider. Andererseits könnte auch angenommen werden, daß der Palast nun so hoch entwickelt war, daß an zusätzlichen Erweiterungen oder tiefgreifenden Veränderungen kein Bedarf mehr bestand. Anscheinend hing die wichtigste Veränderung während dieser Zeit mit einem Problem zusammen, das als Folge der Errichtung des befestigten Palastes auf der Kuppe des künstlichen Erdhügels auftrat. Für weitere Befestigungen bestand zwar keine Notwendigkeit mehr, aber der Palast auf dem Hügel konnte auch nicht einfach erweitert werden, selbst wenn man dies gewünscht hätte. Besonders schwierig war eine Verbesserung der Einrichtungen zum Baden und für rituelle Waschungen, da dies einerseits eine Versorgung mit fließendem Wasser, andererseits ein Abwassersystem erfordert hätte. Der aufgeschüttete Hügel und der tiefe Graben, der ihn immer noch zum größten Teil umgab, legten in beiderlei Hinsicht Beschränkungen auf.

Man löste dieses Problem, indem man einen Komplex zum Baden und für rituelle Waschungen in dem Bereich anlegte, der einst einen der Ziergärten bildete und in der oben beschriebenen Endphase jenes 5,7 x 3,5 m große Becken enthielt, dessen Funktion so schwierig zu deuten ist. Dieser Komplex bestand aus zwei Anlagen:

39

40

Abb. 39** Ein Mosaikfeld, das ein geometrisches Muster zeigt, aus dem Hauptraum (einer Art* **tepidarium) des hasmonäischen Badehauses.*

***Abb. 40** Reste der verzierten Badewanne aus dem hasmonäischen Badehaus. In der Wanne sitzt Teddy Kollek, der frühere Bürgermeister von Jerusalem.*

Abb. 41** Teil eines Fundes von Gefäßen, die in das Ritualbad westlich des hasmonäischen Badehauses geworfen wurden. Unter den Tongefäßen befindet sich ein einzigartiges Trinkhorn (oder möglicherweise ein* **curnucopia).*

einer größeren und aufwendigeren, mit einem Badehaus im griechisch-hellenistischen Stil nebst allen erforderlichen Einrichtungen, und einer kleineren, aus einer *Mikveh* mit einem Umkleideraum bestehend (Abb. 38).

Das Badehaus enthielt zwei Räume, bei denen es sich offenkundig um ein Eingangszimmer und einen Umkleideraum handelt, ferner einen Hauptraum (eine Art *tepidarium*) und einen 4,2 m x 3,2 m großen Baderaum sowie zwei Becken, von denen das eine, in einem eigenen Raum liegend, zum Untertauchen in kaltem Wasser, das andere, das sich in einem an das *tepidarium* angrenzenden Alkoven befand, zum Eintauchen in erhitztes Wasser diente. Der Hauptraum besaß einen Mosaikboden mit einem zentralen Feld aus geometrischen Mustern (Abb. 39), der zu den ältesten bislang in Israel endeckten Mosaikböden zählt. Im Baderaum gab es ursprünglich ebenfalls einen Mosaikboden, den man aber schon in der Antike fast ganz entfernt hatte. Erhalten blieb hier dagegen ein Teil der Badewanne (Abb. 40), deren Verputz mit weiß, schwarz und gelb bemalten Quadraten aus Stuck, die an moderne Keramikkacheln erinnern, geschmückt ist. Putzfragmente aus dem Schutt in den zuletzt genannten Räumen legen die Vermutung nahe, daß sie mit Fresken versehen waren.

Von besonderem Interesse ist ein Detail desjenigen Beckens in dem Badehaus, das zum Untertauchen in kaltem Wasser diente und mit einer Treppe ausgestattet war. Dieses 3,4 x 3,4 m große Becken besaß ursprünglich eine in die Seitenwände eingelassene Bank, die man später durch Ausmauern beseitigte. Möglicherweise wurde diese Änderung durch die vermutlich schon damals diskutierte Kontroverse veranlaßt, ob man in einer *Mikveh* schwimmen dürfe oder nicht. Die kleine, beheizbare *Mikveh* grenzte an einen kleinen Hof mit einem Ofen, in dem man auch Wasser für den Baderaum erhitzte. Die *Mikveh* wurde durch einen Kupfertank in der Seitenwand des Beckens beheizt. Der Tank selbst ist nicht erhalten, hat aber einen genauen Abdruck in der Seitenwand hinterlassen. Dies ist der einzige bekannte Fall in einem hasmonäischen Palast, in dem ein Becken auf diese Weise beheizt wurde[36].

Das oben erwähnte Badehaus ist vielleicht das höchstentwickelte, das je von den Hasmonäern erbaut wurde, einschließlich des Badehauses im Zentrum des Westpalastes von Masada, das typologisch zur selben Gruppe gehört (dazu s. u. S. 77, 79 sowie die Schlußbetrachtung). Von Bedeutung ist, daß man das erwähnte Badehaus über älteren Bauresten errichtete, zu denen das schon genannte Becken gehörte, dessen Funktion rätselhaft war. Der Architekt des Badehauses war dagegen keineswegs verwundert. Statt das Becken innerhalb des Badehauses wiederzuverwenden, ließ er es mit Erde zuschütten und an seiner Statt jenes mit einer Treppe versehene Becken ausheben, das als Kaltwasser-*Mikveh* diente. Bemerkenswerterweise stattete man auch das ältere Becken zunächst mit einer Bank aus und beseitigte sie später wieder. Wenn dieses Becken tatsächlich für rituelle Waschungen benutzt wurde, läßt sich diese Änderung wiederum als ein Reflex der Diskussion über das Schwimmen in der *Mikveh* deuten.

Der letzte hier zu beschreibende Einrichtung bildet die im Westen an das Badehaus angrenzende *Mikveh*. Typologisch gehört sie zu derselben Gruppe wie die erste uns aus dem hasmonäischen Palast bekannte *Mikveh*; beide bestehen aus zwei Becken, von denen nur jeweils eines Stufen aufweist. Von besonderem Interesse sind hier die vielen Veränderungen, welche diese Einrichtung im Laufe der Jahre erfuhr, während das benachbarte Badehaus unverändert blieb. Darin spiegelt sich die oben erwähnte vergleichsweise lange Zeitspanne wider, zugleich legt dies nahe, daß Badehaus und *Mikveh* nicht in dem letzten Stadium, sondern 10 bis 15 Jahre vor dem Erdbeben errichtet wurden, zu der Zeit, da Hyrkanos II. dank des Wohlwollens der Römer und mit der tätigen Unterstützung Antipaters, Herodes' Vater, als König herrschte.

Der hasmonäische Palastkomplex bestand auf jeden Fall bis zu dem Erdbeben im Jahre 31 v. Chr. In politischer Hinsicht waren diese letzten Jahre ziemlich stürmisch. In dieser Zeit erlangte Mattathias Gonatas die Kontrolle über Judäa, und anschließend folgten die Kämpfe zwischen Herodes und Mitgliedern des hasmonäischen Königshauses. Das Ergebnis der Ausgrabungen belegt dennoch eine kontinuierliche Nutzung des Palastes, wenn auch in etwas geringerem Maße – zumindest, was die Zwillingspaläste angeht –, bis zu seiner plötzlichen Zerstörung (Abb. 41).

Der deutlichste Beweis für dieses katastrophale Ereignis findet sich in den Zwillingspalästen und dem Pavillon. Sogar auf dem Hügel selbst, am befestigten Palast, sind Spuren einer plötzlichen Zerstörung vorhanden. Es handelt sich dabei um Anzeichen von einer Feuersbrunst, einer häufigen Begleiterscheinung von Erdbeben. Offenbar lag der Komplex bereits seit mehreren Jahren in Trümmern, als Herodes seinen zweiten Palast zu bauen begann.

41

45

Vom Schmuck des Gebäudes ist wenig erhalten. Bereits erwähnt wurden die gemusterten Mosaikböden des Badehauses; weiterhin fanden sich einige wenige Fragmente von Säulen, Kapitellen und Teilen des Gebälks. Ein Vergleich mit den anderen Palästen des Herodes macht es wahrscheinlich, daß wenigstens einige Wände mit Fresken geschmückt waren, auch wenn dafür keine tatsächlichen Beweise gefunden wurden.

Wenn auch kein sicherer Beweis für das Fehlen eines zweiten Geschosses existiert, so fand sich auch keinerlei Hinweis darauf, daß das Gebäude ein solches besessen hat. In Raum 13, der an die Eingangshalle angrenzt, förderte die Ausgrabung die Reste vermutlich der Basis eines Pfeilers zutage, was darauf hinweist, daß es an dieser Stelle einen Treppenschacht gab[45]. Ein Treppenschacht ist aber nicht unbedingt ein Zeichen für die Existenz eines zweiten Geschosses, sondern könnte auch zum Hinaufsteigen auf das Dach gedient haben. Falls tatsächlich ein zweites Geschoß vorhanden gewesen war, würde man erwarten, noch weitere Treppenschächte zu finden, und selbst wenn es nur einen einzigen gegeben hätte, müßte sich dieser in der Mitte des Gebäudes befinden. Die Lage des Treppenschachtes neben dem Eingangsraum und in demjenigen Raum (13), der aller Wahrscheinlichkeit nach für die Palastwachen bestimmt war, deutet darauf hin, daß die Treppe lediglich dazu gedacht war, ihnen das Hinaufgehen zum Dach zur Erfüllung des Wachdienstes zu ermöglichen.

Bedauerlicherweise ist nichts über die Ziergärten bekannt, die offenbar einst den Palast umgaben. Ebensowenig hat man eine Vorstellung davon, ob er über ein eigenes Schwimmbecken oder gar mehrere verfügte. Weitere Ausgrabungen in der nahen Umgebung des Palastes könnten diese Fragen klären. Es sei an dieser Stelle erwähnt, daß sich etwa 250 m südöstlich des Palastes ein altes Becken von 180 x 150 m Größe befindet, das die Einheimischen Birket-Musa (Becken des Moses) nennen. Offenbar nicht zufällig entspricht seine Ausrichtung ungefähr derjenigen des Palastes. Beide lagen vermutlich zu beiden Seiten einer antiken Straße. Obwohl ich zwei Sondagen in dem Becken durchführen ließ, gelang es uns leider nicht, es zu datieren. Nach der Ausführung seines Verputzes zu urteilen, wurde es aber zweifelsohne in der Zeit des zweiten Tempels angelegt, und es gibt sogar Gründe für die Annahme, daß Herodes für seinen Bau verantwortlich war. Nichtsdestoweniger bleiben die exakte Datierung und insbesondere die Funktion des Beckens offene Fragen. Anders als die übrigen aus Jericho bekannten Becken fungierte dieses Becken möglicherweise als Wasserreservoir zur Bewässerung der Felder im Sommer, indem es vielleicht das Hochwasser des Wadi Qelt am Ende eines jeden Winters sammelte. Darüber hinaus spielte es vermutlich auch eine gewisse Rolle im Rahmen des verschwenderischen Lebensstils in Jericho. Läßt man der Phantasie größeren Raum, könnte man darin auch einen Schauplatz für die Inszenierung von Naumachien sehen, jenen alten römischen Schauspielen, die Seegefechte darstellten. Freilich bleibt dies zweifelhaft, und wir verfügen über keinen Befund, der diese Annahme stützt – im Gegensatz zu Pferde- und Wagenrennen und anderen Wettkämpfen, auf die noch zurückzukommen ist.

Dieser erste Palast spiegelt offenbar Herodes' heikle Situation und untergeordnete Stellung in Jericho während der wenigen Jahre wider, in denen die ägyptische Königin Kleopatra VII. dort herrschte. Der rechteckige Bau, der von seiner Umgebung abgeschlossen war und sich statt dessen zu dem großen Peristylhof öffnete, erlaubte es den darin Wohnenden nicht, den Anblick der eindrucksvollen Landschaft der Ebene zu genießen. Im Unterschied zu den beiden später von Herodes in der Nachbarschaft errichteten Palästen, die für den Ausblick auf die beeindruckende Umgebung offen waren, zog er es hier vor, in einem geschlosseneren, aber sichereren Bau zu bleiben.

Im Gegensatz zu den ersten Palästen, die Herodes in dem zur Zeit der Hasmonäer üblichen Stil in Masada erbaute (s. S. 74–77), läßt dieser Palast andere architektonische Einflüsse erkennen, die eventuell auf Bauten zurückgehen, die Herodes auf seinem Weg nach Rom in Alexandria oder in Italien sah. Möglicherweise folgte er aber auch in seinen ersten Regierungsjahren ganz dem Rat seiner Hofarchitekten, die vorher außerhalb der Grenzen seines Reichs gearbeitet hatten, und die Architektur des Palastes könnte das Ergebnis ihrer früheren Erfahrungen gewesen sein. Als mögliche Quellen der Einflüsse oder Vorbilder ließe sich auf den sogenannten Palazzo delle colonne in der Kyrenaika (Libyen)[46] verweisen oder auf bestimmte Häuser in Pompeji wie die Casa del Fauno, die Casa del Pansa und die Casa di Menandro[47]. Jedenfalls ähnelt Herodes' erster Palast in Jericho seinen späteren stilistisch sehr viel mehr als jenen ersten, die in Masada errichtet wurden (der Kern des Westpalastes und die drei kleinen Paläste; Gebäude Nr. 11, 12 und 13).

Der erste Palast war noch ein frisch errichtetes Gebäude zur Zeit des Erdbebens im Jahre 31 v. Chr. Wir nehmen an, daß der Lehmmörtel der Lehmziegelwände in den ersten Jahren der Existenz des Gebäudes noch feucht und zähflüssig war und daß die Mauern anders auf das Erdbeben reagierten als solche mit bereits vollständig trockenem Lehmmörtel. Dieser eingeschossige Palast war anscheinend gegenüber einem mehrstöckigen Bau bei einem Erdbeben sehr im Vorteil. Auf jeden Fall blieb Herodes' erster Palast nach der Errichtung seines zweiten und dritten bestehen, wenngleich sich seine Bedeutung in der örtlichen Hierarchie vermutlich verringert hatte.

***Abb. 45** Reste des Hypokaustums unter dem* **caldarium** *im Badehaus des ersten Palastes. Der Boden war mit prächtigen Mosaiken geschmückt.*

Der zweite Palast des Herodes in Jericho

Die Anlage über den Ruinen des hasmonäischen Palastes

Sechs Jahre waren vergangen, seit Herodes die Herrschaft über Judäa und die übrigen Gebiete des von ihm regierten Landes angetreten hatte. Er sah sich jetzt mit zwei Katastrophen konfrontiert, die sich in kurzer Folge ereigneten. Bei der ersten handelt es sich um das schwere Erdbeben in Judäa 31 v. Chr., das laut Josephus fast zehntausend Einwohner das Leben kostete[48]. Die Ebene von Jericho, die in dem Great Rift Valley liegt, das sich von Syrien bis zum Sambesi erstreckt, ist Geologen als eine Region bekannt, die zu tektonischen Störungen neigt, und es war kein Zufall, daß der hasmonäische Palast bei diesem Erdbeben zerstört wurde.

Die zweite Katastrophe war politischer Natur und resultierte aus der Schlacht bei Actium 31 v. Chr., die tiefe Spuren in der gesamten römischen Welt hinterließ. Bis zu diesem Zeitpunkt war Marcus Antonius Herodes' Schutzherr gewesen. Sein Rivale Octavian, der spätere Augustus, hätte Herodes leicht mit seinem besiegten Amtsgenossen identifizieren und ihm die Herrschaft, wenn nicht gar das Leben, nehmen können. Herodes bekam in der Tat Angst, verlor aber nicht den Kopf. In einem brillanten politischen Schachzug machte er sich nach Antiochia auf, um mit Augustus zusammenzutreffen[49], und mit Hilfe seiner Überzeugungskraft und durch Geschenke gelang es ihm, das Vertrauen des Siegers zu gewinnen. Als Ergebnis wurde er nicht nur als Herrscher über Judäa bestätigt, sondern sein Königreich wurde sogar noch vergrößert. Zum einen bekam er die Gebiete, die Kleopatra zugesprochen worden waren (die dem Beispiel ihres Liebhabers und Ehemanns Marcus Antonius gefolgt war und Selbstmord begangen hatte), zum anderen fügte Augustus neue Territorien hinzu, wie Gadara und Samaria, die zuvor nicht Teil seines Reiches waren[50].

Die neue Situation bedeutete eine tiefgreifende Veränderung für Herodes' Status in Jericho. Erstens gewann er offiziell die Herrschaft über die Oase zurück. Zweitens war nicht nur der hasmonäische Palast durch das Erdbeben schwer beschädigt, sondern auch die Stellung der Hasmonäer durch Kleopatras Tod nachteilig berührt worden, die stets ein offenes Ohr für deren Probleme und Schwierigkeiten gehabt hatte. Anscheinend war dies für ihn der richtige Zeitpunkt, um sich den hasmonäischen Besitz in Jericho anzueignen und, wenige Jahre später, mit dem Bau eines neuen Palastes auf den Ruinen des hasmonäischen Vorgängers zu beginnen[51] (Abb. 46). Abgesehen von den wachsenden Ansprüchen des Königshofes ist auch der Vorzug der etwas höheren Lage des hasmonäischen Palastes nicht außer acht zu lassen, die eine bessere Sicht über die Ebene von Jericho und das Tote Meer erlaubte.

***Abb. 46** Gesamtansicht des Geländes des hasmonäischen Palastes nördlich des Wadi Qelt mit dem Königsgut im Hintergrund (dies entspricht der dunkelbraunen, gepflügten Zone).*

46

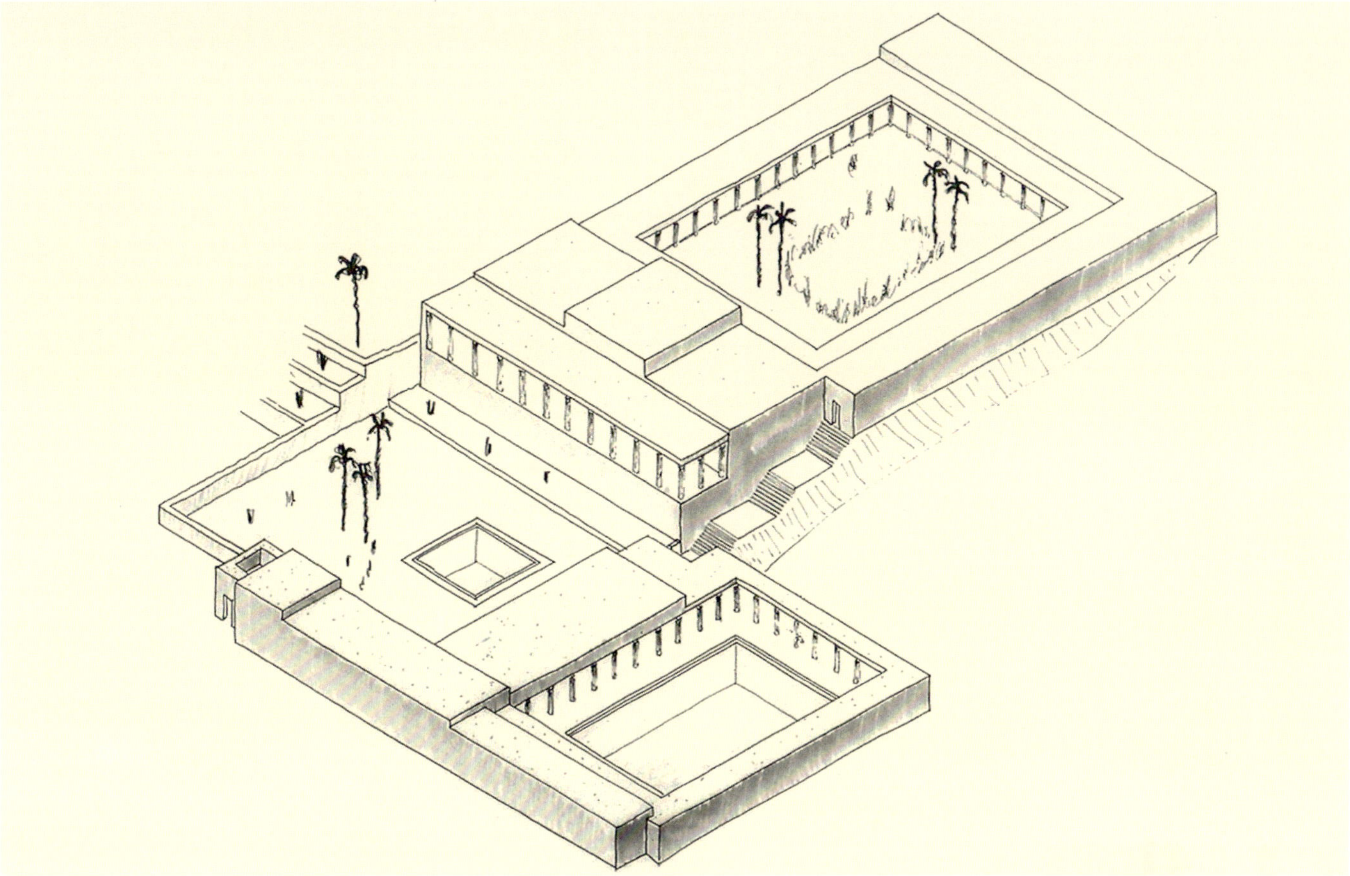

51

eher einem überdachten Hof glich. Sie öffnete sich wahrscheinlich zum Becken hin mit einer Säulenreihe. Hier konnten sich vermutlich die Badenden ausruhen und dem Treiben im Becken zusehen. Möglicherweise diente sie aber auch als Umkleideraum. Vielleicht erfüllten diesen Zweck jedoch die beiden kleinen Räume, die sich im Norden daran anschlossen, wenn sie nicht von dem Personal benutzt wurden, das sich um das Becken kümmerte. Auch legt die außergewöhnliche Stärke der die Halle im Norden flankierenden Mauern nahe, daß sich darin vielleicht Nischen zum Ablegen von Kleidern befanden. Eine weitere Möglichkeit wäre, daß die neu hinzugefügten Räume im Süden des Beckens als Umkleideräume dienten.

Südwestlich des Beckens wurde am Rande des Gartens, der an den östlichen Zwillingspalast angrenzte, das Badehaus des Palastes errichtet. Diese Anlage wurde offenbar von allen, die sich im Palast aufhielten, benutzt, doch ist ihre Nähe zum Schwimmbecken allem Anschein nach nicht zufällig gewählt. Das relativ kleine Badehaus bestand aus einem 5,1 x 3,1 m großen Eingangs- und Auskleideraum (*apodyterium*), einem 5,2 x 4,9 m großen Kaltbad (*frigidarium*) in Form eines mit einer Treppe versehenen Tauchbeckens, einem kleinen, nur 3,5 x 3,1 m messenden Abkühlraum (*tepidarium*) und einem 5,1 x 4,0 m großen Warmbaderaum (*caldarium*; Abb. 50). Es war mit z. T. farbigen Mosaikböden geschmückt, die nur partiell erhalten sind, und besaß Fresken, von denen nur Spuren vorhanden sind. Der Hof für den Heizofen wurde westlich des *caldariums* freigelegt.

An der Ostseite des Badehauses wurde ein quadratischer Raum von 5,1 x 5,1 m Größe mit einem Pfeiler in der Mitte, der die Decke trug, angebaut. Boden und Wände dieses Raumes wiesen einen wasserfesten Verputz auf, doch fanden sich hier keine Hinweise auf Wasserversorgungssysteme. Andererseits verläuft ein unverputzter »Kanal« entlang der westlichen Wand. Es spricht einiges dafür, daß es sich bei diesem Raum um eine Latrine handelt, obwohl die Exkremente hier nicht, wie in römischer Zeit üblich, mit fließendem Wasser fortgespült wurden. Als Alternative dazu läßt sich vermuten, daß auf dem Grunde des »Kanals« Gefäße standen, mit deren Hilfe man die Exkremente entfernte und sie dann im nahe gelegenen Feld vergrub, im Einklang mit dem Gesetz des Pentateuchs[54]. Diese Interpretation hat mehrere nicht ganz unproblematische Aspekte, deren wichtigster das Fehlen eines ähnlichen Systems in anderen hasmonäischen oder herodianischen Palästen ist. Erstaunlicherweise läßt sich in den in diesem Buch beschriebenen Palastanlagen bis heute kein Raum noch irgendeine Einrichtung namhaft machen, die mit Sicherheit diesen wichtigen Zweck erfüllte.

Während der dritte von Herodes hier in Jericho errichtete Palast ein architektonisches Glanzstück darstellte (s. das folgende Kapitel), fällt der zweite Palast (Abb. 51) nicht in diese Kategorie. Dabei ist jedoch zu berücksichtigen, daß der erste Palast südlich des Wadi Qelts weiterhin in Betrieb war und beide Paläste zusammen eine ausgedehnte Anlage bildeten, die es dem König und vielen Mitgliedern seiner Familie nebst seinen Freunden erlaubte, sich des milden Winterklimas in Jericho, eines Überflusses an Wasser sowie einer üppigen Vegetation zu erfreuen. Freilich gereichte auch dieser Palast nicht zu Herodes' Zufriedenheit, und er erweiterte ihn, sobald dies möglich wurde.

***Abb. 50** Das* **caldarium** *im Badehaus des zweiten Palastes, im Hintergrund Kypros auf dem Gipfel des Berges.*

***Abb. 51** Isometrische Rekonstruktion des Haupt-(Ost-)Flügels des zweiten Palastes, Blick nach Nordwesten. Man beachte die das Schwimmbecken umgebenden Säulengänge im Vordergrund.*

Der dritte Palast des Herodes in Jericho

Der Opus-Reticulatum-Palast

Im Jahre 15 v. Chr. war die Visite des bedeutendsten Gastes, der jemals Judäa während Herodes' Regierungszeit besuchte, angesagt: Marcus Agrippa, Stellvertreter des Augustus und verantwortlich für viele Bauvorhaben in dessen Reich. Josephus berichtet, daß Herodes ihn nicht nur nach Jerusalem, sondern auch nach Caesarea Maritima, Samaria-Sebaste und Hyrkania sowie zum Alexandreion und zum Herodeion führte[55]. Zweifelsohne war Agrippa von der Großartigkeit der Bauunternehmungen des Königs tief beeindruckt. Anscheinend beschloß die politische Führung in Rom nach der Rückkehr des Agrippa Ehrungen für Herodes in Anerkennung seiner Leistungen auf baulichem Gebiet. Offenbar als ein Akt der Ehrenbezeugung wurde ein Team von Bauarbeitern und Architekten nach Judäa gesandt, um bei der Ausführung zusätzlicher Bauvorhaben behilflich zu sein.

52

Obgleich es für diese Geste keinen historischen Beleg gibt, gründet sich diese Annahme auf den Befunden an drei Orten, an denen die Überreste von Wänden freigelegt wurden, deren Außenseiten das sogenannte *opus reticulatum* und *opus quadratum* zeigen (Abb. 52). Diese beiden lateinischen Begriffe beziehen sich auf eine Bauweise, die bereits um die Mitte des 1. Jhs. v. Chr. entwickelt worden war und hauptsächlich bei Mauern aus Gußmauerwerk Anwendung fand, deren Außenseite man als Alternative zu hölzernen Profilen mit kleinen, eigens zu diesem Zweck zurechtgemeißelten Steinen verkleidete. An den Ecken versetzte man rechteckige Steine, die gebrannten Ziegeln sehr ähnlich sind und als *opus quadratum* bezeichnet werden. Die verbleibende Außenseite der Wand verkleidete man mit kleinen quadratischen Steinen, die in horizontalen Schichten, aber um einen Winkel von 45° gedreht, verlegt wurden, das sogenannte *opus reticulatum*. Der *opus-reticulatum*-Bauweise ging das sogenannte *opus incertum* voraus, das in das 1. Jh. v. Chr. datiert und diesem ähnelt, nur daß die Steine keine deutlich geometrische Form besitzen.[56]

Wände mit *opus reticulatum* und *opus quadratum* wurden in Palästina an folgenden drei Orten entdeckt: in Jerusalem (rundes Bauwerk neben dem Damaskus-Tor[57]), in Banias (ein Bau, der vermutlich als Tempel diente[58]) und hier bei den Winterpalästen in Jericho. Kelso und Baramki, die als erste Abschnitte des dritten Palastes freilegten, hatten bereits die Vermutung geäußert, daß die Bauleute, welche diese Wände errichteten, aus Italien kamen[59]. Dieser Baustil wurde in keiner Gegend des Landes gefunden, weder an Bauwerken, die der Zeit des Herodes vorausgehen, noch an solchen, die später entstanden sind. Darüber hinaus begegnet diese Bauweise, sieht man von einigen wenigen Bauten in der Türkei und in Syrien ab, im ganzen Mittleren Osten nirgends[60], obwohl sie in Italien sehr verbreitet ist. Ich nehme daher mit guten Gründen an, daß ein geschultes, speziell zu

53

diesem Zweck hergeschicktes Team an der Errichtung der drei genannten Bauten beteiligt war und anschließend wieder nach Italien zurückkehrte. Höchst interessant und bedeutsam ist die Tatsache, daß diese »Gastarbeiter« an all diesen Orten nicht als eine selbständige Bautruppe arbeiteten, sondern sich in die Bautrupps der einheimischen Arbeiter eingliederten und mit diesen gemeinsam die Gebäude errichteten. So kommt es, daß man in Jericho an ein und demselben Bau sowohl Mauern in der neuen römischen Technik als auch Lehmziegelwände findet. Die Verwendung verschiedener Baumaterialien war zur Zeit des Herodes für den Betrachter dieser Mauern nicht erkennbar, weil diese alle sofort nach ihrer Errichtung einen Kalkverputz erhielten. Wie weiter unten noch ausgeführt wird, waren an dem Bau des dritten Palastes nicht nur römische Steinmetze und Zementierer beteiligt, sondern auch Verputzer, Wandmaler bzw. Stukkateure, Gärtner und wahrscheinlich sogar Architekten.

Abb. 52 Das runde **laconicum** *im Badehaus des dritten Palastes. Im Hintergrund der westliche Peristylhof.*

Abb. 53 Gesamtansicht des Geländes zu beiden Seiten des Wadi Qelt, wo sich zur Zeit des Herodes die drei Winterpaläste befanden. Der erste Palast liegt unterhalb des Bananenhains, hinter dem Minarett (etwas rechts von der Mitte). Im Hintergrund sieht man das Jericho der 70er Jahre dieses Jahrhunderts. Man beachte den Unterschied zwischen den bewässerten und den nicht bewässerten Zonen. Letztere spiegeln die Wüstenbedingungen in dieser Ebene wider (jährliche Niederschläge nicht über 150 mm).

Als Baugelände für den dritten Palast wählte Herodes ein etwa 3 ha großes Areal zu beiden Ufern des Wadi Qelt (Abb. 53). Das Wadi verläuft durch die Mitte des Geländes und ist die meiste Zeit des Jahres über ein trockenes Flußtal. Zwei- oder dreimal im Jahr führt es indes von den Regenfällen im Westen Flutwasser, doch verschwinden diese Wasser gewöhnlich schon wenige Stunden nach Aufhören der Niederschläge wieder. Am Ende von Wintern mit starken Regenfällen dagegen führt das Wadi für einen Zeitraum von einer bis zu zehn Wochen Wasser[61] (Abb. 54). Offenbar hatte Herodes dieses Phänomen eine Weile beobachtet und davon geträumt, zu einem günstigen Zeitpunkt einen Palast zu beiden Seiten des Wadis zu errichten. Dieser würde während der saisonalen Wasserströme das Aussehen eines an den Ufern eines Sees gelegenen Palastes haben, einer *villa maritima*, wie die römische Bezeichnung lautet. Die Gelegenheit ergab sich, als Agrippa, wie wir vermuten, einen Trupp von Baufachleuten sandte. Verglichen mit den beiden älteren Palästen, besonders dem zweiten, bot das neue Gebäude keine außergewöhnliche Aussicht. Immerhin war der gewählte Bauplatz überwiegend eben und für das beabsichtigte Vorhaben geeignet, sieht man von demjenigen Teil des Wadis ab, der durch seine Mitte verlief.

Älter als der Palast war eine Villa im Norden des Wadis, die über hohen Ansprüchen genügende Räumlichkeiten neben Arbeitsräumen und landwirtschaftlichen Einrichtungen verfügte und damit ungefähr der traditionellen *villa rustica* römischer Zeit entsprach. Meiner Meinung nach wurde diese Villa ungefähr 10 bis 15 Jahre vor der Errichtung des dritten Palastes erbaut, ungefähr zu der Zeit, da man den zweiten Palast in Angriff nahm. Während der Bauarbeiten am dritten Palast wurde sie zum größten Teil abgerissen, doch integrierte man in den neuen Palast einige Partien nördlich und östlich seines Nordflügels (s. u.). Unter den nördlich des Wadi Qelts, z. T. unter den Fußböden des neuen Palastes freigelegten Resten der Villa sind eine Gruppe von Räumen von Interesse, die einen kleinen, zentralen Hof umgeben, gewerbliche Einrichtun-

54

gen von ungeklärter Funktion und daran anschließend ein rituelles Bad mit zwei Becken und Mosaikböden mit schwarzweißen geometrischen Mustern.

Herodes' dritter Palast in Jericho war ein gut geplanter Komplex[62]. Mit Ausnahme des Beckens im Süden des Wadi Qelts, das sowohl zum Schwimmen als auch zum Bootfahren gedacht war, verliefen alle Mauern der verschiedenen Flügel entweder parallel oder im rechten Winkel zur Achse des Wadis. Dieses wurde von einer Brücke überspannt, von der nichts mehr erhalten ist, für deren Existenz aber indirekte Hinweise sprechen[63].

Der neue Palast bestand aus vier Anlagen. Die größte erstreckte sich nördlich des Wadi Qelts (Abb. 55), während die übrigen drei südlich davon lagen: der tiefliegende Garten, ein sehr großes Becken und der südliche Tell. Der größte und zugleich auch Hauptflügel des dritten Palastes, der die Bezeichnung »Nordflügel« erhielt, verfügte über Empfangshallen und Räume, zwei Peristylhöfe und ein Bad römischen Stils (Abb. 56). Mit einer Ausnahme waren alle Räume des Nordflügels mit Fresken dekoriert. Die Decken wenigstens einiger, wenn nicht aller Räume waren überdies mit Stukkatur verziert. Fresken schmückten auch die beiden Peristylhöfe.

Im Osten grenzte an den Nordflügel ein Bau, der vermutlich als Wirtschaftstrakt oder als Unterkunft für das Personal des Palastes diente. Dieses um einen zentralen Hof errichtete Gebäude war ursprünglich ein Bestandteil der dem Bau des dritten Palastes vorausgehenden Villa (s. o.).

Dem größten Teil des Nordflügels lag ein Säulengang gegenüber, der sich nach Westen einen nahe gelegenen Hügel hinauf fortsetzte. Er verlief zunächst entlang einer kleinen Schlucht, die von Norden her in das Wadi Qelt einmündete, und bildete so eine kleine Pergola in Form eines umgedrehten U. Dann setzte sich der Säulengang noch ungefähr 60 m nach Westen fort, doch standen in diesem Abschnitt hinter ihm keine Gebäude, sondern lediglich eine Grenzmauer. Wie die Funde in diesem Bereich zeigen, waren diese Kolonnaden mit Fresken und Stuckarbeiten geschmückt (letzteres vor allem an der Decke). Es soll nicht unerwähnt bleiben, daß die Längenangabe des Säulengangs für die Strecke den westlichen Hügel hinauf auf Schätzung beruht, da nur noch ein Teil dieses Hügels erhalten ist, denn seine Ränder sind infolge der Überschwemmungen des Wadi Qelts weggespült worden. Auf jeden Fall verlief der Säulengang auf dem westlichen Hügel entlang der gleichen Linie und auf dem gleichen Niveau wie derjenige vor der Front des Nordflügels. Aus architektonischer Sicht werden alle Teile des Säulengangs einschließlich der Pergola in seiner Mitte als eine geschlossene Einheit betrachtet.

Der Haupteingang des Nordflügels lag von dem Säulengang aus gesehen südlich, gegenüber der Brücke, welche die beiden Seiten des Wadi Qelts verband[64]. Die Türöffnung führte in einen 7,7 x 3,9 m großen Raum (B51), von dem aus man entweder direkt den östlichen Peristylhof betrat oder durch einen anderen, 7,7 x 5,1 m großen Raum (B90), von dem aus man in den zweiten, westlichen Peristylhof

***Abb. 54** Jahreszeitabhängiger Wasserstrom im Wadi Qelt, im Gebiet des dritten Palastes, nach Osten gesehen.*

***Abb. 55** Rekonstruierter Gesamtplan des Nordflügels des dritten Palastes. Die kombinierte Verwendung von Wänden aus Gußmauerwerk, das mit* **opus reticulatum** *und* **opus quadratum** *verschalt wurde (schwarz), und von Lehmziegelmauern (weiß) beweist die Zusammenarbeit ausländischer und einheimischer Bauarbeiter.*

***Abb. 56** Der Nordflügel des dritten Palastes aus der Luft gesehen, Blick nach Nordosten.*

(B64) gelangte. Beide Räume, vor allem aber der westliche, enthielten ungewöhnlich reich verzierte Fresken (Abb. 57). Sowohl die Qualität dieser Dekoration als auch die damalige Neuheit dieser Fresken sprechen für eine Beteiligung ausländischer Künstler. Meiner Meinung nach gehörten diese Künstler ebenso wie Bauhandwerker, welche die Wände aus römischem Gußmauerwerk errichteten, zu einem einzigen Team.

Der 20,5 x 14,4 m große östliche Hof wurde offenbar an drei Seiten von Säulengängen umgeben (Abb. 58). Obgleich der ruinenhafte Zustand seines südlichen Teils keine klaren Schlußfolgerungen erlaubt, gehe ich davon aus, daß an dieser Seite kein Säulengang vorhanden war. Immerhin waren die Säulen der östlichen Kolonnade dicker und offensichtlich auch höher als die übrigen, wodurch die dahinterliegende Halle hervorgehoben wurde (s. u.). Die untere Partie der Säulenschäfte hatte man glatt belassen und abwechselnd rot und schwarz bemalt, während die obere kanneliert war. Sie trugen korinthische Kapitelle. Im Gegensatz zu den übrigen Säulen herodianischer Zeit von anderen Fundplätzen, die im allgemeinen aus wenigen steinernen Trommeln zusammengesetzt waren, bestanden diese hier aus kleinen Steinen, wie man sie ähnlich für das *opus quadratum* verwendete, weshalb die Säulen ebenfalls von dem italischen Team errichtet sein müssen. Die Art des Hofes entspricht dem von Vitruv als »rhodisch« bezeichneten Typus[65]. Alle Säulen wurden in wohlgeordneter Versturzlage in dem Hof gefunden und legen so Zeugnis von dem Erdbeben ab, dem der größte Teil des Palastes zum Opfer fiel. Dieses Erdbeben läßt sich anhand des Fundmaterials ungefähr in die Mitte des 1. Jhs. n. Chr. datieren.

Von dem Ziergarten in der Mitte des Hofes haben sich mehrere Spuren erhalten. Seine Bodenfläche war in flache Mulden

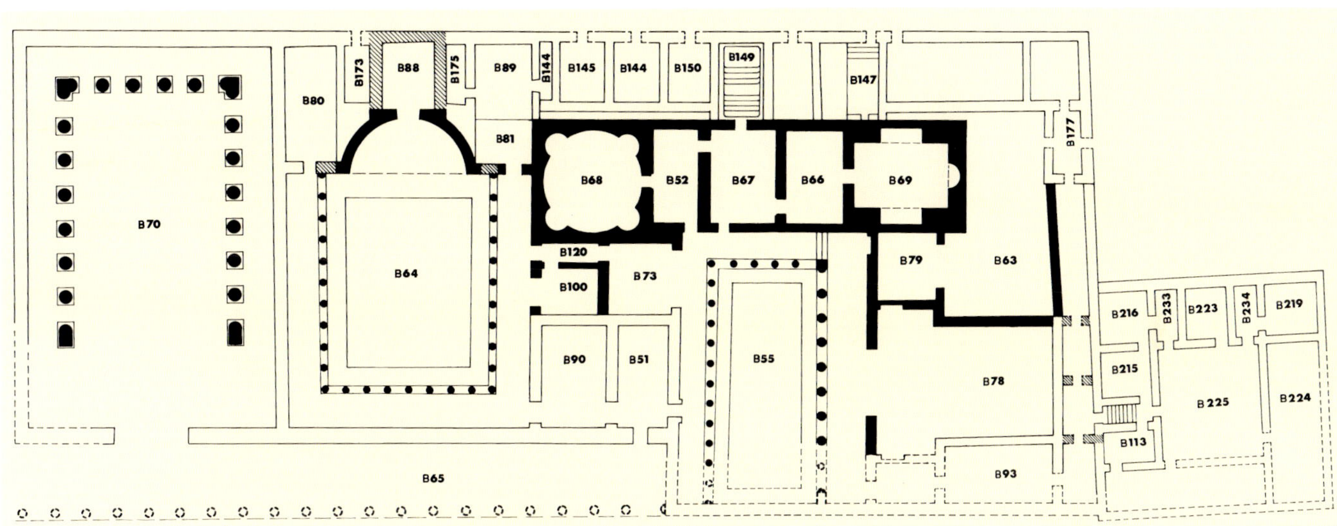

55

56

57

unterteilt, die offenbar eine bessere Bewässerung der Pflanzen gewährleisten sollten. Überdies fand sich ein etwa 80 cm großer Stein anscheinend als gestalterisches Element in den Gartenboden eingesetzt.

Östlich des östlichen Hofes wurde eine T-förmige Halle (B57) von 13,5 x 8,2 bis 11,0 m Größe entdeckt. Eine ähnliche, aber kleinere Halle wurde östlich des Peristylhofs im ersten Palast freigelegt (s. S. 33 f.). Zweifellos besteht zwischen diesen Hallen nicht nur in typologischer Hinsicht eine Verbindung, sondern sie erfüllten auch denselben Zweck, d. h., sie dienten zu speziellen Empfängen oder für dieselbe Art von Publikum. Abgesehen von den Räumen des Badehauses des Palastes war die Halle insofern außergewöhnlich, als ihre Wände aus Gußmauerwerk, nicht aus Lehmziegeln errichtet waren. Möglicherweise besaß sie eine gewölbte Decke anstatt der üblichen ebenen Decke. Der Eingang war sehr breit (etwa 4 m), so daß die in der Halle Sitzenden vermutlich einen Ausblick auf den Garten genießen konnten. Bedauerlicherweise ist von der Dekoration der Halle nichts *in situ* erhalten.

Der Eingang zu dem Hauptbad des dritten Palastes lag an der Nordseite des östlichen Hofs (B55). Wie weiter unten noch dargelegt wird, besaß dieser Palastkomplex ein weiteres, allerdings kleineres Bad südlich des Wadis. Fünf Räume des Bades waren in einer Reihe angeordnet, die an den Hof und die Räume zu dessen beiden Seiten angrenzten. Alle diese Räume bestanden aus römischem Gußmauerwerk und besaßen offenbar Tonnengewölbe, mit Ausnahme des runden Raumes ganz im Westen, der wahrscheinlich eine Kuppel trug. Für die Rekonstruktion von Tonnengewölben spricht jedenfalls die Form der großen Blöcke, die heruntergefallen sind. Ungewöhnlich sowohl hinsichtlich seiner Ausrichtung als auch seines Baustils – die Wände bestanden offenbar aus Lehmziegeln – ist das nördlich der übrigen Räume freigelegte *frigidarium* (s. u.).

Die zugleich als Auskleideraum (*apodyterium*) dienende, 7,1 x 5,0 m große Eingangshalle (B67) bildete den mittleren Raum der Reihe. Erwähnenswert ist die Tatsache, daß in ihm keine besonderen Einrichtungen wie Bänke oder Wandnischen entdeckt wurden. Zu beiden Seiten des *apodyterium* gab es je ein *tepidarium*, von denen das östliche, auf dem Weg zum *caldarium* liegende (B66) ebenfalls durch eine hypokaustische Anlage beheizt wurde. Es besaß eine Größe von 7,1 x 4,4 m und ist das einzige bekannte heizbare *tepidarium* in einem Palast des Herodes. Das *caldarium* (B69) am östlichen Ende der Reihe besaß einen rechteckigen Grundriß, aber Nischen an allen vier Seiten – eine für die *caldaria* in Herodes' Palästen typische Form. Seine Größe ohne die Nischen betrug 7,4 x 4,9 m. Das westliche Ende der Reihe bildete ein runder Raum (B68) von 7,8 m Durchmesser mit vier axial in gleichen Abständen angeordneten Nischen. Ungewöhnlich ist das System aus zwei breiten, ringförmigen Kanälen, das unter dem Fußboden angetroffen wurde. Es handelt sich hierbei weder um Wasser- noch um Heizkanäle, durch die man heiße Luft leitete; sie besitzen nämlich keinen wasserfesten Verputz und stehen auch nicht mit einem Ofen in Verbindung. Vermutlich haben wir es hier mit einem Luftschwitzbad (*laconicum*) zu tun[66] (Abb. 52). Erhitzt wurde es aller Wahrscheinlichkeit nach mittels glühender Kohlen, die auf speziellen Becken (Kohlepfannen) lagen. Räume mit ähnlichem Grundriß waren in italischen Bädern dieser Zeit geläufig und dienten teils als *frigidaria*, teils als *laconica*[67].

Das 5,8 x 3,5 m große *frigidarium*, das vom *apodyterium* aus zugänglich war, wurde ganz von einem Becken mit Stufen eingenommen und entspricht damit vollkommen der Standardeinrichtung von *frigidaria* in Herodes' Palästen. Unweit östlich dieses Raumes befanden sich die Überreste eines Ofens (*praefurnium*), der das *caldarium* und auch das daran angrenzende *tepidarium* beheizte. *Frigidarium* und Ofen waren Bestandteile einer Reihe von Räumen, die noch von der Villa übriggeblieben waren, die sich vor der Errichtung des dritten Palastes hier befunden hatte. Aus diesem Grund bestanden jene Räume nicht, wie die übrigen, aus römischem Gußmauerwerk.

Es wurden bereits die zwei Räume zwischen den beiden Höfen erwähnt (die Eingangshalle B51 und Raum B90), die an den Säulengang grenzten und miteinan-

58

***Abb. 57** Fragmente der Freskodekoration aus einem der Räume des Nordflügels. Die Fresken dieses Raumes gehören zu den feinsten jemals in einem Palast des Herodes entdeckten.*

***Abb. 58** Der östliche Peristylhof, nach Süden gesehen.*

***Abb. 59** Der westliche Peristylgarten des Nordflügels, mit Blick nach Osten.*

***Abb. 60** Blumenkübel, die in verschiedenen Flügeln von Herodes' Palästen in Jericho entdeckt wurden. Viele ähnliche Kübel fanden sich in den Gärten Pompejis.*

***Abb. 61** Der Peristylhof einer kampanischen Villa in Stabia, südlich von Pompeji.*

der verbunden waren. Nördlich davon wurden zwei kleine Empfangshallen (*triclinia*) freigelegt. Die eine von ihnen (B73, 5,4 x 5,0 m groß) öffnete sich zum östlichen Hof, die andere (B100, 4,4 x 3,4 m groß) zum westlichen. Beide besaßen zu den Höfen hin breite Türdurchgänge (4,3 bzw. 2,1 m). Auch waren beide mit Dekorationen geschmückt, wobei in der kleineren sogar der Estrich des Bodens ein Muster aus Rillen aufwies, das Steinplatten imitierte. Anscheinend benutzte man diese beiden Empfangshallen zur Unterhaltung kleinerer Gruppen oder, wie im Fall von B100, sogar von Einzelpersonen. Jenseits dieser kleinen Empfangshallen lag ein Korridor (B120), der beide Höfe verband.

Den 19,2 x 18,7 m großen westlichen Hof (B64, Abb. 59) umgaben an drei Seiten Säulengänge, deren Säulen diesmal jedoch alle von gleicher Höhe waren. An seiner vierten Seite befand sich eine Exedra mit einem Durchmesser von 7 m. Der Plan des Hofs vermittelt den Eindruck eines kirchenähnlichen Gebäudes, doch war hier das Zentrum von Anfang an nicht überdacht. Im Gegensatz zu den Lehmziegelwänden des Hofs bestand die Exedra aus römischem Gußmauerwerk. Zweifellos wurde sie von einer Halbkuppel bekrönt, was die Verwendung der römischen Technik für die gesamte Konstruktion rechtfertigte. Die ionischen Säulen des Hofes waren ebenfalls infolge des Erdbebens umgestürzt. Während die korinthischen Kapitelle des östlichen Hofes aus Stein gemeißelt waren, waren die Kapitelle hier anscheinend aus Stuck modelliert. In dem Hof wurden viele Fragmente von Fresken mit floraler Dekoration gefunden, die wahrscheinlich von den Wänden stammen. Seine Mitte nahm ein 12,7 x 9,3 m großer Ziergarten ein, in dem sieben Reihen von je zwölf Blumenkübeln entdeckt wurden. Sie ähneln denen, die man in der Nähe des Schwimmbeckens des zweiten Palastes fand (jenes Beckens, das durch Verbindung der zwei von Alexander Jannaios angelegten Becken entstanden war, s. o.). Die vorliegenden Informationen gestatten leider keine eindeutige Bestimmung der Pflanzenarten, die einst in den Kübeln oder zwischen ihnen wuchsen[68] (Abb. 60, 61).

Im Norden des Hofs lagen drei völlig unterschiedlich geartete Räume. Der schlichteste von ihnen war der 8,7 m x 4,0 m große westlichste Raum (B90), der hervorzuheben ist, da er als einziger Raum des Nordflügels über keine Dekoration verfügte (ausgenommen noch die im Ostteil des Gebäudes um den Hof liegenden Räume, die ebenfalls Überbleibsel der dem dritten Palast vorausgehenden Villa sind). Vermutlich diente er als Wirtschafts- oder Lagerraum. Der 5,0 x 3,9 m große Raum in der Mitte war insofern ungewöhnlich, als sein Eingang sich in der Längsachse des Hofs befand, in der Mitte der oben erwähnten großen Exedra. Seine Lage weist zweifellos auf seine Bedeutung und den mit dem Eintreten verbundenen offiziellen Aspekt hin; vielleicht diente dieser Raum als Thronsaal. Seine Dekoration, welche die besterhaltene des ganzen Palastes ist, gibt einen weiteren Hinweis auf seine Funktion. Wie in dem kleinen *triclinium* (B100) imitiert auch hier der Estrich Steinplatten. Der 9,1 x 4,4 m große östlichste Raum im Norden des Hofs (B81 bis B87) war durch eine Stufe zweigeteilt, die zwei Pilaster aus Mörtel flankierten. Diese Pilaster traten etwa 4 cm gegenüber der Wand vor und trugen eine Marmor imitierende Bemalung. Möglicherweise standen ursprünglich eine oder zwei Säulen nach Art eines *stylus* oder *distylus in antis* auf dieser Stufe. Diesem Raum, der möglicherweise als Schlafgemach diente, waren beiderseits kleine, wie eine Art Einbauschränke wirkende Lagerräume benachbart.

Die eindrucksvollsten Überreste des gesamten Flügels bilden diejenigen des großen *triclinium* (B70, Abb. 62) an seinem westlichen Ende, das offensichtlich als

59

60

61

62

63

Hauptempfangshalle des Palastes diente. Der einzige Eingang zu dieser Halle führte von dem Säulengang entlang des Flügels hinein. Sie ist mit 28,8 m Länge und 18,8 m Breite die größte bislang in Israel freigelegte Halle römischer Zeit. Ihre Form ist im wesentlichen mit derjenigen des *triclinium* identisch, das Pritchard in dem ersten Palast (Halle 33) freilegte. Die Unterschiede betreffen in der Hauptsache die Größe (540 m^2 gegenüber 225 m^2) und die Zahl der Eingänge – das ältere *triclinium* verfügte zusätzlich zum Haupteingang noch über zwei Seiteneingänge, während diese Halle hier (B70) nur einen Eingang besaß. Auch sie umgaben an drei Seiten Säulen, die wahrscheinlich größer waren, und auch in diesem Fall standen die Säulen auf heute größtenteils fehlenden Postamenten. Erhalten ist nur ein Exemplar, das nicht aus Stein, sondern aus Mörtel besteht. Abweichend von den übrigen Säulen waren diejenigen an den Ecken herzförmig – entstanden durch Kombination eines Pfeilers mit zwei im Winkel von 90° darangesetzten Säulen –, was durch die enorme Größe der Halle vorgeschrieben wurde. Abweichende Form besaßen ferner die den Eingang flankierenden Endsäulen, bei denen eine Halbsäule mit einem Pfeiler kombiniert war. Um die 13 m großen Spannweiten zwischen den Längsreihen der Säulen zu überbrücken, müssen die Architekten besonders dicke Holzbalken verwendet haben. Wir werden auf diesen Punkt bei der Erörterung des Hauptpalastes in Jerusalem und seiner Beziehung zu Herodes' drittem Palast in Jericho zurückkommen. Was die Dekoration dieser Halle anbelangt, kann man mit gutem Grund vermuten, daß sie der von der Halle des ersten Palastes weit überlegen war.

Fast der gesamte Bereich der Halle war mit farbigen Steinfliesen in *opus-sectile*-Technik gepflastert. Diese Art der Pflasterung mittels farbiger Steinplatten, die man zu geometrischen Mustern zusammensetzte, war in der römischen Welt seit dem 1. Jh. v. Chr. in Gebrauch. Die Fliesen waren so angeordnet, daß sie drei verschiedene Muster bildeten, wobei die Mitte der Halle durch ein komplexeres Muster aus Rhomben, Dreiecken und Quadraten hervorgehoben wurde, die zusammen Sechsecke ergaben. Die anderen beiden Muster bestanden aus Quadraten und Dreiecken bzw. auf drei Seiten der Wände aus bloßen Quadraten. Die vorherrschenden Farben waren Weiß,

***Abb. 62** Das große* **triclinium** *im Nordflügel des dritten Palastes, mit Blick nach Süden.*

Abb. 63 **Opus-sectile-***Fliesen aus dem* **caldarium** *auf der Gipfelfläche von Kypros.*

***Abb. 64** Teil des Freskos, der an der Nordwand des großen* **triclinium** *erhalten ist.*

***Abb. 65** Stuckfragmente, die entsprechend dem ursprünglichen Muster angeordnet sind.*

***Abb. 66** Isometrische Rekonstruktion des Nordflügels vom dritten Palast.*

64

65

Schwarz und Rot (Abb. 63). Zwar wurde das gesamte Pflaster ausgeraubt, doch lassen Fragmente in der beinahe unversehrt erhaltenen Bettung noch die Art der hier verwendeten Steine erkennen – einheimische Steine neben importiertem Marmor. Die technische Ausführung war vollendet. Die Präzision, mit der die Steine verlegt waren, ruft Bewunderung für die Fliesenleger hervor, die offenkundig zu dem kunstfertigen Team aus Italien gehörten. Von den übrigen Partien unterschied sich das Zentrum, in dem sich wahrscheinlich ein heute ebenfalls verschwundenes Mosaik befand. Während das *opus-sectile*-Pflaster rein geometrische Muster aufwies, könnte das Mosaik neben solchen noch andere, vielleicht florale Muster besessen haben, wie die Mosaiken, die beispielsweise im Kern des Westpalastes in Masada oder in dem Bad im Herodeion entdeckt wurden (s. S. 90 ff.). Die Wände der Halle schmückten Fresken (Abb. 64) und offenbar auch Stukkatur (Abb. 65). Die Paneele der Fresken waren größer als in den übrigen Palästen des Herodes, was sicherlich auf die Dimension dieser Halle zurückzuführen ist.

Der Eingang der Halle war mit 5,5 m äußerst breit. Dieses Ausmaß bringt zweifellos das Bedürfnis zum Ausdruck, von der Halle aus ein möglichst breites Panorama zu bieten[69] (Abb. 66).

Wie oben bereits erwähnt, gab es drei Palastanlagen südlich des Wadis: den tiefliegenden Garten, ein sehr großes Becken und den in den Palast integrierten südlichen Tell (Abb. 67). Der tiefliegende Garten war ein Ziergarten innerhalb eines länglichen Bauwerks[70]. Dieses ungefähr 145 m lange und 40 m breite Bauwerk diente im wesentlichen als ein architektonischer Rahmen des Gartens. Beherrschendes Element in diesem Garten war seine südliche Stirnseite, die fast über seine gesamte Breite in den Abhang hineingegraben war, weshalb er als tiefliegender Garten bezeichnet wird. Kelso und Baramki hatten diese Stirnseite »die große Fassade« genannt. Sie bestand aus römischem Gußmauerwerk, das man mit *opus reticulatum* und *opus quadratum* verschalt hatte, und enthielt 48 abwech-

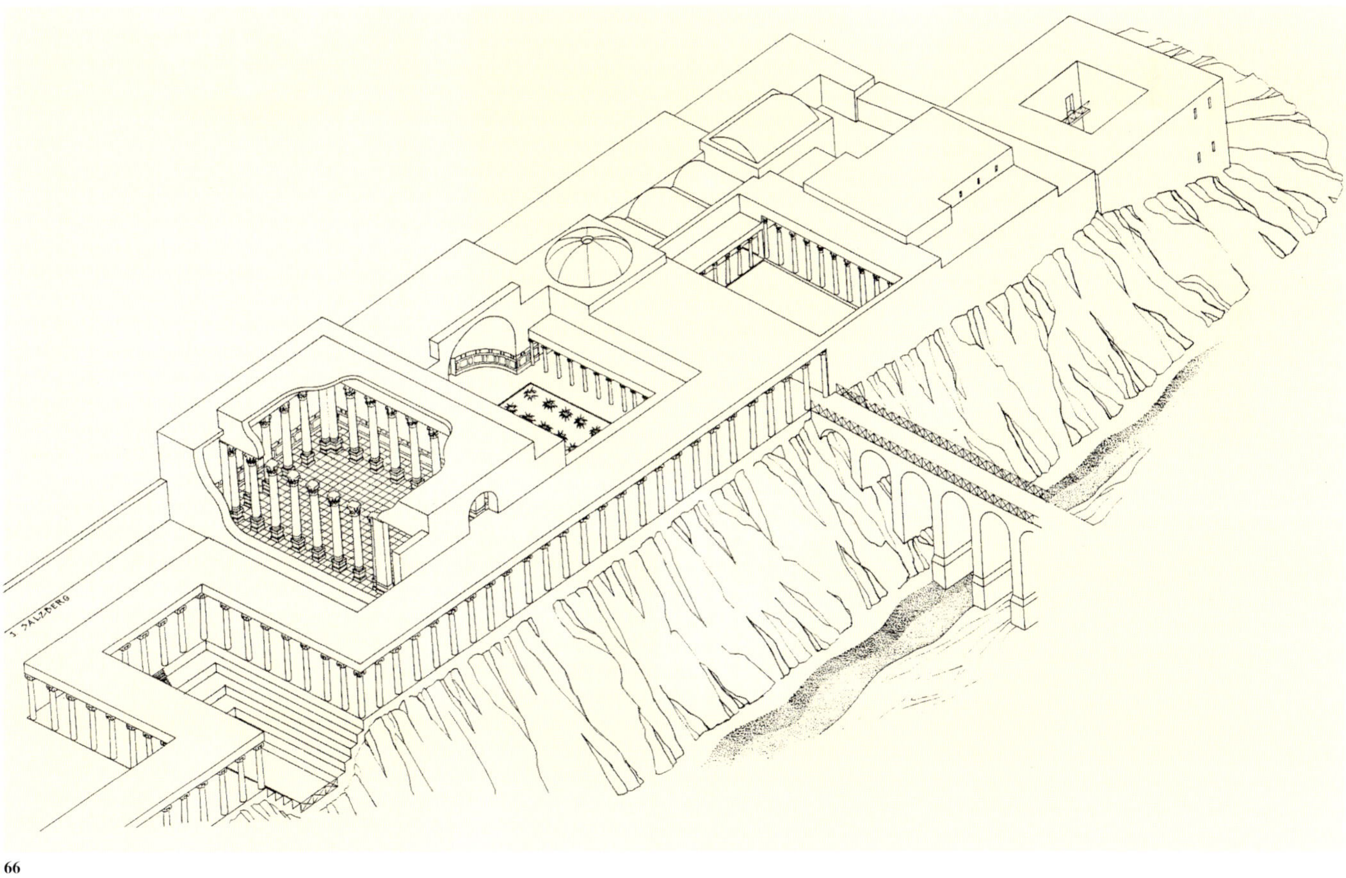

66

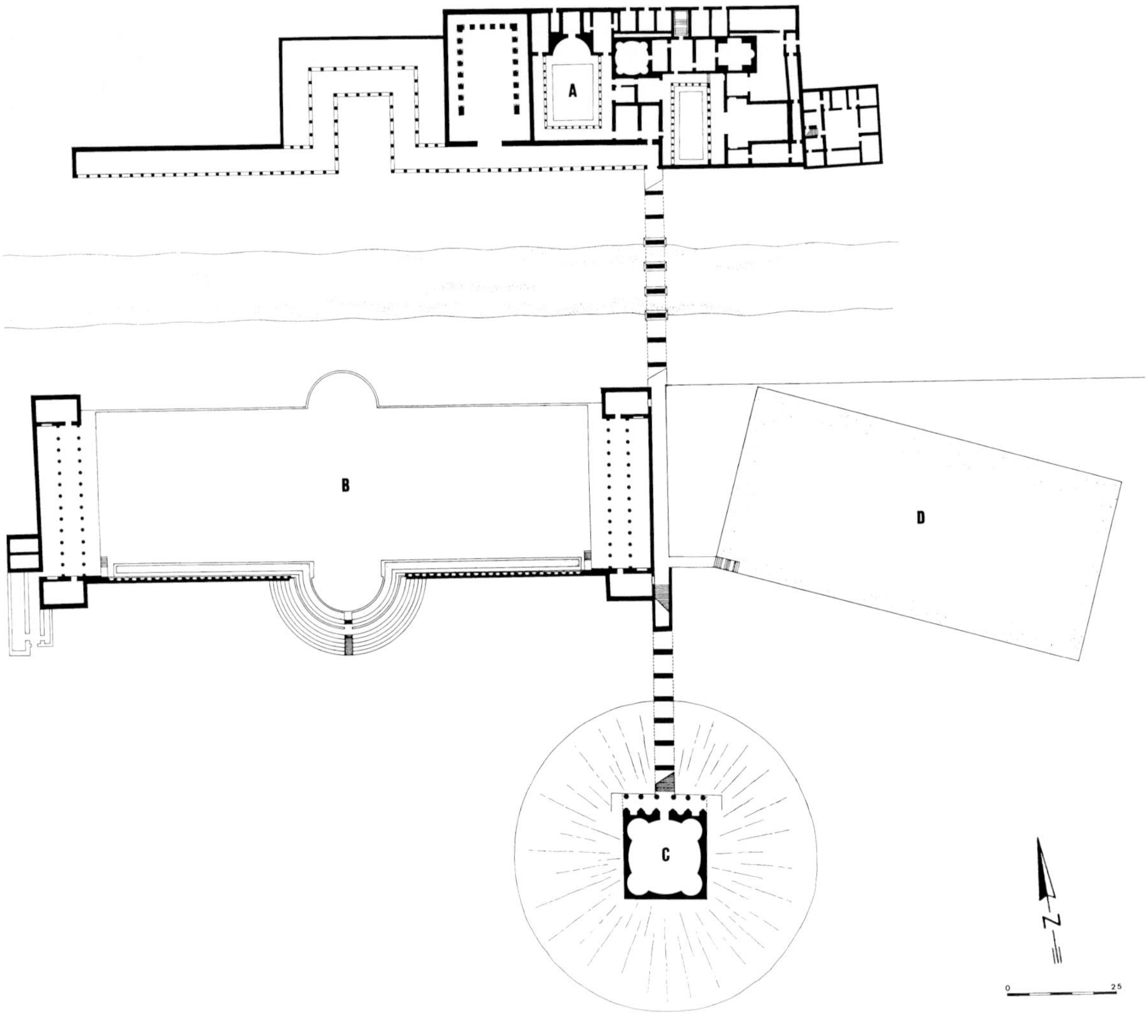

67

68

Abb. 67 Rekonstruierter Gesamtplan des dritten Palastes. A – der Nordflügel, B – der tiefliegende Garten, C – der südliche Tell, D – das große Becken (90 x 42 m).

Abb. 68 Die am besten erhaltenen Nischen des tiefliegenden Gartens.

Abb. 69 Ein am Westende der »großen Fassade« (wie die mit Nischen versehene Wand von Kelso und Baramki genannt wurde) des tiefliegenden Gartens erhaltener Pilaster.

Abb. 70 Großes Fragment profilierten Stucks, das 1950 im tiefliegenden Garten entdeckt wurde.

selnd halbrunde und rechteckige Nischen (Abb. 68), zwischen denen kleine Halbsäulen standen (Abb. 69). In der Mitte der südlichen Fassade hatte man reihenweise angeordnete Bänke wie in der *cavea* eines Theaters eingebaut. Sie dienten allerdings nicht als Sitzplätze für Zuschauer, sondern als Blumenbeete. Diese Schlußfolgerung beruht auf der Entdeckung von Blumenkübeln in diesen Bänken während der Grabungen von Kelso und Baramki[71]. Ein 1,5 m breiter, reflektierender Wasserkanal verlief über die gesamte Länge der Großen Fassade und entlang der Bänke. In Anbetracht von Herodes' Festhalten an der jüdischen Lebensweise (wenigstens was das offizielle Protokoll bei Hofe anbelangt) ist es wenig wahrscheinlich, daß in den Nischen Statuen aufgestellt waren. Dagegen ist die Vermutung keineswegs abwegig, daß in den Nischen Gefäße wie etwa frei stehende Blumentöpfe mit dekorativen Pflanzen plaziert waren. Derartige Gefäße würden sich in dem oben genannten Kanal widergespiegelt haben.

Über die gesamte Gartenbreite erstreckten sich zu beiden Seiten der Fassade doppelte Säulengänge von jeweils etwa 40 x 10 m Größe[72]. Diese waren mit reich verzierten Fresken und mit Stukkatur (Abb. 70) geschmückt, ähnlich wie die Säulengänge an der Front des Nordflügels. Jeder der doppelten Säulengänge wurde vom Garten durch eine 3 m breite Promenade sowie eine 2 m hohe Stützmauer getrennt. Obgleich keine die beiden verschiedenen Ebenen verbindende Treppe entdeckt wurde, muß es zweifellos eine solche gegeben haben. Eine Spur derartiger Stufen in Form einer Mauer wurde während der Ausgrabungen in der Südwestecke des Gartens gefunden. Die Anhebung der Säulengänge und der davorliegenden Spazierwege entsprang sicherlich dem Bedürfnis, den Besuchern des Gartens einen Blick auf die Anlage von einem erhöhten Standort zu bieten und sie dadurch in die Lage zu versetzen, sich an den verschiedenen Blumen und anderen Pflanzen sowie dessen regelmäßiger Struktur zu erfreuen.

Am südlichen Ende jedes der beiden Säulengänge wurde ein großer, ursprünglich überwölbter, 9,5 x 5,0 m großer Raum freigelegt. Diese Räume begrenzten auch die südliche Fassade auf beiden Seiten[73]. Ihre genaue Funktion läßt sich nur schwer bestimmen, doch standen sie augenscheinlich mit den hier abgehaltenen Empfängen in Zusammenhang. Theoretisch können auch am anderen Ende der Säulengänge ähnliche Räume vorhanden gewesen sein, doch läßt sich diese Annahme nicht sichern, weil diese Partien infolge von Erosion in das Tal des Wadis gestürzt sind.

Von der Mauer, die den Garten im Norden, nahe am Wadi und gegenüber dem Nordflügel, begrenzte, ist nur ein kurzes Stück *in situ* erhalten[74]. Wir nehmen an, daß hier, im Gegensatz zu der hohen, aber tiefliegenden südlichen Fassade, eine niedrige Mauer stand, welche die Sicht der Spaziergänger im Garten nicht behinderte. Diese Annahme stützt sich auf die enge architektonische Verbindung zwischen dem Garten und den Säulengängen mit der zwischen ihnen liegenden Pergola in Form eines umgedrehten U (Abb. 71). Diese Verbindung wäre bedeutungslos gewesen, wenn die Möglichkeit, den Garten von den gegenüberliegenden Säulengängen aus zu sehen und umgekehrt, nicht bestanden hätte.

Der etwa 112 x 32 m große Garten selbst ist noch so gut wie unerforscht. Bei einer Sondage auf der Westseite wurde ein Blumenkübel *in situ* entdeckt. Man kann eine formelle Anordnung mit angelegten Wegen und anscheinend auch mit Wasserbecken annehmen.

Östlich des Gartens und auf gleichem Niveau mit ihm hatte man ein riesiges Becken (B107) erbaut, das an Größe alle anderen innerhalb der Grenzen des Winterpalastes übertraf. Es war ungefähr 90 m lang und 42 m breit. Schätzungsweise die Hälfte von ihm stürzte in das Wadi Qelt, während die andere Hälfte durch von dem Hang im Süden des Beckens herabgeschwemmtes Erdreich verschüttet wurde. Nur ein schmaler Streifen vom Grund des Beckens war sichtbar, als wir an diesen Ort kamen[75]. Dieser Streifen führte uns zu der Entdeckung, daß hier ein Becken existierte, das meiner Meinung nach zum Schwimmen und Bootfahren sowie zu damit in Zusammenhang stehenden Spielen und Wettkämpfen benutzt wurde. Das Becken liegt nicht parallel zum Wadi und somit auch nicht parallel zu den übrigen Partien des Palastes, wohl aber parallel zu dem südlich von ihm gelegenen Hang. Dies legt die Annahme nahe, daß man mit dieser speziellen Ausrichtung an dem Hang sitzenden Zuschauern die Möglichkeit bieten wollte, das Treiben im Becken verfolgen zu können. Nördlich dieses großen Beckens sind noch die Reste einer langen Terrassenmauer erhalten, die das planierte Gelände stützte, das zweifellos das Becken umgab. Sie verläuft nicht parallel zum Becken, sondern zum Wadi und damit auch zu den anderen Teilen des ausgedehnten Palastkomplexes.

Südlich des tiefliegenden Gartens und des Beckens, auf halbem Weg zwischen ihnen, befindet sich der südliche der beiden Tells des Tulul Abu el-'Alayiq (Abb. 72). Als Kelso und Baramki hier gruben, entdeckten sie Spuren einer Treppe, die zur Kuppe des Tells hinaufführte. Diese Stufen lagen auf der Oberseite von Bögen auf, die ihrerseits von länglichen, wandartigen Pfeilern getragen wurden. Noch heute liegt ein nach Norden offener »Raum« am Fuß der Treppe, der wahrscheinlich als ihr Unterbau diente[76].

Der südliche Tell, der einen integralen Bestandteil des dritten Palastes darstellt, bildet meines Erachtens das aufregendste Kapitel der Erforschung herodianischer Architektur. Während die Ausgräber Kelso und Baramki hier drei Bauphasen unterschieden, die von der hellenistischen bis zur herodianischen Zeit reichen[77], haben unsere Untersuchungen gezeigt, daß das Gebäude während einer einzigen Phase errichtet wurde und daß sein Aussehen trotz des ruinenhaften Zustandes mit großer Genauigkeit rekonstruiert werden kann. Ich neige dazu, Tells in Israel als stratifizierte Erdhügel anzusehen, deren Schichten mehrere übereinanderliegende Stadien der Besiedlung bezeugen. Anläßlich der Erörterung des hasmonäischen Palastes auf

69

70

71

dem nördlichen der beiden Tells des Tulul Abu el 'Alayiq wurde bereits festgestellt, daß sich die Geschichte des Tells auf zwei Phasen beschränkte und daß der Hügel selbst in Wirklichkeit künstlich aufgeschüttet worden war. Hinsichtlich des südlichen Tells stellte sich heraus, daß dieser das Ergebnis einer einzigen Bauphase war und aufgeschüttet wurde, um ein Gebäude auf seiner Kuppe zu tragen.

Die *in situ* erhaltenen Reste mitten auf dem Tell umfassen ein massives Fundament mit annähernd rechteckigem Grundriß (20,5 x 19,5 m), aber einem Zentrum in Form eines Kreises von 15 m Durchmesser. Der Kreis war von vier Mauern unterteilt, von denen zwei in nordsüdlicher, zwei in ostwestlicher Richtung verliefen. Zwischen diesen Mauern lagen neun »Räume«, wobei diejenigen des erhaltenen Teils jedoch mit Feld- und Kieselsteinen in einer Weise verfüllt waren, die darauf hindeutet, daß es sich um Fundamente handelt. Lediglich ein Raum war nicht verfüllt, sondern weist den für diese Zeit typischen hydraulischen Verputz auf und diente als Zisterne. Erwähnenswert sind ferner die auf dem Tell verstreuten Teile der Hypokaustenheizung eines Bades, die teils schon von Kelso und Baramki[78], teils erst von uns entdeckt wurden. Sie beweisen eindeutig, das hier ein Badehaus vorhanden war, dessen Existenz überdies durch die Entdeckung der oben erwähnten Zisterne bestätigt wird.

Wie sah nun das Gebäude aus, das einst oben auf dem Tell stand? Um die Wahrheit zu sagen, waren unsere Versuche, sein Äußeres zu rekonstruieren, zu Beginn unserer Untersuchungen in Jericho gänzlich erfolglos. Als wir aber die runde

72

73

Halle (das *laconicum* B68) im Nordflügel entdeckten, stand für mich außer Zweifel, daß auf dem Tell eine Halle von derselben Form gestanden hatte, doch mit doppelt so großem Durchmesser, nämlich etwa 16 m gegenüber 8 m und mit einer viermal so großen Fläche, wie sie das *laconicum* einnahm, nämlich ungefähr 225 m^2 gegenüber 55 m^2[79].

Bautechnik und Architektur

Es ist hier der Ort, um kurz auf die verschiedenen Konstruktionsweisen einzugehen, die man bei der Errichtung des Gebäudes auf dem südlichen Tell miteinander kombiniert hat. Folgende drei Bauweisen führten Kelso und Baramki zu der Annahme dreier Phasen in der Bebauung des Tells[80]: die Konstruktion des Unterbaus aus unbehauenen Steinen; die Konstruktion einiger weniger Schichten der Oberseite des Unterbaus mit Quadersteinen; die Konstruktion mittels römischem Gußmauerwerk, verblendet mit *opus reticulatum* und *opus quadratum*. Erwähnung verdient, daß nur ziemlich große Blöcke, die von in dieser Technik errichteten Mauern gefallen waren, heute auf der Kuppe des Tells zu sehen sind.

Unseren Untersuchungen zufolge wurden diese drei Konstruktionsmethoden folgendermaßen verwendet: Unbehauene Steine benutzte man ausschließlich zum Bau des Podiums, das völlig unter der künstlich aufgeschütteten Füllschicht begraben war, welche die Böschung des Tells bildete. Quadersteine dienten zum Bau des Kellergeschosses, in dem sich wahrscheinlich ein Bad römischen Stils befand, dessen Trümmer auf der Oberfläche der Hügelkuppe verstreut gefunden wurden. Von der oben auf dem Tell über dem Bad errichteten Halle stammen Mörtelblöcke. Wie man am Nordflügel beobachten konnte, wurde römisches Gußmauerwerk für Baulichkeiten mit sehr feuchten Bedingungen oder aus konstruktiven Gründen verwendet. Hier scheint letzteres zuzutreffen. Gußmauerwerk war in der Tat für die Errichtung einer Halle von dieser Größe und dieser Form unerläßlich.

Nicht minder eindrucksvoll war der Aufstieg zu der hier stehenden Halle. Wie bereits erwähnt, legten Kelso und Baramki eine Reihe von Mauern am Hang des Tells frei, die sie als eine Treppenbrücke rekonstruierten, die zu dem oben einst vorhandenen Bau hinaufführte. Im Zuge unserer Untersuchungen der Baureste an dieser Stelle wurde deutlich, daß die Treppe direkt zu der großen Halle auf der Kuppe des Tells hinaufgeführt hatte.

Somit wurde der Tell von einer runden Halle bekrönt, deren Eingang im Norden, gegenüber der Treppenbrücke, lag. In der Halle waren symmetrisch in gleichen Abständen vier halbkreisförmige Exedren, ähnlich denjenigen in dem *laconicum* auf der gegenüberliegenden Seite des Wadis, eingelassen. Die nicht mehr vorhandene Halle war zweifellos verschwenderisch dekoriert. Der hier entdeckte Schutt enthielt zahlreiche Fragmente von Fresken und sogar Bauschmuck aus Terrakotta (Abb. 73), der einzige an dieser Stätte gefundene und eine Rarität in Israel. Vom Fußboden waren keine Überreste auszumachen, doch wäre es kaum erstaunlich, wenn auch er aus *opus sectile* bestanden hätte. An der Front der Halle lag zweifelsohne eine Säulenhalle, deren Fundamente während der Ausgrabungen freigelegt wurden. An ihrem hinteren Ende, zu beiden Seiten des Eingangs der Halle, besteht Platz für die Rekonstruktion dekorativer Nischen, ähnlich denjenigen im tiefliegenden Garten. Dies ergibt sich aus dem Umstand, daß die Stärke der nördlichen Fundamentmauer von der sonst gleichen Mauerstärke an den übrigen drei Seiten abweicht.

Wie oben erwähnt, gehe ich davon aus, daß sich in dem Kellergeschoß unter der Halle ein römisches Badehaus befand. Da die Treppe direkt zur Halle emporführte[81], war eine eigene Treppe erforderlich, welche die Halle mit dem unter ihr befindlichen Bad verband. Obwohl das Bad völlig zerstört ist, sieht man von der Zisterne unter einem seiner Räume ab, läßt sich sein Grundriß annähernd rekonstruieren. Diese Rekonstruktion beruht auf

74

***Abb. 71** Wandgemälde aus Pompeji mit der Darstellung eines am Wasser liegenden Gebäudes mit U-förmigem Säulengang.*

***Abb. 72** Der südliche (künstlich aufgeschüttete) Tell aus der Luft aufgenommen, Blickrichtung nach Südosten.*

***Abb. 73** Importierter Bauschmuck aus Terrakotta, gefunden oben auf dem südlichen Tell.*

***Abb. 74** Tempio di Mercuri in Baiae.*

der Anordnung der Fundamentmauern, die den Kreis in neun Teile unterteilen. Der Ofen befand sich offenkundig an der Südseite des Gebäudes, so daß er von den übrigen Teilen des Palastes aus nicht sichtbar war.

Erstaunlich in bezug auf den südlichen Tell ist der Umstand, daß der Bau auf der Hügelkuppe in der Hauptsache aus nur einer Halle bestand! Sorgfältige Beobachtung dieser weiträumigen Halle läßt an ähnliche Erscheinungen in anderen Kulturen und Epochen denken, wie beispielsweise Zikkurats in Mesopotamien oder die Tempel vor allem der Azteken in Mittelamerika. Hier in Jericho dagegen gingen Herodes und seine Architekten daran, ein Gebäude auf einem künstlichen Hügel zu errichten, das kein Tempel oder Mausoleum, sondern eine »normale« Empfangshalle bildete.

Das sich hier abzeichnende Bild stimmt weitgehend mit den Überresten aus derselben Zeit in Baiae nördlich von Neapel in Italien überein. Dieser Badekurort der römischen Aristokratie besitzt eine Halle, die unter dem Namen Tempio di Mercuri bekannt ist (Abb. 74). Freilich war dies kein Tempel, sondern lediglich eine Halle des Bade- und Erholungskomplexes[82]. Sie ist beinahe völlig intakt erhalten und besitzt einen Durchmesser von 20 m, wodurch sie etwas größer ist als diejenige in Jericho. Einigen Mitgliedern des aus Italien gekommenen Bautrupps war zweifellos die Halle in Baiae oder ähnlicher Hallen vertraut.

Welche Funktion aber hatte die Halle (Abb. 75), und warum wurde sie so hoch über ihrer Umgebung auf der Kuppe eines Hügels errichtet? Ich nehme an, daß sich hier eine zweite Empfangshalle zusätzlich zu dem nördlich des Wadis entdeckten großen *triclinium* befand, eine Halle, die eine hervorragende Aussicht über die gesamte Ebene von Jericho bot. Ihre erhabene Position versetzte die Betrachter in die Lage, über die Kronen der Palmen hinweg zu sehen, die im weiten Umkreis von Jericho kultiviert wurden. Das Bad sollte den Gästen in der Halle auf genau die gleiche Weise dienen, wie das kleine Bad, das im Keller auf der unteren Terrasse des Nordpalastes in Masada entdeckt wurde (s. S. 86 ff.).

Mit der Vollendung des dritten Palastes waren gleichzeitig drei Paläste – oder, um genau zu sein, ein Palastkomplex aus drei nacheinander errichteten Palästen – an dem Wintererholungsort in Jericho in Betrieb (Abb. 76). Viele diesen Palastkomplex betreffende Fragen bleiben unbeantwortet. Man weiß nichts über das Straßennetz, das diese drei Paläste verband. Nur bei dem ersten Palast kennt man die genaue Lage des Zugangs von der Außenwelt aus. Zwar ist man mit dem internen Verbindungssystem eines jeden der späteren Paläste vertraut, aber es entzieht sich völlig der Kenntnis, wie sie untereinander oder mit der Außenwelt verbunden waren. Ebenfalls noch offene Fragen betreffen die Wirtschaftstrakte dieser Paläste. Solche Trakte wurden in Masada eindeutig bestimmt und sind auch in Herodeion einigermaßen deutlich

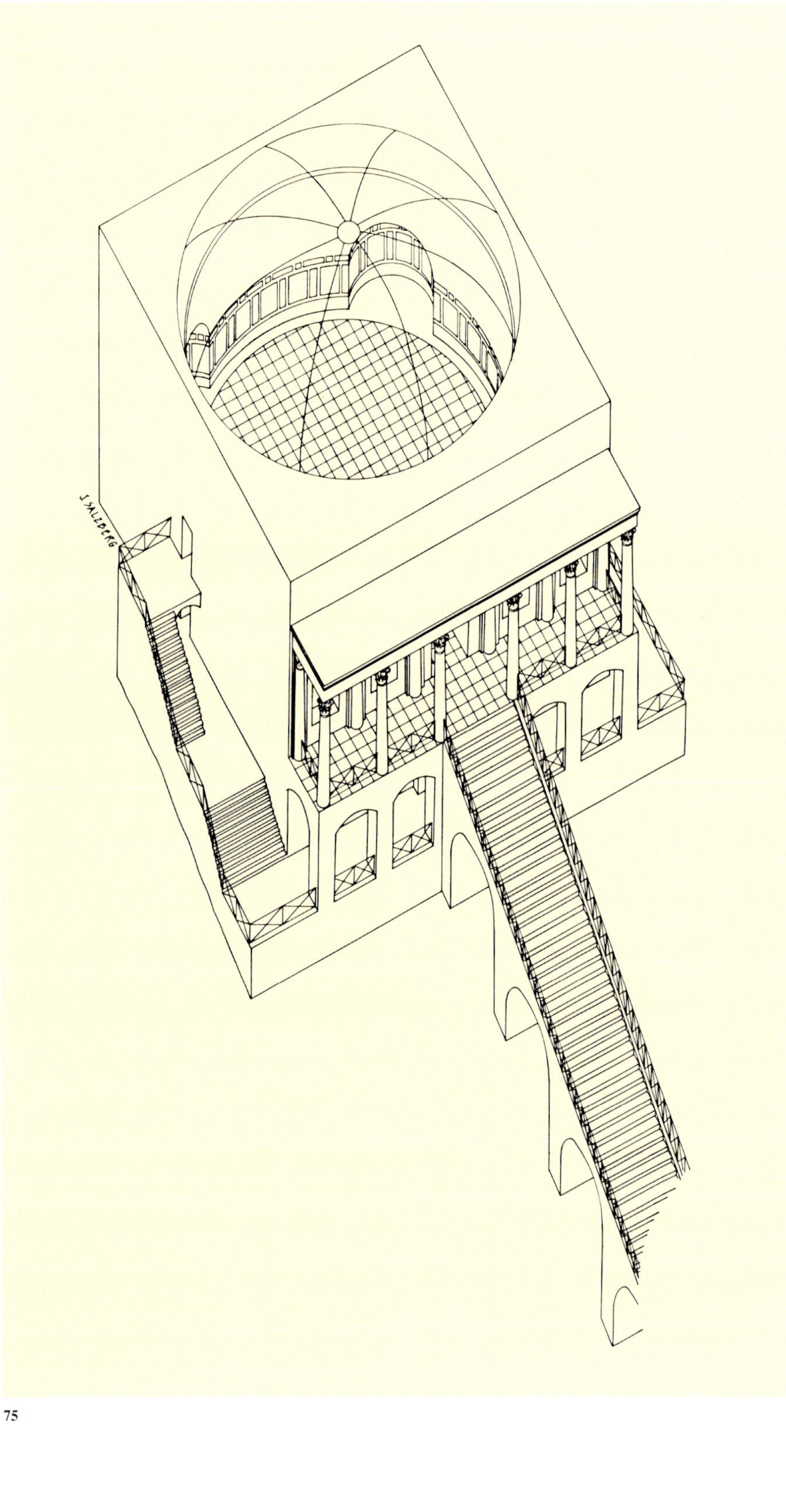

75

***Abb. 75** Isometrische Rekonstruktion der kunstvollen, von Herodes auf der Kuppe des südlichen Tells errichteten Halle.*

***Abb. 76** Blick aus der Vogelperspektive auf das Wadi Quelt und den Nordflügel.*

Seite 54 – 55
***Abb. 77** Isometrische Rekonstruktion von Herodes' drittem Palast in Jericho, im Vordergrund sein erster Palast.*

76

zu erkennen, bleiben aber in Jericho ziemlich unklar. Allerdings besteht die Möglichkeit, daß diese Wirtschaftstrakte sich noch in dem bislang nicht ausgegrabenen Gelände um die Paläste herum verbergen. Weitere Fragen betreffen die Lage der Küchen. Dieser Punkt hängt mit der Versorgungsinfrastruktur zusammen, auf die man wenigstens in den Palästen selbst Hinweise zu finden hoffte. Es sei daran erinnert, daß wir in den Zwillingspalästen aus hasmonäischer Zeit diesbezüglich ziemlich klare Aufschlüsse erhielten. Ich habe bereits die Schwierigkeiten erörtert, die hinsichtlich der Lokalisierung und Identifizierung von Toilettenanlagen in diesen Palästen bestehen; im Fall des zweiten Palastes ist es dagegen möglicherweise gelungen, diese wichtige Einrichtung zu bestimmen.

Zweifellos wurde der dritte Palast (Abb. 77) zum offiziellen Palast, kaum daß er errichtet war. Dies ist im Hinblick auf den zweiten Palast nicht selbstverständlich. Urteilt man nach den *triclinia*, diente dasjenige im ersten Palast als Hauptschauplatz für wichtige Empfänge bis zur Errichtung des dritten Palastes. Ich beziehe mich hierbei nicht nur auf die Größe dieser beiden Hallen, sondern insbesondere auch auf ihre identische architektonische Form in der Art eines *oecus Aegyptius*[83]. Unter diesem Gesichtspunkt kann man annehmen, daß der erste Palast noch nach der Errichtung des zweiten Palastes weiter als Hauptwohnung und Empfangszentrum fungierte, während letzterer vor allem als Erholungszentrum mit besonderer Betonung des Schwimmens diente. Mit dem Bau des dritten Palastes wurden die wesentlichen Einrichtungen für Erholung und Empfänge hier wieder angesiedelt, doch blieben der erste und bis zu einem gewissen Grad auch der zweite Palast als Hauptwohnung bestehen.

Es besteht kein Zweifel, daß Empfänge und Bankette großen Stils entweder in der Halle B70 oder in der runden Halle auf dem südlichen Tell stattfanden. Die Hauptbankette und die großen Empfänge wurden sicherlich in der Halle B70 gegeben, dies sowohl ihrer Größe als auch ihres der Form nach einem traditionellen *triclinium* entsprechenden Grundrisses wegen, schließlich auch aufgrund ihrer Nähe zu den übrigen Teilen des Palastes. Dagegen war die runde Halle der Schauplatz für Empfänge eines zahlenmäßig begrenzteren Publikums, was das Darreichen von Getränken und Speisen bei diesen kleineren Empfängen nicht ausschließt. Kleinere Empfänge könnten auch in der Halle B57 stattgefunden haben, deren Eingang durch den höheren Säulengang im östlichen Hof hervorgehoben wurde. Der Nordflügel verfügte noch über zwei weitere kleine Räume für intimere Empfänge und Bankette (Räume B73 und B100). Bislang wurden alle diejenigen Räume aufgezählt, die entweder breite Türöffnungen besaßen, sich zu einem Hof hin öffneten oder einen Ausblick auf die Landschaft gewährten. Zusätzlich dazu verfügte der Palast noch über weitere, für Versammlungen geeignete Säle, wie die zwei (oder vier) in den Ecken des tiefliegenden Gartens. Auch wurden der Raum (B88) am Nordende des westlichen Hofes noch nicht berücksichtigt, der offensichtlich mehr zu offiziellen Anlässen oder besonderen Empfängen für einen sehr kleinen Kreis oder für einzelne illustre Gäste genutzt wurde. Im ersten Palast drückte sich die genannte »Hierarchie« in der Abhaltung großer Bankette und Empfänge in der Halle 33 (dem *triclinium*) aus, wohingegen kleinere Empfänge in dem auf der gegenüberliegenden Seite des Peristylhofes liegenden T-förmigen Raum (Nr. 5), stattfanden.

Die Architektur des dritten Palastes ist erstaunlich. Es ist vielleicht das hinsichtlich seines Planes verfeinertste Gebäude, das von Herodes errichtet wurde und durch Ausgrabungen bekannt ist. Ich werde im Schlußkapitel auf diesen Punkt zurückkommen.

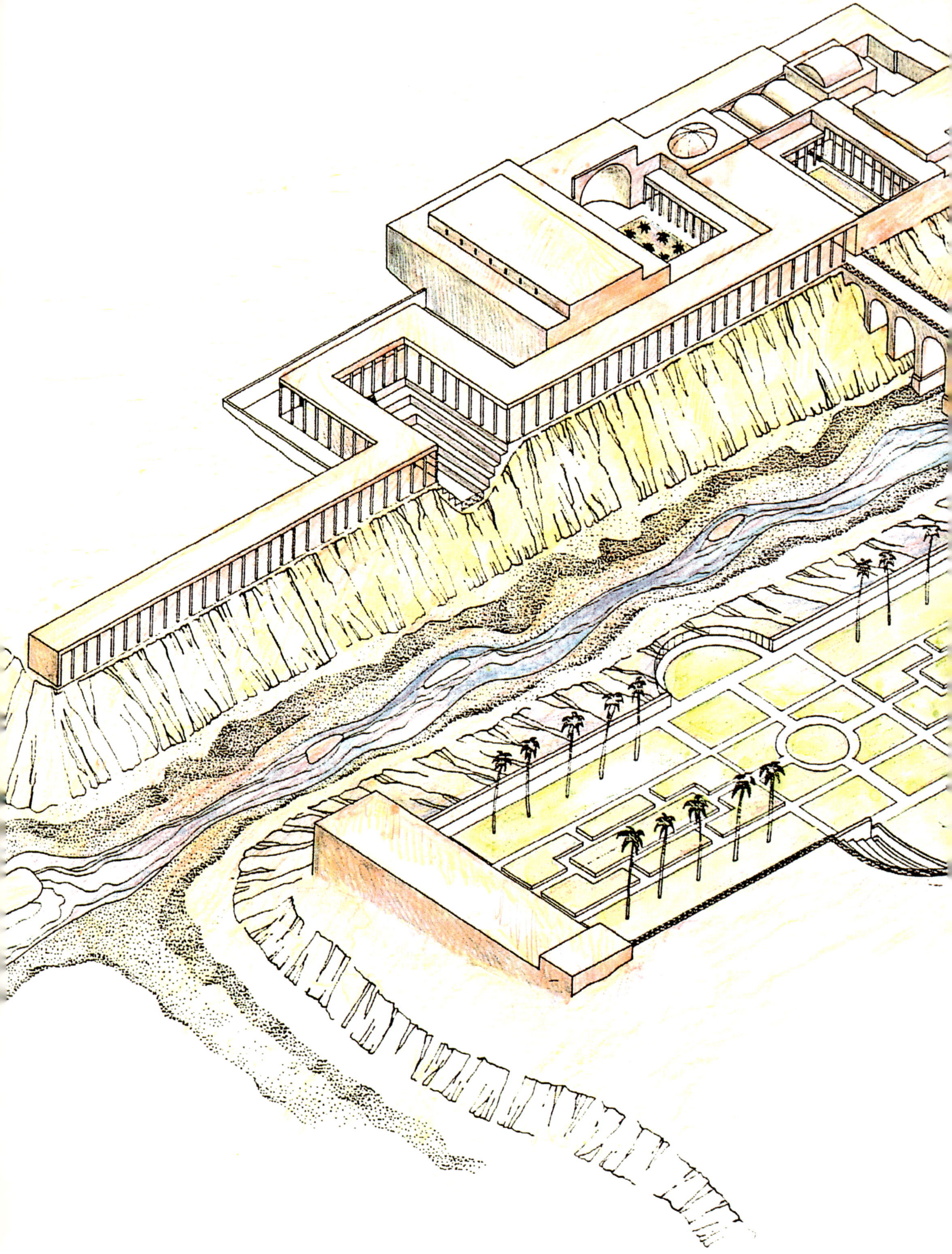

Der Hippodrom in Jericho

In diesem Kapitel wage ich mich über das eigentliche Thema dieses Buches – die Paläste der Hasmonäer und des Königs Herodes – hinaus, erscheint es doch angezeigt, auch eine ungewöhnliche Anlage, die ich in Jericho freilegte, miteinzubeziehen. Diese Entscheidung resultiert aus meiner Einschätzung, daß diese als Hippodrom bezeichnete Anlage ebenso das Bild des schwelgerischen Lebensstils des Herodes und seiner Untertanen in dem Winterferienort abrundet wie sie die schöpferische Geisteshaltung des Königs auf architektonischem Gebiet zeigt. Das Vorhandensein eines Hippodroms in Jericho wird von Josephus erwähnt, freilich nicht in Zusammenhang mit einem Wettkampf, sondern mit einem politischen Ereignis während der letzten Tage des Herodes, als er, schon ein sehr kranker Mann, die Behaglichkeit seines geliebten Winterpalastes suchte.

Der Hippodrom von Jericho steht, wie noch zu zeigen ist, mit dem Tell el-Samarat (Abb. 78) in Verbindung, der etwa 1,5 km nördlich des Winterpalastes und etwa 0,5 km südlich des Tell el-Sultan liegt, dem Ort des antiken Jericho. Tell el-Samarat besitzt die Form eines gewöhnlichen Tells, doch ähnelt seine Südseite der *cavea* eines Theaters. Unmittelbar südlich dieses *cavea*-ähnlichen Hanges kann man, vor allem auf Luftaufnahmen, eine ebene Fläche erkennen, die dem Aussehen nach einer Bahn für Pferde- und Wagenrennen entspricht (Abb. 79). Aufgrund dieser Beurteilung führten wir hier Ausgrabungen durch[84].

Die ersten, entlang der hypothetischen Rennbahn durchgeführten Sondagen zeigten, daß es sich in der Tat um eine planvoll angelegte Bahn, nicht bloß um einen Acker handelt, der den falschen Eindruck einer antiken Anlage erweckt. Anders als viele antike Rennbahnen, deren Schmalseiten gerundet sind, besaß diese hier rechteckige Form. Ihre Länge betrug 320 m, die Breite mehr als 80 m. Nachdem sich herausgestellt hatte, daß die Bahn von einer antiken Mauer begrenzt wurde, untersuchten wir den Tell und seine Verbindung mit der Rennbahn. Schien der Tell auch auf den ersten Blick aus vielen Siedlungsschichten zu bestehen, wurde im Verlauf der Ausgrabungen doch deutlich, daß es nur eine Phase gab und der Hügel das Ergebnis einer einzigen Baumaßnahme ist. Darüber hinaus wurde deutlich, daß der gesamte Tell, wie der südliche Tell im Bereich des Winterpalastes auch, nichts anderes als einen Unterbau für ein daraufstehendes Gebäude darstellte. Die Sondagen enthüllten außerdem, daß der *cavea*-artige Hang nicht zufällig entstanden war, sondern in der Antike als ein halbkreisförmiger Zuschauerraum diente, der an das Gebäude auf der Kuppe angrenzte und Sitzplätze für die ansehnliche Zahl von ungefähr 3000 Zuschauern bot.

Von dem Gebäude, das einst auf dem Tell stand, ist nur sehr wenig erhalten. Lediglich an einer Stelle, am südlichen Rand des Hügels, fanden wir eine Anhäufung von Quadersteinen und eine

78

79

Säulentrommel. Die Trommel besitzt einen Durchmesser von etwa 70 cm und trug eine Marmor imitierende farbige Bemalung. Ein 70 x 70 m großes Podium reichte hinter der *cavea*, die einen Durchmesser von ebenfalls 70 m besitzt, bis an sie heran. Es besteht aus Lehmziegelmauern und einer starken Packung aus Füllerde. Die Ausgräber standen vor der Aufgabe, die Anlage dieser Fundamente soweit wie irgend möglich zu verfolgen, um wenigstens eine allgemeine Vorstellung von dem Grundriß des Gebäudes zu gewinnen, das einst darauf stand. Die Anhäufung von Quadersteinen, die auf der Kuppe des Tells entdeckt wurde, legt die Vermutung nahe, daß seine nicht mehr vorhandenen Mauern ganz oder teilweise aus Quadersteinen errichtet waren. Die Steine wurden ebenso geraubt wie die Sitzbänke, die in der *cavea* vorhanden waren und offenbar ebenfalls aus Stein bestanden.

Im Laufe der Grabungen kam ein weiteres wichtiges Detail ans Licht. Das riesige hier errichtete Podium besaß anfänglich nicht die Form des Tells, sondern die eines Bauwerks mit senkrechten Wänden. Diese äußeren Wände waren, wie alle anderen Wände des Podiums auch, aus Lehmziegeln errichtet, hatten aber im Unterschied zu diesen nachträglich eine äußere Mauerschale aus Stein erhalten. Die Ausplünderung dieses steinernen Mauerwerks setzte offenbar erst ein, nachdem man das Gebäude nicht mehr benutzte, und die daraufhin einsetzende Erosion verursachte schließlich die Form des Tells. Dies unterscheidet ihn von den zwei Tells des Tulul Abu el-'Alayiq in der Gegend des Winterpalastes, die beide künstlich geschaffen wurden und denen man von Anfang an, wenngleich aus anderen Gründen, die Form von Hügeln gegeben hatte.

Die Anlage der Fundamente am Tell el-Samarat läßt eine Konzentration der Räume und Hallen im nördlichen erhöhten Teil des Gebäudes und das Vorhandensein eines großen, wahrscheinlich peristylen Hofs erkennen. Der Hof besaß die beträchtliche Größe von 67 x 30 m einschließlich der ihn vermutlich umgebenden Säulengänge.

Zwischen der *cavea* und dem Hof könnten noch weitere Räume gelegen haben, doch standen die Planer hier vor dem Problem, die geraden, orthogonalen Linien auf der einen Seite mit dem halbkreisförmigen Rand der *cavea* auf der anderen Seite harmonisch zu verbinden. Über die Eingänge des Gebäudes ist nichts bekannt. Meiner Vermutung nach könnte sich der Haupteingang samt einem benachbarten Treppenschacht im nördlichen Teil des Gebäudes befunden haben. Der Treppenschacht ermöglichte es, auf die Oberseite des mindestens 10 m hohen Podiums hinaufzusteigen. Auf der gegenüberliegenden Seite gab es offenbar eine Anzahl von Durchgängen, die das Gebäude mit der *cavea* verbanden. Die *cavea* selbst besaß ungefähr 26 Sitzreihen, die ein geebneter Pfad, dessen Existenz durch Schichten aus Mörtel be-

*Abb. 78 **Der Tell es-Samarat und die Rennbahn südlich davon aus der Vogelperspektive. Tell es-Samarat liegt ungefähr einen halben Kilometer südlich des Tell es-Sultan, der Ortslage des antiken Jericho, und etwa zwei Kilometer nördlich des Winterpalastkomplexes. Man beachte die Sondagegräben, die während der Grabungskampagnen 1975–76 oben auf dem Tell angelegt wurden.***

*Abb. 79 **Das geebnete Gelände südlich des Tell es-Samarat, das die Form der Rennbahn eines Circus besitzt. Die Fotografie wurde von der Oberkante des** **cavea-****förmigen Südhangs des Tells aufgenommen. Die** **cavea** **besitzt einen Durchmesser von ca. 70 m und bot Platz für ungefähr 3500 Zuschauer.***

zeugt ist, in zwei Sektoren unterteilte. Vorhanden waren schätzungsweise 3000 Sitzplätze. Das Gelände vor der *cavea* erwies sich als wenig ergiebig, weshalb offenbleibt, ob sich hier irgendein Bau, z. B. ein Bühne, befand (s. u.).

Bei der Untersuchung dieses ungewöhnlichen Gebäudes (Abb. 80) erwiesen sich die Schriften des Josephus als hilfreich. Ihnen ist zu entnehmen, daß Herodes alle fünf Jahre abgehaltene Kampfspiele zu Ehren des Augustus in Jerusalem und Caesarea einrichtete, eine Art von Olympischen Spielen, die unter anderem Pferde- und Wagenrennen, gymnastische Wettkämpfe, Ringkämpfe und musikalische Darbietungen umfaßten[85]. Weiterhin ist von drei Begebenheiten zu er-

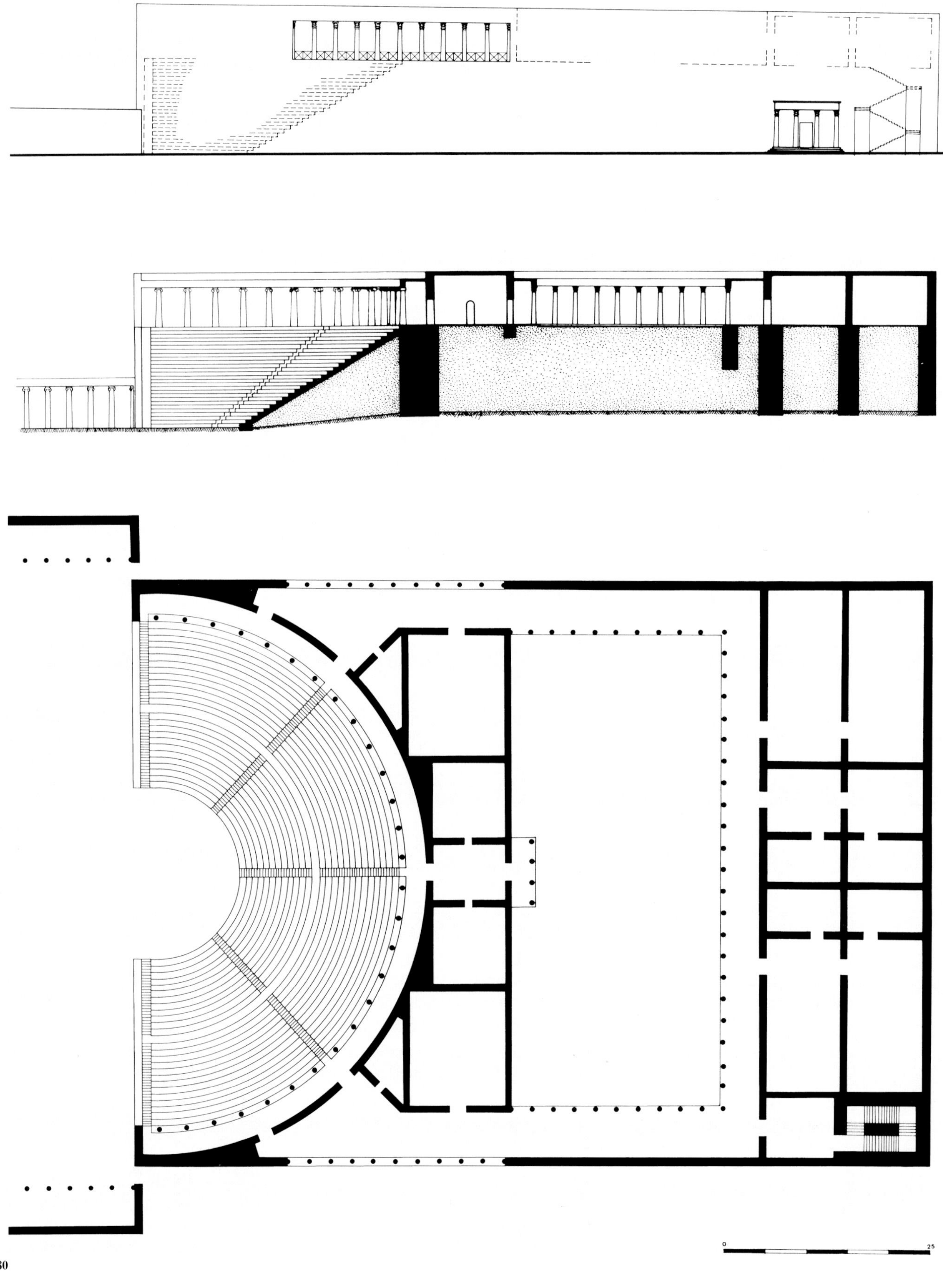

80

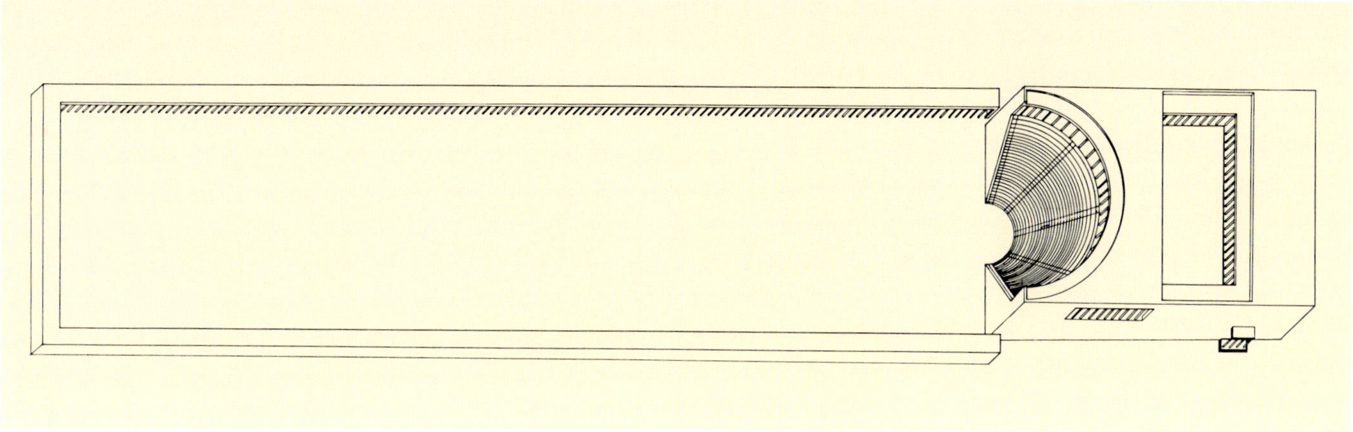

81

fahren, die sich kurze Zeit vor dem Tod des Herodes ereigneten. Die erste war die Beschwerderede, die Herodes von seinem Krankenbett aus auf der Bühne des Amphitheaters hielt[86]. Das zweite Ereignis ist die behördliche Festnahme einer Gruppe von Honoratioren, die im Hippodrom gefangengehalten wurden, ohne daß man ihnen mitgeteilt hatte, daß sie in dem Moment, da der König sterbe, getötet werden sollten – ein Plan, der jedoch nie ausgeführt wurde[87]. Die dritte Begebenheit ereignete sich anscheinend ebenfalls in dem Hippodrom. Die Armee wurde dort versammelt, um die Nachricht von Herodes' Tod und die Proklamation seiner designierten Erben anzuhören[88].

Die Durchsicht aller von Josephus überlieferter Angaben in Verbindung mit dem archäologischen Befund dieses Geländes machte deutlich, daß sich die Anlage am Tell el-Samarat für die ganze Reihe von Wettkämpfen und Spielen eignete, die in Jerusalem und *Kaisareia* abgehalten wurde und außerdem auch der Schauplatz der drei historischen Ereignisse gewesen sein könnte, ungeachtet der Tatsache, daß Josephus aus unbekannten Gründen verschiedene Begriffe zu ihrer Bezeichnung gebrauchte. Darüber hinaus war vor der Entdeckung dieser Anlage die Nachricht von der Festnahme oder Verhaftung der Honoratioren auf der Rennbahn eines Hippodroms kaum verständlich. Hingegen ist ihre Gefangennahme in dem Gebäude oben auf dem Podium plausibel, da dieser Bau sich gleichermaßen für die Gefangennahme von Honoratioren wie für ihre Bewachung anbot. Zweifellos eignete sich diese Anlage auch vorzüglich für Sportveranstaltungen und andere Anlässe. Es sei noch hinzugefügt, daß ich das hier vorhandene Theater nicht für ein gewöhnliches Theater halte, das an der Frontseite durch ein Bühnenhaus abgeschlossen wurde. Vielmehr gehe ich davon aus, daß seine Bühne abgeschlagen und, falls notwendig, für bestimmte Anlässe, wie etwa dramatische Aufführungen, wiederaufgebaut werden konnte. Eine solche Konstruktion hinter der Bühne, die bei Bedarf zerlegt werden konnte, ist etwa in dem Theater der kleinasiatischen Stadt Pergamon bezeugt[89]. Bei Pferde- und Wagenrennen und offenbar auch bei athletischen Wettkämpfen konnten die Zuschauer den verschiedenen aufeinander folgenden Ereignissen zusehen, ohne gezwungen zu sein, ihre Sitzplätze zu wechseln. Dies war offensichtlich nur möglich, wenn die Bühne zu diesem Zeitpunkt abgeschlagen war.

Der Hippodrom von Jericho (Abb. 81) war somit eine Vielzweckanlage – ein Konzept, das in der zweiten Hälfte des 20. Jahrhunderts weit verbreitet ist, nicht jedoch in der Antike. Herodes selbst dürfte die treibende Kraft hinter dieser Neuerung gewesen sein. In der Tat haben wir es hier mit dem einzigen Fall einer derart umfassenden Kombination in der antiken Welt zu tun. In Kleinasien, nahe der Stadt Aizanoi, gibt es ein Theater mit einem daran angrenzenden Stadion, die zwar beide auf einer gemeinsamen Längsachse liegen, aber separat und völlig unabhängig voneinander in Benutzung waren[90]. Tatsächlich existiert keine Anlage dieser Größe, die mit ihrer Rückseite an ein Theater grenzt, abgesehen von einem säulenumstellten Hof[91]. Auch sind einige Fälle bekannt, in denen kleine Tempel an die Rückseite einer *cavea* angrenzen, doch gibt es nirgends eine derart große Anlage wie die in Jericho[92].

Eine wichtige Frage bleibt offen: Welchem Zweck hat dieses erhöhte Gebäude ursprünglich gedient? Es ist schwierig, darauf eine Antwort zu geben. Unserer Ansicht nach verdienen zwei Möglichkeiten in Erwägung gezogen zu werden: entweder war dieses Gebäude für Empfänge gedacht, oder es diente als Gymnasion. Allerdings ist schwer zu verstehen, warum man ein Gymnasion auf der Kuppe eines künstlichen Hügels errichtet haben sollte. Gleichwohl ist es angesichts der Einstellung des Herodes durchaus möglich, daß auch dieses ein Mehrzweckbau war, der einerseits regelmäßig für das Training der Jugend genutzt wurde, andererseits für Empfänge geladener Gäste bei besonderen Anlässen diente.

Es sei an dieser Stelle noch einmal daran erinnert, daß man es hier mit einem saisonal besuchten Ort zu tun hat, an dem sowohl Mitglieder der königlichen Familie als auch wohlhabendere Einwohner Jerusalems und Judäas sich nur im Winter und in der kurzen Frühlings- und Herbstzeit aufhielten. Sogar der Hippodrom wurde anscheinend nur in diesen Saisons benutzt. Nicht nur schloß während des Sommers die sengende Hitze das Abhalten von sportlichen Wettkämpfen praktisch aus, auch die potentiellen Zuschauer waren an dem Ferienort nicht länger zu finden. Obgleich der Hippodrom kein integraler Bestandteil des Winterpalastkomplexes war, wirft doch die Rekonstruktion der Aktivitäten, die dort stattfanden, Licht auf die Pracht des Lebensstils in Jericho zur Zeit des Herodes, und sei es auch nur während bestimmter Jahreszeiten.

***Abb. 80** Rekonstruierter Grundriß, Aufriß und Schnitt der Anlage am Tell es-Samarat. Die Zeichnungen basieren auf Erkenntnissen, die anhand der Fundamentmauern gewonnen wurden.*

***Abb. 81** Isometrische Rekonstruktion der herodianischen Anlage am Tell es-Samarat. Diese Verbindung einer Rennbahn mit einer Art Theater, dem an seiner Rückseite ein monumentales Gebäude angefügt ist, bildet den einzigen aus der antiken Welt bekannten Fall einer solchen kombinierten Anlage.*

Die Paläste in den Wüstenfestungen

Dieses Kapitel befaßt sich mit einer außergewöhnlichen Gruppe von Palästen, die alle innerhalb von Festungen liegen, welche zur Zeit des zweiten Tempels in der judäischen Wüste, um das Tote Meer und am Ostrand der samarischen Berge errichtet wurden. Jeder, der eine Landkarte von Palästina betrachtet, erkennt sogleich die Kette der judäischen und samarischen Berge, welche das Land der Länge nach in zwei Teile teilt, und östlich davon den steilen Abfall zum Jordan und dem Toten Meer. Weiter nach Osten prägen eine Bergkette und ein Plateau den westlichen Teil des Transjordans. Regenwolken ziehen von einer Kette zur anderen, und das dazwischenliegende Gebiet erhält nur geringe Niederschläge und besitzt daher Wüstencharakter.

Die Hasmonäer machten sich diese Wüsten- und Halbwüstengebiete klug zunutze, indem sie darin Festungsbasen errichteten, in die sie in unruhigen Zeiten fliehen konnten und so ihre Feinde zwangen, mit den Wüstenbedingungen fertigzuwerden: dem Fehlen von Wasser und dem häufig rauhen Klima. Auf jeden Fall war eine Grundbedingung für den Bau solcher Festungen die Versorgung mit Wasser und dessen Speicherung. Dies geschah gewöhnlich durch Sammeln von oberflächlich abfließendem Wasser in unterirdischen Speichern.

Diese Festungen, die auch als Wüstenfestungen bezeichnet werden, wurden anfänglich von den Hasmonäern erbaut[93]. Diese hatten das Prinzip des Festungsbaus offensichtlich von anderen Völkern gelernt, doch könnte die Verbindung einer Festung mit einem Palast unter Wüstenbedingungen ihre eigene Schöpfung sein. Hier handelt es sich um eine umfassenden Gruppe von ähnlich gearteten Festungen, die in einer einzigartigen geographischen Region liegen. Die Reihe der Festungen beginnt im Norden in Alexandreia, setzt sich dann mit zwei oder drei Festungen fort, welche die Ebene von Jericho und die nach Judäa führenden Straßen kontrollierten (Dagon-Qarantal, Nuseib 'Uweishira und Kypros), und erstreckt sich dann über Hyrkania nach Masada im Westen des Toten Meeres und Machairus im Osten davon. Herodes hat allen von ihnen seinen Stempel aufgedrückt, trotz des Umstandes, daß es ganz verschiedene Gründe oder Faktoren waren, die zu der Nutzung oder Wiederherstellung einer jeden dieser Festungen in seiner Regierungszeit führten.

Die Wüstenfestungen waren nicht in der Hauptsache Grenzfesten, obwohl einige von ihnen spezielle Verteidigungsaufgaben erfüllten. Jedenfalls handelte es sich hier nicht um einen judäischen Limes. Von Anfang an bestand die Hauptaufgabe dieser Festungen darin, als Zufluchtsort für die Mitglieder der hasmonäischen Familie in Krisenzeiten zu dienen. Die Hasmonäer schufen hier Anlagen, die durch das gebirgige Gelände und die Wüste ge-

82

83

schützt waren und Vorräte an Nahrungsmitteln, Wasser und Waffen enthielten. Die Festungen boten denjenigen, die in ihnen Zuflucht suchten, einen Vorteil gegenüber Leuten oder militärischen Verbänden, die von Orten außerhalb dieser Region kamen. Sie erfüllten überdies weitere Aufgaben, wie die Bewachung eines Teils des königlichen Schatzes – das Äquivalent des modernen Banksafes.

Da diese Festungen in erster Linie für die Mitglieder der königlichen Familie vorgesehen waren, ist es nur natürlich, daß sie auch über Flügel verfügten, die deren Lebensstandard und -stil angemessen waren. Es sei aber hinzugefügt, daß sich Verwandte des Königs nicht unbedingt freiwillig in ihnen aufhielten. Nach dem Zeugnis des Josephus wurden bei mehreren Gelegenheiten Mitglieder der Königsfamilie, die einen aufrührerischen Charakter hatten oder rebellische Handlungen begingen, in diesen Festungen isoliert. Herodes hingegen schickte seine Frau in eine dieser Festungen (Alexandreion), weil er besorgt um ihre Sicherheit und ihre Handlungen während seiner Abwesenheit war[94].

Bis heute wurden eindeutige Hinweise auf die Existenz von Palastflügeln als Teil von Wüstenfestungen an folgenden Orten entdeckt: im Alexandreion, östlich der samarischen Berge; Kypros, südwestlich von Jericho, und Machairus, östlich des Toten Meeres, ungefähr gegenüber der Oase En Gedi. Die zahlreichen in Masada entdeckten Paläste wurden nicht in diese Liste aufgenommen, da ihnen zwei eigene Kapitel gewidmet sind. Nur geringe Überreste, die lediglich das einstige Vorhandensein von Palastflügeln bezeugen, wurden in Dagon-Qarantal und Nuseib 'Uweishira westlich von Jericho und in Hyrkania, im Westen des Toten Meeres, gefunden.

Dieses Buch behandelt nicht die Wasserbauanlagen der Wüstenfestungen, doch soviel soll gesagt sein, daß tatsächlich die Systeme all dieser Orte inspiziert und untersucht wurden und daß sie beinahe ausnahmslos, wie schon gesagt, auf dem Sammeln von oberflächlich fließendem Wasser mit Hilfe von Leitungen und örtlichen Dämmen basieren. In einigen Fällen erstreckten sich die Leitungen über mehrere Kilometer, wobei einige Wasser, das Hänge hinabrann, sammelten, andere wiederum solches, das bei Regenfällen in den Wadis floß. Die Leitungen folgten im allgemeinen mit leichtem Gefälle Höhenlinien, doch kürzte man mancherorts ihren Verlauf auch durch Brücken und Tunnel ab, einmal, im Fall vom Alexandreion, sogar mittels eines Siphons. Auch in Kypros wurde anfänglich ein auf dem gleichen Prinzip beruhendes Wasserversorgungssystem installiert, doch begannen die Hasmonäer im Lauf der Zeit mit dem Bau einer Leitung, die Wasser von den Quellen des Wadi Qelts zu dieser Palastfestung heranführte, ein Projekt, das erst zur Zeit des Herodes vollendet wurde. Alle diese Orte verfügten über eine beträchtliche Anzahl von Zisternen, die, gewöhnlich an den Hängen am Fuße des Palastschlosses, in den anstehenden Felsen gehauen worden waren. Diese Systeme lassen im allgemeinen einen hohen technologischen Stand des Wasserbaus erkennen[95].

Im folgenden soll, in geographischer Reihenfolge von Norden nach Süden fortschreitend, ein kurzer Überblick über die Wüstenfestungen gegeben werden. Eines der bedeutendsten Bollwerke dieses Festungsgürtels war das Alexandreion, das weithin sichtbar auf einem Berggipfel ungefähr in der Mitte zwi-

***Abb. 82** Eine Halle (oder ein Peristylhof) auf der Gipfelfläche vom Alexandreion.*

***Abb. 83** Blick von der Ebene von Jericho aus nach Westen auf Qarantal.*

schen Jericho und Bet Shean lag. Es spielte zweifellos eine bedeutende Rolle für die Sicherung der Hauptstraße von Judäa nach Galiläa, wie aus der großen Zahl der historischen Ereignisse hervorgeht, die sich hier zutrugen. Erwähnung verdient Josephus' erste Bezugnahme auf die Bautätigkeit des Herodes im Zusammenhang mit der Entsendung des Pheroras, des Bruders des jungen Königs, der das Alexandreion zu einem Zeitpunkt befestigen sollte, als sich Herodes selbst in einem schwierigen Kampf mit Mattathias Antigonos befand, der damals (37–40 v. Chr.) de facto über Judäa herrschte[96]. Die Überreste eindrucksvoller Mauern, wohl diejenigen des hasmonäischen Festungswerks, wurden zu Beginn dieses Jahrhunderts auf dem Berggipfel freigelegt[97]. Darüber hinaus förderten die Ausgrabungen von Tsafrir und Magen in den Jahren 1980 und 1982 an demjenigen Hang des Berges, der eine atemberaubende Sicht auf das Jordantal bietet, einen Peristylhof (oder eine 9,6 x 9,6 m große Halle) zutage[98] (Abb. 82). Die Säulen waren rot, grün und schwarz bemalt und der Hof mit einem Mosaikboden gepflastert. Im Bereich der Wände wurden Reste des Wandschmucks in Form von farbigem Putz und Stukkatur gefunden. Die Ausgräber datierten den Hof in die Zeit des Herodes. Oberhalb des Hofs wurde auf dem Westhang des Berges eine überwölbte Anlage (eine Zisterne?) freigelegt, die als Substruktion für eine den Hof überragende Terrasse diente. All diese Überreste sowie die Entdeckung korinthischer Kapitelle an der Oberfläche des Geländes in der Nähe führten Tsafrir und Magen zu der Vermutung, daß sich hier möglicherweise eine dem Nordpalast von Masada ähnliche Anlage (s. S. 82–87) befand.

Es sollte hervorgehoben werden, daß einige der Säulen des Peristylhofs in einem Architekturzusammenhang dorischer Ordnung wiederverwendet wurden und daß man unter dem Boden des Hofs dorische Säulen fand. Außerdem kamen dort noch die Reste einer kleinen, überwölbten Zisterne zum Vorschein, die älter als der Hof ist. Den Ausgräbern zufolge gehören diese Überreste zu einem älteren Gebäude aus hasmonäischer Zeit, was darauf hindeutet, daß schon damals im Alexandreion verschwenderisch ausgestattete Gebäudeflügel vorhanden waren. Weitere Ausgrabungen an diesem Ort werden sicherlich großes Interesse erregen.

Eine weitere Palastfestung existierte westlich von Jericho, auf dem Gipfel des in der christlichen Tradition Mons Qarantana (Berg der Vierzig) genannten Berges (Abb. 83), der heute Qarantal heißt (eine korrumpierte Form des italienischen Wortes quaranta). Dieser Berg ermöglicht eine sehr weite Sicht und ist heute von einer Einfriedungsmauer umgeben, die vor dem Ersten Weltkrieg zum Schutz der Kirche, deren Bau unvollendet blieb, errichtet wurde. Es ist dieses der Ort, der bei Josephus Dagon, im Makkabäerbuch, Dok genannt wird[99]. Der letztgenannte Name hat sich bis heute in der Bezeichnung Ein Dyuk für eine der Quellen im Na'aran-Tal erhalten (s. S. 13 f.). Es sei hinzugefügt, daß sowohl Josephus als auch das Makkabäerbuch von einem politischen Mord berichten, der sich in dieser Festung ereignete. Ptolemaios, Sohn des Hababu, Gouverneur von Jericho im Namen der Makkabäer, ermordete Simon, den letzten der Makkabäer-Brüder, bei einem Bankett zu dessen Ehren. Dieser Bericht beweist indirekt, daß hier einst Palastflügel vorhanden waren[100]. Bis heute wurden im Qarantal keine regelrechten Ausgrabungen durchgeführt, doch geben die an der Oberfläche verstreut herumliegenden Kapitelle und Bauglieder einen Hinweis

***Abb. 84** Kypros von Osten aus gesehen (vom Komplex der Winterpaläste).*

***Abb. 85** Gesamtansicht von Kypros (schwarz: herodianisch, schraffiert: hasmonäisch, punktiert: byzantinisch).*

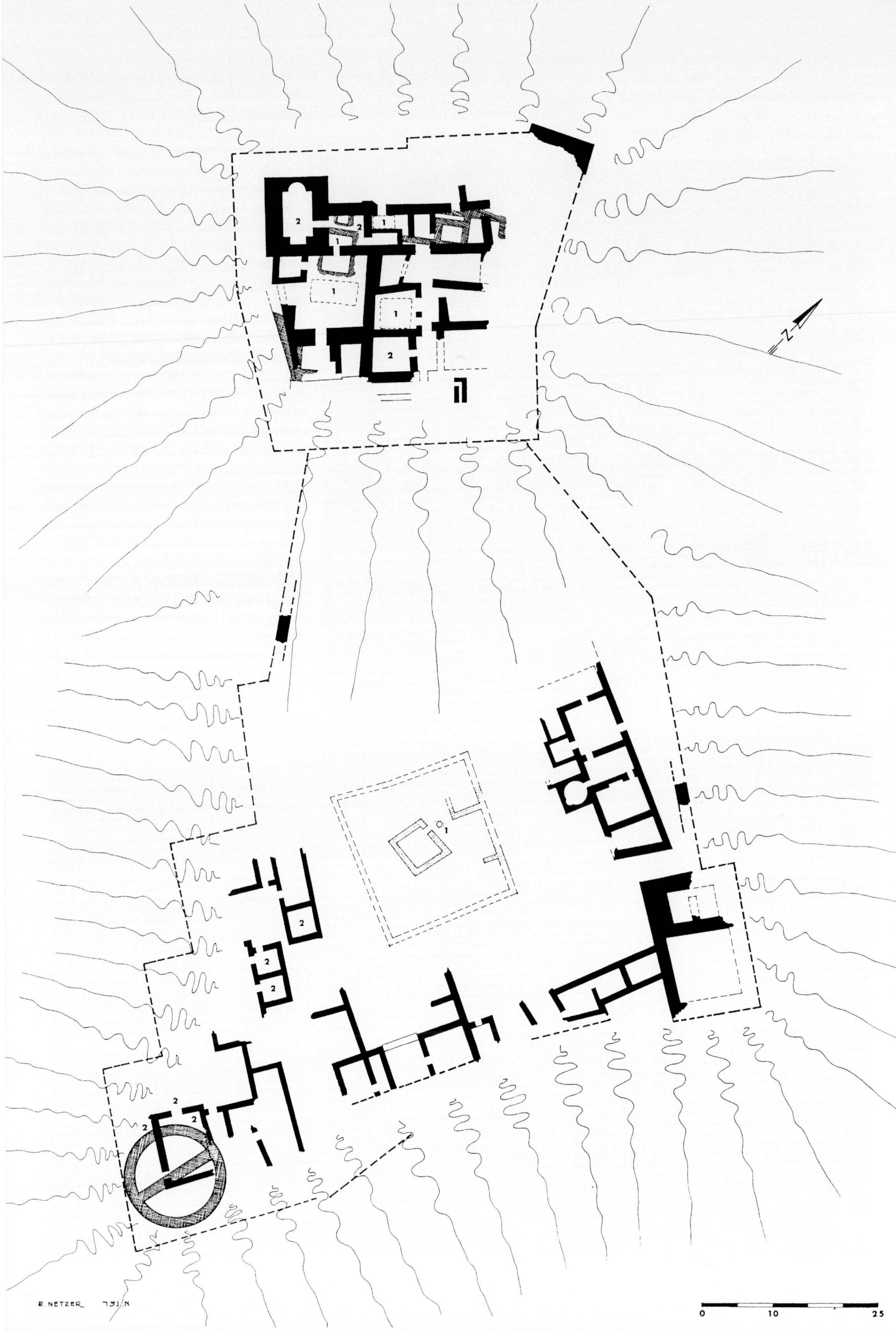

E. NETZER
א.נצר
0
10
25

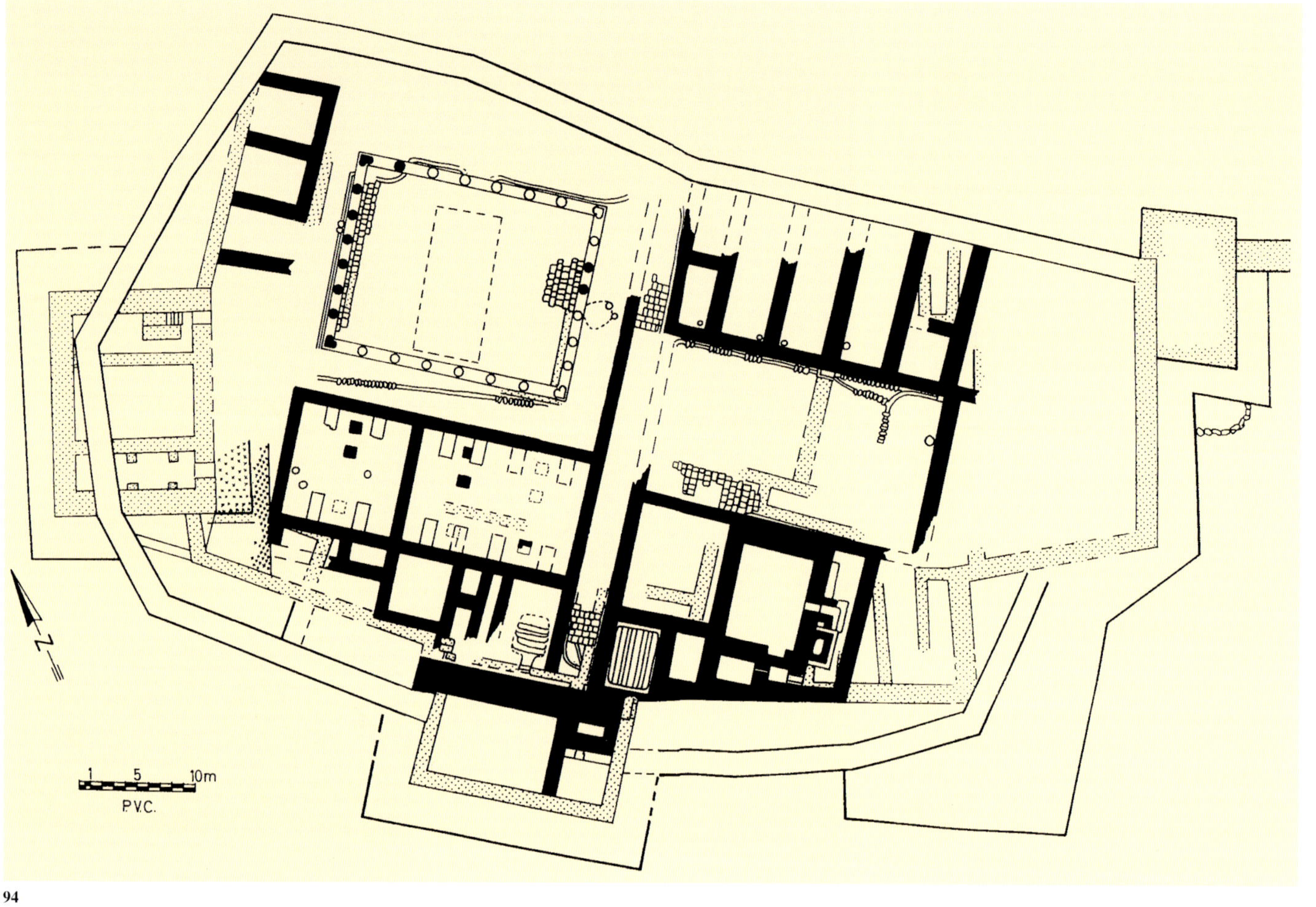

94

und unterhalb davon fand man die Mauerkronen einer hasmonäischen Festung, die bislang allerdings noch nicht ausgegraben sind. Die Überreste aus hasmonäischer Zeit umfassen vor allem die Festungsanlagen, die, mit rechteckigen Türmen auf drei Seiten, den Gipfel umgaben. Unter den wenigen sonstigen Resten befindet sich ein Becken mit Stufen. Wie wir uns erinnern, wurden ähnliche Becken gewöhnlich aus hasmonäischer Zeit in fast allen Wüstenfestungen gefunden.

Die Befestigungsanlage bestand zur Zeit des Herodes teils aus älteren, teils aus neuerrichteten Abschnitten, mit denen man insbesondere den Zweck verfolgte, die beschränkte Fläche auf dem Gipfel zu erweitern. Zu den übrigen Bauten herodianischer Zeit gehören vor allem ein Peristylhof mit zwei Empfangshallen entlang seiner einen Seite, eine Gruppe länglicher Räume, die offenbar als Lagerräume dienten, und ein Badehaus römischen Stils. Einige Flügel könnten ein zweites Stockwerk besessen haben. Die Überreste am Hang des Berges, in der »Unterstadt« – die in der Schilderung des jüdischen Aufstands gegen die Römer ebenfalls erwähnt wird –, lassen vermuten, daß sich hier die Wohnhäuser befanden.

Die geringe Größe des Platzes auf dem Gipfel des Berges macht es schwierig, hier von einem Palast im üblichen Sinne des Wortes zu reden. Doch kann man sicherlich von palastartigen Elementen sprechen, die der königlichen Familie und ihren Freunden während ihrer Aufenthalte zur Verfügung standen. Anscheinend empfing Machairus im Gegensatz zu den meisten anderen Festungen infolge seiner abgeschiedenen Lage selten königlichen Besuch. Diese Frage kann aber erst nach umfassenden Ausgrabungen im Alexandreion, Qarantal und Hyrkania geklärt werden.

Ergänzende Hinweise auf den schwelgerischen Lebensstil entlang des Jordantals in der Zeit des zweiten Tempels gibt ein isolierter Bau am westlichen Ufer des Toten Meeres, in der Nähe der Kidronmündung, an einem Ort mit Namen Qasr el-Yahud oder Khirbet Mizin (Abb. 95, 96). Diese Anlage wurde von Bar-Adon zwischen 1971 und 1976 teilweise ausgegraben, aber von ihm fälschlich als eine Festung gedeutet[108]. Sie wurde in hasmonäischer Zeit zur Unterbringung mehrerer aufwendiger Boote (wahrscheinlich vier) errichtet, von denen jedes etwa 12 bis 14 m lang und 3,5 bis 4,5 m breit war. Das Gebäude bestand aus einem Hof oder einer Halle von ungefähr 30 x 11 m Größe zur Unterbringung der Boote und einem angrenzenden Turm, der über einem erhöhten Podium wahrscheinlich zwei bis drei Stockwerke hoch aufragte (Abb. 97). Der längliche Hof bzw. die Halle, worin die Boote offenbar aufbewahrt wurden, besaß eine 6 m breite Toröffnung zum Meer hin. Jenseits der Toröffnung führte eine breite, auf beiden Seiten von Mauern gestützte Rampe hinab, über die die Boote zu Wasser gelassen oder zum Bootshaus zurückgebracht wurden. Der Turm, von dem nur das Podium mit zwei darin befindlichen Zisternen vorhanden ist, erreichte anscheinend eine beträchtliche Höhe. Meiner Meinung nach diente er als Wohnung für

***Abb. 94** Plan der auf dem Gipfel von Machairus freigelegten Strukturen. Die punktiert dargestellten Wälle stammen aus der hasmonäischen Zeit, die schwarz und weiß gezeichneten Wälle aus der herodianischen.*

***Abb. 95** Die Anlage in Qasr el-Yahud nach ihrer teilweisen Freilegung, Blick nach Nordwesten.*

***Abb. 96** Qasr el-Yahud (auch Khirbet Mizin genannt) am Ufer des Toten Meeres, Blick nach Osten.*

95

96

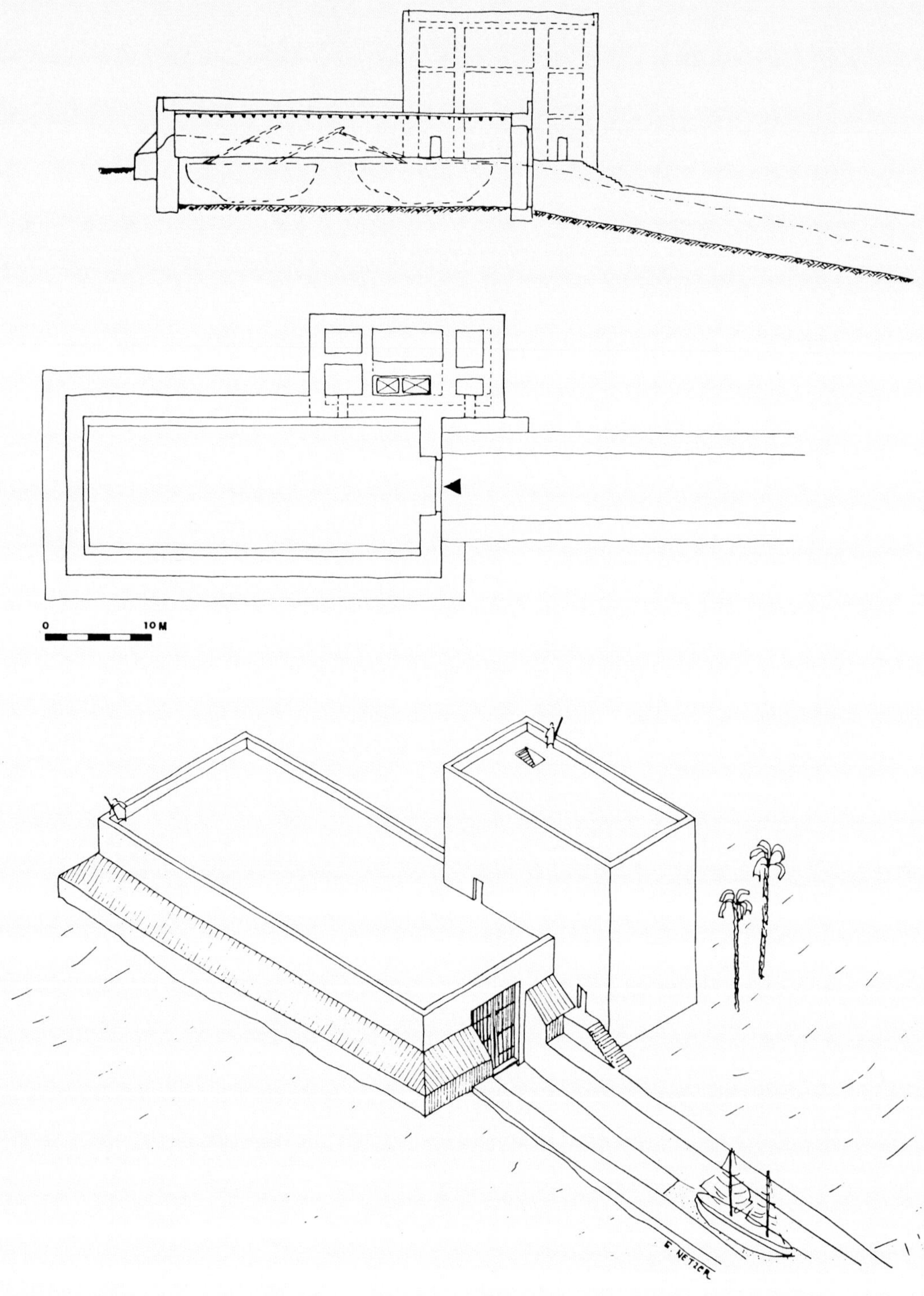

97

die Wächter und die Bootsmannschaften. Wenn der König auf dem Toten Meer segeln wollte (von dem Gebiet Jerichos nach En Gedi, Machairus, Masada oder Sdom-Tso 'ar), sandte man augenscheinlich Boten her, welche die Wächter beauftragten, die Boote zu Wasser zu lassen und zu dem Ort zu segeln, an dem der König wartete. Das Gebäude wurde möglicherweise von Alexander Jannaios errichtet, während dessen Regierungszeit vermutlich die meisten Wüstenfestungen entstanden sind.

Bar-Adon untersuchte damals auch noch eine weitere Anlage, Rujm el-Bahr im Norden des Toten Meeres, auf einem kleinen Hügel, der früher einmal eine Insel oder eine Halbinsel war[109]. Nur geringe Überreste sind hier vorhanden, die aber in dieselbe Entstehungszeit weisen und einige identische architektonische Einzelheiten erkennen lassen. Möglicherweise war dies der Abfahrtsort, von dem aus Alexander Jannaios zu seinen Fahrten auf dem Toten Meer aufbrach, ein Art von Terminal, modern ausgedrückt. Vielleicht stand hier aber auch so etwas wie ein Pavillon, den Mitglieder der königlichen Familie während ihres Aufenthalts in den Winterpalästen von Jericho zu besuchen pflegten.

***Abb. 97** Rekonstruierter Grundriß, isometrische Ansicht und Längsschnitt der Anlage in Qasr el-Yahud.*

***Abb. 98** Gesamtansicht Masadas von Osten. Man beachte den in Schlangenlinien ansteigenden Weg am Osthang des Berges.*

Masada

Die erste Bauphase

Die vielleicht bekannteste aller herodianischen Ruinenstätten ist Masada, das im Westen des Toten Meeres auf einem weithin sichtbaren Felsen liegt, der die Form eines Schiffes besitzt (Abb. 98). Dieser Felsberg, auf dem die Palastfestung errichtet wurde, steht frei, getrennt von den Klippen, die das Tote Meer zu beiden Seiten flankieren. Die Gegend ist außergewöhnlich schön und die Aussicht von dem Gipfel Masadas besonders beeindruckend. Dieser Ort, dessen Name sich von dem hebräischen Wort *metzuda* (Festung) herleitet, erlangte eine besondere Bedeutung aufgrund des dramatischen Berichts, den Josephus von den Geschehnissen gibt, die sich hier ereigneten[110]. Masada war der letzte Ort des Widerstandes in dem großen Aufstand der Juden gegen die Römer in den 60er und 70er Jahren des 1. Jhs. n. Chr. Drei Jahre nach der Zerstörung Jerusalems und des zweiten Tempels setzten sich hier noch immer etwa tausend Kämpfer mit ihren Familien gegen eine anhaltende Belagerung zur Wehr. Tag für Tag mußten die Belagerten das stetige Heranrücken der Sturmrampe an die Gipfelfläche des Berges mitansehen. Als all ihre Versuche, die Römer am Erreichen der Gipfelfläche zu hindern, fehlgeschlagen waren, beging die gesamte Gemeinschaft Massenselbstmord. Dies war das Ende des Aufstandes.

Die auf dem Felsen von Masada verstreuten Überreste haben die Vorstellungskraft vieler Menschen seit dem Beginn der intensiven Erforschung Palästinas im 19. Jh. erregt. Der erste, der Josephus' Bericht mit dem von den Einheimischen es-Sebbe genannten Berg in Verbindung brachte, war Edward Robinson, einer der führenden Erforscher Palästinas, der hier um die Mitte des 19. Jhs. (1838) Studien durchführte. Zwar erreichte er den Ort nicht wirklich, sah ihn aber aus der Entfernung (von der Oase En-Gedi) durch sein Fernglas. Später führten verschiedene Forscher in Masada Surveys durch, doch erst in den 60er Jahren dieses Jahrhunderts wurde der Ort umfassend archäologisch untersucht. Im Rahmen des von Yigael Yadin geleiteten Ausgrabungsprojektes in den Jahren 1963 bis 1965, an dem Tausende von Freiwilligen aus der ganzen Welt teilnahmen, wurden die meisten Überreste auf dem Hügel freigelegt. Als Ergebnis dieser Grabungen erlangte der Ort seine weltweite Bekanntheit[111].

Die Geschehnisse während des großen Aufstandes, die in den Schriften des Josephus berichtet werden, ereigneten sich rund 70 Jahre nach Herodes' Tod. Gleichwohl blieben die von diesem König auf dem Berg errichteten Bauten, die Josephus sehr detailliert beschreibt, bis in die Zeit erhalten, als die Zeloten die Kontrolle über Masada erlangten. Der Gebrauch, den sie von den Bauten machten, unterschied sich von der Verwendung, für die sie ursprünglich gedacht waren. Säulen und Teile von Strukturen wurden ab-

98

getragen und anderweitig als Baumaterial benutzt. Dennoch ermöglicht das Bild der hier von Herodes errichteten Gebäude sogar noch heute, die Atmosphäre zu spüren, die einst diesen alten Palastkomplex erfüllte.

Der jüdische Aufstand und die Belagerung des Berges durch die zehnte Legion und ihre Hilfstruppen finden lebhaften Ausdruck sowohl in den Funden der Grabung als auch in den Überresten der römischen Belagerungseinrichtungen, die aufgrund der Wüstenbedingungen hervorragend erhalten sind. Zu diesen Überresten zählen acht römische Feldlager, eine etwa 4 km lange Umwallung und vor allem die deutlich sichtbare Belagerungsrampe an dem westlichen Hang. Es ist dies das vollständigste und dramatischste Bild einer Belagerung, das aus der Antike erhalten ist.

Laut Josephus waren die Hasmonäer die ersten, die in Masada bauten[112]. Ihm zufolge gründete diesen Ort Jonathan, einer der fünf Makkabäer-Brüder, doch neigen die meisten Gelehrten dazu, diese Tat Alexander Jannaios zuzuschreiben. Herodes kam zweimal nach Masada, bevor er selbst König wurde. Bei der ersten Gelegenheit, um 42 v. Chr., wurde er von Johannes Hyrkanos entsandt, um eine Gruppe von Rebellen zu unterwerfen, die sich in den Besitz einiger Wüstenfestungen gebracht hatten[113]. Rund zwei Jahre

***Abb. 99** Gesamtplan von Masada während der drei Bauphasen zur Zeit des Herodes. Orange – erste Bauphase (ca. 35 v. Chr.), gelb – zweite (Haupt-)Bauphase (ca. 25 v. Chr.), grün – dritte Bauphase.*

später reiste er abermals nach Masada, diesmal um die Belagerung aufzuheben, die Mattathias Antigonos gegen Mitglieder seiner Familie ins Werk gesetzt hatte[114].

Im Gegensatz zu der historischen Überlieferung wurden bislang auf dem Berg keinerlei Hinweise auf die Existenz dieses Ortes schon zur Hasmonäerzeit entdeckt. Zwar fand man hier hasmonäische Münzen, doch blieben solche Geldstücke bis zur Zeit des ersten Aufstandes gegen die Römer in Gebrauch. Möglicherweise wurden zwei der Zisternen auf dem Berg von den Hasmonäern gebaut. Zumindest spricht für diese Annahme eine vergleichende Untersuchung der Zusammensetzung des während der Zeit des zweiten Tempels bei Wasseranlagen verwendeten Verputzes, die auch die Zisternen in Masada miteinbezieht[115]. Es gab eine Zeit, da ich davon überzeugt war, den Nachweis führen zu können, daß einige Bauten auf dem Berg von den Hasmonäern errichtet worden waren – vor allem der Kern des Westpalastes. Diese Annahme stützte sich auf die große Ähnlichkeit zwischen diesem Kernstück und den Zwillingspalästen in Jericho (s. S. 22–28)[116]. Freilich ließ sich dies durch 1989 in Masada durchgeführte Sondagen nicht bestätigen[117]. Man kann lediglich vermuten, daß die Architekten des Westpalastes und bestimmter weiterer Gebäude auf dem Berg (s. u.) vordem am Hof der Hasmonäer-Könige tätig gewesen waren.

Die Entwicklung Masadas zur Zeit des Herodes läßt sich grundsätzlich in drei größere Bauphasen einteilen (Abb. 99). Welche Bauten können nun definitiv mit der ersten Phase in Verbindung gebracht werden? Die Zuweisung des Kerns des Westpalastes zieht fast automatisch auch diejenige der drei kleinen Paläste nach sich, die bei den Ausgrabungen Yadins

unweit des Westpalastes entdeckt und als Gebäude Nr. 11, 12 und 13 bezeichnet wurden. Diese Liste dürfte noch um das Gebäude Nr. 7, das der Errichtung des Lagerraumkomplexes zeitlich vorangeht, und offenbar auch um das Gebäude Nr. 9, die Armeekasernen, zu erweitern sein. Der zuletzt genannte Bau liegt isoliert, und es ist kaum eindeutig zu entscheiden, welcher Phase er angehört. Da außerdem seine Lage auf der Oberfläche des Berges wahllos wirkt, kann man ihn gleichwohl als einen Bestandteil der ersten Bauphase ansehen, um so mehr, als eine Analyse der zweifelsfrei diese Phase konstituierenden Bauten das Fehlen einer Unterkunft von Soldaten und Dienstpersonal zeigt. Gebäude Nr. 7 diente augenscheinlich zu Verwaltungs- und Lagerzwecken vor der Errichtung des zentralen Lagerraumblocks.

Andere Bauten, die sich der ersten Phase (oder, theoretisch, sogar der hasmonäischen Zeit) zuweisen lassen, sind die beiden je ein *columbarium* enthaltenden Türme (Abb. 100) und das Schwimmbecken am Südende des Berges (Abb. 101). Das kleine Badhaus griechisch-hasmonäischen Stils[118], das östlich des Lagerraumblocks an den Nordpalast angrenzend freigelegt wurde, dürfte ebenfalls einer frühen Phase der Geschichte Masadas zuzuweisen sein[119]. Dieses Bad war vermutlich ursprünglich einem Gebäude beigefügt, das wahrscheinlich während der zweiten Phase, als man die Lagerräume erbaute, abgerissen wurde. Ob man es zur Zeit der Hasmonäer oder zu Beginn von Herodes' Baumaßnahmen errichtete, muß offenbleiben.

Im folgenden soll der Kern des Westpalastes (Abb. 102, 103), des Hauptpalastes, den Herodes während der ersten Phase auf dem Hügel bauen ließ, beschrieben werden[120]. Das Gebäude selbst ist rechteckig, bei einer geringfügigen Abweichung der westlichen Mauer von der Orthogonalen, für die bislang noch keine wirklich befriedigende Erklärung gefunden wurde[121]. Der Eingang erfolgte von der Nordseite, über zwei Wachräume, die beide Sitzbänke aufweisen. Jenseits dieses Punktes lag das zentrale Element dieses Gebäudes, ein 12,0 x 10,5 m großer Hof, völlig unter freiem Himmel. An seiner Südseite öffnete sich über eine Vorhalle in Gestalt eines *distylus in antis* ein 7,0 x 6,7 m großer Raum zum Hof hin (Abb. 104), der mit weißen Stuckpaneelen geschmückt war. Dagegen waren die Säulen und Pilaster der Vorhalle schwarz und rot bemalt. Ich deute dies als den Empfangsraum in Anbetracht seiner Ähnlichkeit mit den zwei entsprechenden Räumen in den Zwillingspalästen in Jericho. Im Unterschied zu der Situation in Jericho war dies allerdings nicht der einzige Empfangsraum. Im Osten bot er über drei Türdurchgänge Zugang zu einem 8,7 x 6,0 m großen Raum, den die Ausgräber den »Thronraum« nannten. Ich neige dazu, diesen Raum als einen geschlossenen Empfangsraum anzusehen, der sich hierin

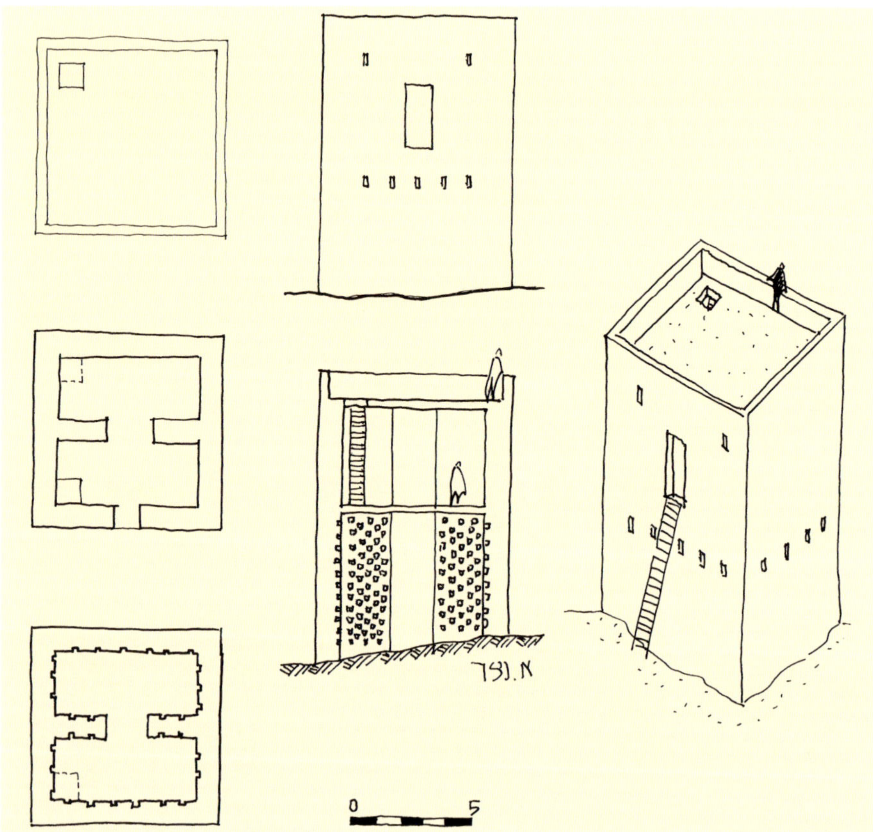

100

101

Abb. 100 Rekonstruktion eines Kolumbarienturmes: Grundrisse, Schnitt, Aufriß und isometrische Ansicht. Zwei solche Türme wurden am westlichen Rand von Masada entdeckt, nahe der römischen Belagerungsrampe. Die Raumanordnung in dem runden Kolumbarienturm war offenbar ähnlich.

Abb. 101 Das 18 x 13 m große Schwimmbecken am südlichen Rand von Masada.

Abb. 102 Ansicht des Kerns des Westpalastes aus der Luft, nach Osten gesehen.

Abb. 103 Detaillierter Plan des Kerns des Westpalastes.

102

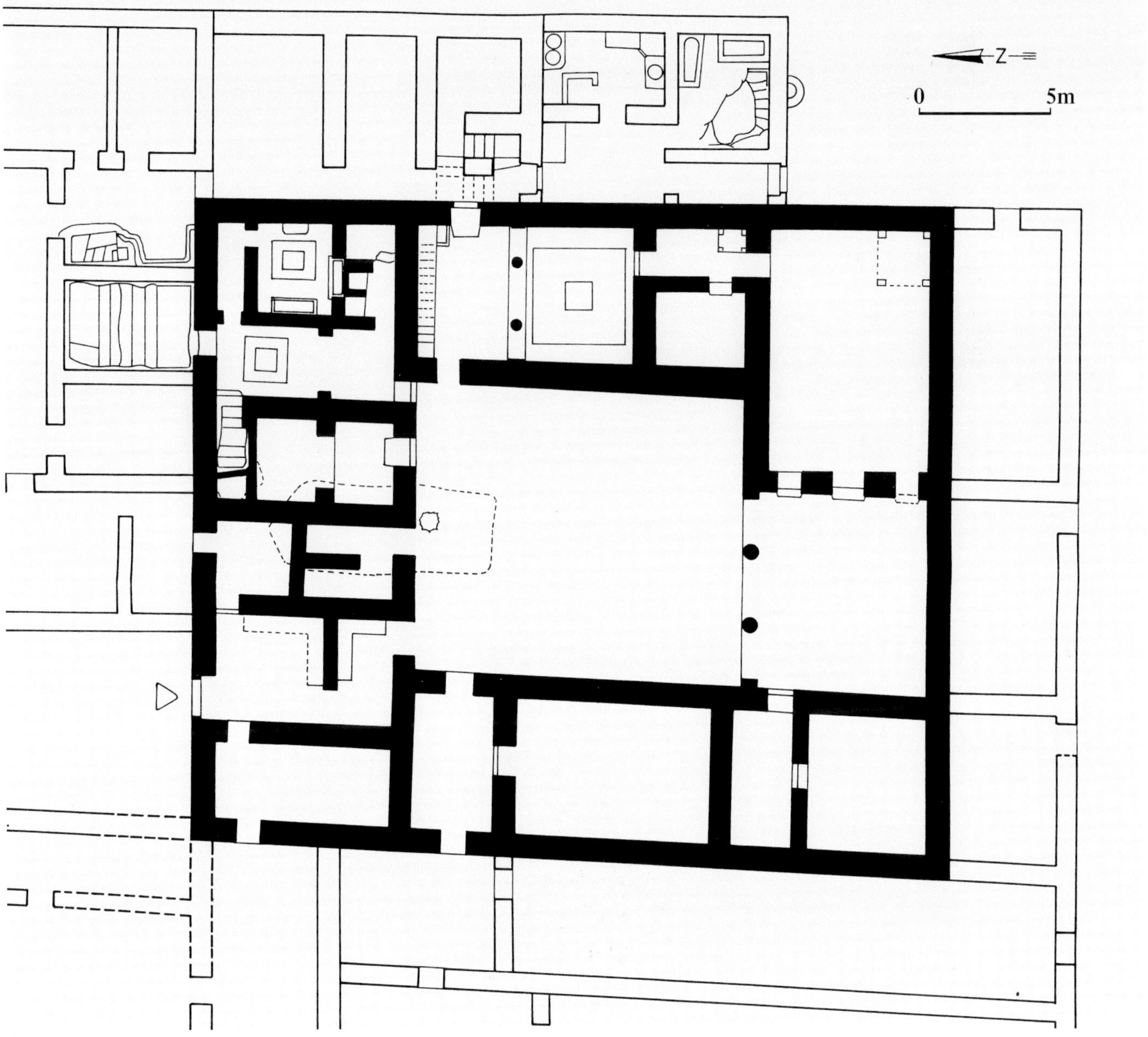

103

104

105

von dem erstgenannten unterschied, der zum Hof hin offen war. Die Bezeichnung »Thronraum« leitet sich von vier rechteckigen Löchern in einer seiner Ecken her, bei denen es sich vielleicht um die Spuren eines überdachten Thrones handelt. Erwähnenswert ist, daß aufgrund der Öffnung des erstgenannten Empfangsraums nach Norden – wie im Fall der Zwillingspaläste auch – nur wenig direktes Sonnenlicht in den »Thronraum« gelangte, ein grundlegendes Erfordernis im Sommer. Auf jeden Fall nehme ich an, daß der König seine Gäste in dem offenen Raum empfing, wenn es das Wetter erlaubte, zu anderen Zeiten hingegen, bei großer Hitze, Kälte oder allzu starkem Wind, fanden die Empfänge im »Thronraum« statt.

Der geschlossene Empfangsraum konnte außerdem noch von seiner Rückseite her über einen kurzen Korridor betreten werden. Von dem Korridor führte ein kleiner Raum mit einem einzigen Türdurchgang weg. Er diente anscheinend als Umkleidezimmer, in dem der König seine offiziellen Roben anlegte, bevor er seine Gäste begrüßte. Der Zugang zu dem Korridor, hier im Zentrum des Westpalastes, erfolgte von einem ungewöhnlichen, 8,0 x 5,0 m großen Raum aus, welchen ich als den »Mosaikraum« bezeichne (Abb. 105). Er fungierte unter anderem als Durchgangsraum. Im nördlichen Abschnitt seiner Ostwand lag der Seiteneingang des Gebäudes (zusätzlich zum Haupteingang im Norden), und genau gegenüber befand sich ein Türdurchgang, der sich zum Hof öffnete; durch einen dritten Türdurchgang im Süden konnte man den Korridor betreten, der auf die Rückseite des »Thronraumes« führte. An der Nordwand des Raumes gab es ferner eine Treppe, die zum zweiten Geschoß hinaufführte (s. u.). Der Raum selbst war durch einen *distylus in antis* zweigeteilt. Während den Boden im nördlichen Teil ein Estrich bildete, be-

***Abb. 104** Das offene* **triclinium** *des Westpalastes in Masada. Seine Form ist, einschließlich der Vorhalle mit zwei Säulen* **in antis**, *identisch mit derjenigen der* **triclinia** *in den Zwillingspalästen in Jericho.*

***Abb. 105** Prächtiger Mosaikboden in der Nordhälfte des »Mosaikraums«. Dies ist der kunstvollste Mosaikboden, der bislang in Masada oder in einem anderen Palast des Herodes entdeckt wurde.*

***Abb. 106** Eingangs- und Umkleideraum mit gemustertem Feld im Mosaikboden.*

stand der des südlichen Teils aus einem Mosaik mit einem farbigen Feld in der Mitte, das eine Kombination von geometrischen und floralen Mustern zeigt. Es ist das großartigste Mosaik, das in Masada entdeckt wurde. Die Pracht dieses Raums legt den Schluß nahe, daß er ebenfalls zu Empfängen diente, ungeachtet seiner Funktion als Durchgangsraum. Weitere Einzelheiten zum »Mosaikraum« werden bei der Erörterung des zweiten Geschosses des Gebäudes zur Sprache kommen.

Im Westflügel des Gebäudes wurden zwei Paare von Räumen freigelegt. Ein Raum eines jeden Paares war ein Vorraum, während der andere im einen Fall ziemlich groß, im anderen verschwenderisch dekoriert war. Im nördlichen Teil des Gebäudes wurde zusätzlich zu dem Eingangsbereich eine Gruppe von Wirtschaftsräumen freigelegt. Die am weitesten östlich liegenden Räume dienten als Badehaus. Man betrat es durch einen langen, engen Raum, dessen Boden mit Mosaiken belegt war, wie die übrigen Räume des Bades auch. Der Boden im Eingangsraum besaß ein Paneel mit farbigen geometrischen Mustern (Abb. 106). Westlich des Eingangs- und Umkleideraums befand sich ein Becken, das als Ritualbad (*Mikveh*) diente und teilweise wie eine Höhle in den anstehenden Felsen gehauen war. Im Osten dieses Eingangs- und Umkleideraums lag der Eingang zu einem Heizraum und auf der anderen Seite derjenige eines engen Korridors, von dem aus man in den Baderaum gelangen konnte. Dieser enthielt ursprünglich nicht nur eine Badewanne ähnlich der im hasmonäischen Palast in Jericho entdeckten, sondern auch ein in die Wand einer ausgeschmückten Nische eingelassenes Becken. In dieses leitete man das Wasser aus dem Heizraum, so daß eine Art Springbrunnen entstand.

In dem Eingangs- und Umkleideraum sowie in dem westlich davon gelegenen Raum (dessen Funktion unklar ist) wurden Pfeiler freigelegt, die wohl als Stützen für die Wände des zweiten Geschosses anzusehen sind. Sie deuten, ebenso wie der Treppenschacht neben dem Eingangsraum, darauf hin, daß es im zweiten Geschoß eine Gruppe von Räumen im Nordteil des Gebäudes gab. Es ist tatsächlich möglich, den Grundriß dieses Stockwerks zu rekonstruieren (Abb. 107, 108), das anscheinend aus Schlafgemächern bestand. Diese Räume waren wahrscheinlich in zwei Suiten eingeteilt, eine vielleicht für den König, die andere für die Königin. Jedenfalls gelangte man in diese Suiten entweder über den Treppenschacht oder über die Treppe an der Nordwand des »Mosaikraums«.

106

Die als Gebäude Nr. 11, 12 und 13 bezeichneten kleinen Paläste waren alle ähnlich geplant und glichen in einigen Details völlig dem Plan des Westpalastes[122]. Alle besaßen sie einen Innenhof mit einem offenen Empfangsraum, der sich im Süden über einen *distylus in antis* zum Hof hin öffnete. Alle zeichneten sich überdies durch einen geschlossenen Empfangsraum jeweils in der Südwestecke des Gebäudes aus. In den kleinen Palästen führte ein Korridor in den rückwärtigen Teil des geschlossenen Empfangsraumes, und an den Korridor grenzte ein kleiner Raum, der, wie schon bei der Behandlung des Westpalastes erwähnt, vermutlich als Umkleideraum diente.

Trotz ihrer Ähnlichkeit waren die drei kleinen Paläste verschieden groß und unterschieden sich in bestimmten Einzelheiten voneinander. Gebäude Nr. 11 war mit einer Größe von 15,5 x 13,5 m das kleinste von allen. Nichtsdestoweniger hatte man dafür einen optimalen Standort gewählt – den höchsten Punkt in der Mitte des Berges. Der größte der kleinen Paläste war Gebäude Nr. 12 mit Abmessungen von 20,5 x 20,5 m. Erwähnenswert ist hierbei lediglich die ungewöhnliche architektonische Behandlung des Raumes, der das Gegenstück zu dem »Mosaikraum« des Westpalastes bildet, d. h. des Raumes, der sich zu dem kleinen Korridor hin öffnete, der in den geschlossenen Empfangsraum führte. Sie drückt sich in den zwei rot bemalten Pfeilern aus, die den Raum in zwei Teile teilten,

Masada während seiner Blütezeit

Die zweite und dritte Bauphase in der Zeit des Herodes

Die erste Bauphase geht in der Tat auf Herodes' Initiative zurück, doch erscheint es höchst zweifelhaft, ob sein persönliches Engagement bei den Bauarbeiten so groß war wie bei vielen anderen seiner Bauprojekte. Anscheinend wurde dem König nach seinem ersten Besuch des Ortes im Anschluß an die Vollendung der ersten Bauphase bewußt, wie verstreut die Bauten auf der Gipfelfläche lagen, und er erließ völlig andere Anweisungen in bezug auf die Fortsetzung des Bauprogramms. Von nun an konzentrierten sich alle neu hinzugefügten Bauten an zwei Plätzen: im Norden des Berges, wo eine Art Akropolis entstand, und in der Mitte, um den Westpalast herum. Der zweiten Bauphase lagen sehr ehrgeizige Pläne zugrunde. Alle Anstrengungen konzentrierten sich jetzt im wesentlichen auf drei Vorhaben, deren jedes seine eigene Bedeutung besaß (Abb. 110): 1. den Nordpalast und das angrenzende Bad; 2. den Komplex von Lagerräumen; 3. ein Wasserversorgungssystem gigantischen Ausmaßes am Nordwesthang des Berges.

Ebenfalls in diese Kategorie sollte man wohl auch ein weiteres Projekt einordnen, nämlich die Erweiterung des Westpalastes. Wie weiter unten noch ausgeführt wird, betrachte ich diese Erweiterung als eine logistische Anlage, die allen nun auf dem Gipfel vorhandenen Palästen dienen sollte: dem Kern des Westpalastes, den drei kleinen Palästen und dem Nordpalast.

Der Nordpalast

Nachdem der allgemeine Rahmen der Ergänzungen des Komplexes in Masada während der zweiten Bauphase umrissen wurde, folgt nun die Beschreibung des Nordpalastes, des Hauptteils herodianischer Bautätigkeit in Masada und eines der außergewöhnlichsten Gebäude, die der königliche Bauherr jemals errichten ließ[123]. Nicht zufällig ist dies das einzige Gebäude, sieht man von den Befestigungsanlagen ab, das Josephus im Rahmen seiner allgemeinen Beschreibung des Ortes etwas ausführlicher behandelt:

»Auch einen Königspalast ließ er sich bauen, und zwar am westlichen Aufstieg unterhalb der Mauer um den Gipfel und mit Ausrichtung nach Norden. Die Mauer des Palastes war sehr hoch und

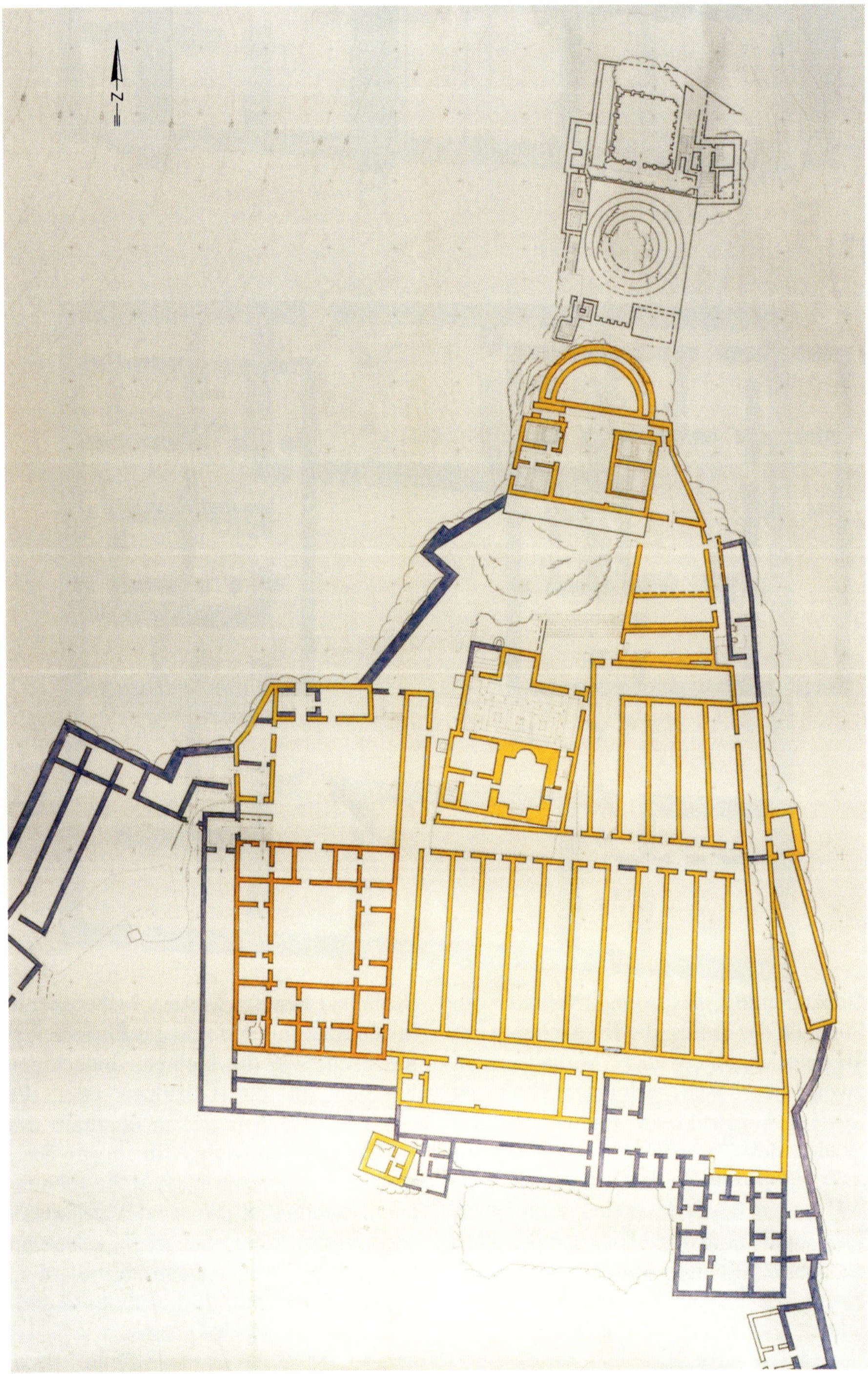

110

***Abb. 110** Plan der sogenannten Akropolis von Masada. Mit Orange, Rot und Gelb sind jeweils die erste, zweite und dritte Bauphase zur Zeit des Herodes gekennzeichnet.*

***Abb. 111** Der Nordpalast von Westen gesehen. Man beachte die Eingänge zu einigen der 12 von Herodes in den Nordwesthang gegrabenen Wasserzisternen und die Abschnitte der terrassierten Wege, welche die Zisternen mit der Gipfelfläche verbinden.*

112

Abb. 112 *Die hohe Stützmauer der unteren Terrasse des Nordpalastes, Blickrichtung nach Süden. Die Aushöhlungen weisen auf einst vorhandene Holzbalken hin, die zum Baugerüst gehörten.*

Abb. 113 *Rekonstruierter Grundriß des Nordpalastes.*

Abb. 114 *Mosaikboden mit geometrischen Mustern, der auf der oberen Terrasse entdeckt wurde.*

Abb. 115 *Rekonstruierte Westfassade des Nordpalastes. Man beachte die Treppenschächte, die von der oberen zur mittleren und unteren Terrasse führen.*

stark und hatte vier Ecktürme, je 60 Ellen hoch. Innerhalb der Ummauerung war die Ausstattung der Wohnräume ebenso wie der Säulenhallen und Bäder verschiedenartig und verschwenderisch. Die überall anzutreffenden Säulen waren jeweils aus einem einzigen Stein, die Wände und Fußböden in den Wohnungen zeigten kunstvolle bunte Steinpflasterung. ... Für außerhalb Stehende unsichtbar, führte ein ausgehauener Gang vom Palast hinauf zur Gipfelfläche« (Jüdischer Krieg VII 289–291, Übersetzung O. Michel/O. Bauernfeind).

Diese Beschreibung ist prägnant und spiegelt zu einem gewissen Grad die Eindrücke eines Mannes wider, der diesen Palast von weitem gesehen hat. Meiner Ansicht nach waren die von ihm erwähnten Türme in Wirklichkeit die hohen Terrassen, die einen Teil des Palastes bildeten. Von besonderem Interesse ist seine Definition des ausgeklügelten Systems der in diesem Paläst endeckten Treppenschächte (s. u.) als »ausgehauene Gänge«.

Den Bauarbeiten voraus ging eine Beurteilung der topographischen Situation an der Nordspitze des Berges, der eine Form ähnlich dem Bug eines Schiffes besitzt. Vor dem Eingreifen des Menschen gab es hier drei Felsterrassen. Die oberste bildet den Rand der Gipfelfläche, und die beiden anderen liegen darunter, die erste etwa 18 m weiter unten, und die zweite ungefähr 12 m unter der mittleren Terrasse, d. h. etwa 30 m unterhalb der Gipfelfläche. Meiner Ansicht nach bestand die Idee, die in Herodes' schöpferischem Geist Gestalt annahm, darin, den Hauptpalast von Masada auf diesen drei Terrassen zu errichten. Um dieses Ziel zu erreichen, mußten die Architekten und Bauleute jede der Terrassen einebnen, die für sie gewählte Form vervollkommnen (ein Rechteck, ein Kreis und ein Halbkreis) und eine Verbindung zwischen den Terrassen mit Hilfe von Treppen herstellen. Bei zwei dieser Arbeiten war es notwendig, das Hindernis der Klippen zu überwinden, insbesondere während der Errichtung der Treppenschächte.

Der Nordpalast (Abb. 111) besitzt eine vorzügliche Lage. Sie bietet eine eindrucksvolle Aussicht nach drei Richtungen, Westen, Norden und Osten. Da sie nach Norden blickt, erhält sie ein Maximum an Schatten, ein offensichtlicher Vorteil an heißen Tagen. Eine weitere positive Eigenschaft des Palastes war seine Absonderung, was besonders unter dem Gesichtspunkt der persönlichen Sicherheit des Königs nützlich erschien.

Wie der archäologische Befund dort zeigt, bestand der erste Schritt im Errichten von Baugerüsten. Mit ihrer Hilfe waren die Architekten in der Lage, die allgemeine Form des hier zu errichtenden Gebäudes festzulegen. Das Baugerüst war in Löchern und Vertiefungen des anstehenden Felsens verankert. Zu den vorbereitenden Arbeiten, die nötig waren, um diesen Terrassen ihre vorgesehene Form zu geben, gehörten das Ausmeißeln des Felsens und die Konstruktion von Futtermauern. In den meisten Fällen war dies eine in gebirgigen Gegenden übliche Aufgabe. Nur an einer Stelle, in der Nordostecke der unteren Terrasse, waren die Bauleute gezwungen, zu einem Punkt 12 m unterhalb des Bodenniveaus herabzusteigen und eine Futtermauer bis zu dieser Höhe hinauf zu errichten (Abb. 112). Trotz dieser Leistung mußten die Architekten einen Kompromiß im Hinblick auf ihren ursprünglichen Plan eingehen: die Mauer, die errichtet wurde, verläuft nicht in Übereinstimmung mit der rechteckigen Form des Baus, sondern

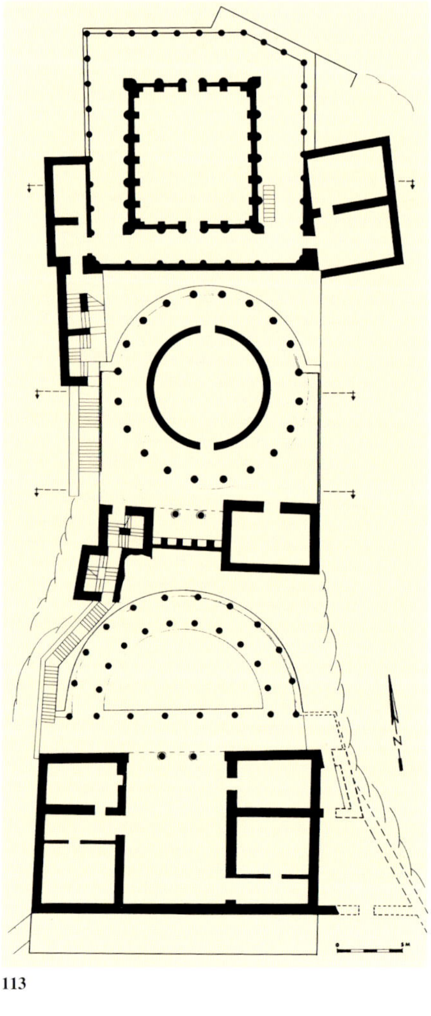

113

diagonal in einem Winkel von 30°, wodurch die Ecke de facto beschnitten wird.

Den Palast (Abb. 113) betrat man von Süden her über die obere Terrasse. Wer sich ihm nähern wollte, mußte den Platz passieren, der ihn von dem Magazinkomplex trennte. Der Platz selbst diente als ein wichtiger Verkehrsknotenpunkt, nachdem der Palast gebaut war. Der gesamte von Westen kommende Verkehr, überwiegend Transporte, die Wasser von den Zisternen am Nordwesthang des Berges brachten, gelangte hierher. Von dem Platz aus konnte man die Magazinräume und das weiter unten beschriebene Badehaus betreten. Von hier gelangte der Besucher in einen trapezförmigen Hof, in dem die Palastwachen stationiert waren. Der Eingangshof mag auch noch andere Funktionen besessen haben und enthielt möglicherweise einen Stall oder einen geschlossenen Bau, der mehreren Pferden Schutz bot, offensichtlich denen, die dem König bei seinen Besuchen in Masada zur Verfügung standen. Dieser provisorische Stall oder geschlossene Bau befand sich über einem der beiden privaten Magazine, in denen augenscheinlich Wein gelagert wurde (s. u.).[124]

Der trapezförmige Eingangshof diente ebenfalls als eine Art Verkehrskreuzung. Zusätzlich zum Haupteingang in seiner Westwand, von dem Platz her, gab es eine weitere Toröffnung in der Ostwand, die in den Wirtschaftstrakt führte, der aus zwei Räumen und den beiden angrenzenden privaten Lagerräumen des Nordpalastes bestand. Diese beiden Lagerhallen besaßen Tonnengewölbe als Decken. Von diesem Wirtschaftstrakt gab es einen direkten Weg zu dem zentralen Magazinblock, der es unnötig machte, den Platz zu

114

115

116

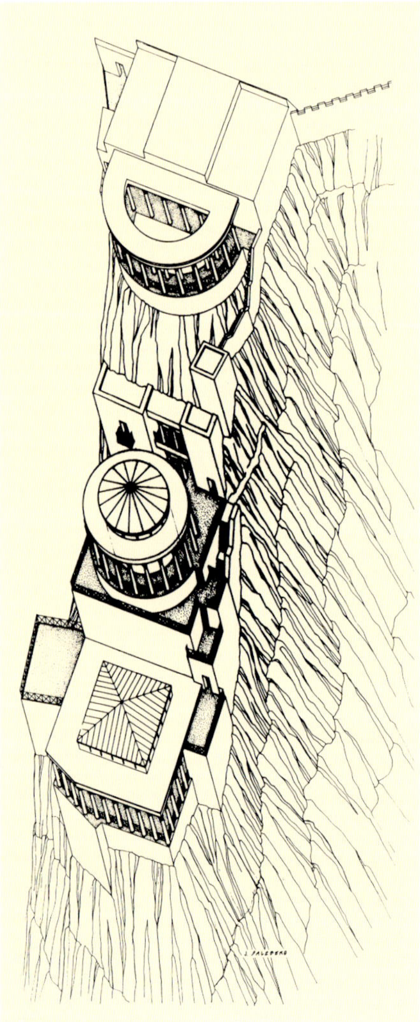

117

überqueren. Bevor der Besucher vom trapezförmigen Eingangshof aus die obere Terrasse betreten konnte, mußte er einen gleichfalls trapezförmigen Korridor passieren, der anscheinend ebenfalls als Wächterraum fungierte.

Die obere Terrasse diente sowohl als Schlafquartier als auch für Empfangszwecke. Ihr südlicher rechtwinkliger Teil bestand aus zwei kleinen Schlafzimmersuiten, zwischen denen sich eine recht große (11,5 x 7,6 m) Halle befand. Den nördlichen Teil bildete ein halbkreisförmiger Hof. Der Zugang zur Halle von diesem Hof aus erfolgte über eine Säulenhalle in Form eines *distylus in antis*. Jede der oben erwähnten Suiten enthielt zwei 5,5 x 4,3 m große Schlafgemächer und einen Korridor. Interessanterweise lag der Korridor der westlichen Suite zwischen den beiden Räumen, während derjenige der östlichen Suite lediglich an einen von ihnen grenzte. Den anderen Raum auf dieser Seite betrat man entweder von diesem Raum aus oder, was logischer erscheint, direkt von der Halle zwischen den beiden Suiten. Die Schlafgemächer, die Korridore und die Halle besaßen ursprünglich Mosaikböden (Abb. 114). Diejenigen der Schlafgemächer waren mit geometrischen Sechsecken geschmückt, in einem für die frühe römische Zeit charakteristischen Stil. Nur wenige Abschnitte mit weißem Mosaik sind an den Rändern der Halle erhalten, doch ist die Annahme nicht abwegig, daß auch hier geometrische Muster in verschiedenen Farben vorhanden waren.

Die Wände der Räume und die Halle waren zweifelsfrei mit Fresken geschmückt. Nur wenige Fragmente sind noch in dem südwestlichen Raum, der zugleich der besterhaltene Raum der Terrasse ist, *in situ* vorhanden. Als Ergebnis von Aufräumungsarbeiten, die hier nach der Zerstörung stattfanden, und infolge der Benutzung der oberen Terrasse durch einen byzantinischen Mönch, der im 5. Jh. n. Chr. in Masada lebte, ist die Terrasse stark beschädigt. Doch gibt es indirekte Hinweise auf den Stuck, der einst den Räumen und der Halle der oberen Terrasse Glanz verlieh.

Der halbkreisförmige Hof wurde von einem doppelten Säulengang, einer Art Pergola, begrenzt. Lediglich die Fundamente dieser halbkreisförmigen doppelten Kolonnade, welche die obere Terrasse im Norden säumte, sind erhalten. Der Radius des äußeren Halbkreises beträgt ca. 9 m. Möglicherweise stammen viele der auf dem Gelände verstreut herumliegenden Säulentrommeln ursprünglich von diesem prachtvollen Balkon. Meines Erachtens befand sich im inneren Teil dieses unter freiem Himmel liegenden Hofes ein Ziergarten (*viridarium*).

Am westlichen Ende des Balkons des

halbkreisförmigen Hofs begann eine Treppe, die zu den beiden unteren Terrassen hinabführte. Ihr oberer Abschnitt ist völlig eingestürzt und läßt sich nur auf dem Papier rekonstruieren. Eine solche Rekonstruktion zeigt, daß sie auf den ersten 8 m ziemlich gerade hinabführte, daran anschließend folgten zwei Treppenschächte, von denen Spuren erhalten sind (Abb. 115).

Wer heute die Treppen hinabsteigt, die ursprünglich für Yadins Grabungsprojekt gebaut wurden, geht an zwei Öffnungen vorüber, bevor er die mittlere Terrasse erreicht. Die eine bildet den Eingang zu einer Zisterne, die andere führt zu einem Becken mit Stufen, das offensichtlich als Ritualbad diente. Zur Zeit des Herodes führte ein eigener Pfad, der von der oben beschriebenen Treppe abzweigte, zu diesen beiden Einrichtungen hinunter.

Auf der mittleren Terrasse sind nur noch Fundamente erhalten. An der Felswand, die zur oberen Terrasse hinaufragt, sind die Wände von Räumen zu erkennen. Bei dem westlichsten Raum handelt es sich um einen Treppenschacht, und zwar um den unteren der beiden bereits erwähnten Treppenschächte. Die übrigen Fundamente zeigen deutlich, daß hier zwei konzentrische Kreise vorhanden waren. Der äußere hatte einen Durchmesser von ungefähr 15 m, der Abstand zwischen beiden Kreisen betrug etwa 3 m. In bezug auf die Rekonstruktion des Baus, der hier stand, herrscht offenbar völlige Einmütigkeit. Er wurde wahrscheinlich von den Zeloten während des Aufstandes gegen die Römer abgetragen und sein Baumaterial ihren Zwecken ent-

118

119

120

Abb. 116 Die in den gewachsenen Felsen gehauene Südmauer der unteren Terrasse.

Abb. 117 Isometrische Rekonstruktion des Nordpalastes.

Abb. 118 In der Mitte das große Badehaus, das an den Hauptkomplex von Magazinräumen angrenzt. Im Hintergrund ist die verputzte, leicht geböschte Mauer sichtbar, die den Nordpalast schützte.

Abb. 119 Steinblöcke eines dorischen Frieses (offenbar von den Säulengängen der **palaestra** *des großen Badehauses), die von den Zeloten entfernt und im* **praefurnium** *(dem Heizofen des Badehauses) wiederverwendet wurden.*

Abb. 120 Detail des Mosaikbodens in der **palaestra** *des großen Badehauses.*

Das Herodeion

Die Palastfestung auf dem Berg

Niemand, der sich am Südrand von Jerusalem, nördlich von Bethlehem befindet, kann den vulkanförmigen Berg etwa 6 km südöstlich von Bethlehem übersehen (Abb. 126). Früheren Generationen war dieser Berg unter der Bezeichnung Dschebel Fureidis bekannt, bei der es sich offenkundig um eine Entstellung von Herodes' Namen handelt[132].

Mehreren Gelehrten, die sich in den letzten Jahrhunderten nach Palästina wagten, fielen die Überreste auf dem Berg auf. Der erste, der den Ort als das hauptsächlich in den Schriften des Josephus erwähnte Herodeion identifizierte, war Edward Robinson, der ihn 1838 besuchte. Sogar noch vor dem Beginn der Ausgrabungen konnte man hier einen runden Bau mit entsprechend den vier Himmelsrichtungen angeordneten kreis- oder halbkreisförmigen Türmen erkennen, in Übereinstimmung mit Josephus' lebhafter Beschreibung. Dem deutschen Architekten und Archäologen Conrad Schick, der Ende des 19. Jhs. in Palästina lebte, gebührt das Verdienst, als erster die besondere Art und Weise erkannt zu haben, in der das runde Gebäude auf dem Gipfel des Berges errichtet und später mit einer künstlichen Erdanschüttung umgeben worden war[133].

Große Abschnitte der Anlage auf der Gipfelfläche des Berges wurden in den Jahren 1962 bis 1967 von Pater Virvilio Corbo im Auftrag des franziskanischen Studium Biblicum in Jerusalem freigelegt[134]. Während der Umwandlung des Ortes in einen Nationalpark wurden in geringem Umfang zusätzliche Grabungen von Gideon Foerster durchgeführt[135]. In den Jahren 1973 – 75 unternahm ich zusammen mit Simeon Arzi einen Survey sowie Ausgrabungen, die den herodianischen Wasserzisternen unter dem Berg und einem in die Zisternen integrierten, zu Verteidigungszwecken angelegten Tunnelsystem aus hadrianischer Zeit galten[136]. Die erste architektonische Synthese und Rekonstruktion der Bergpalastfestung wurde mir vorbereitet und zusammen mit den ersten Ergebnissen der Ausgrabungen im Unteren Herodeion veröffentlicht[137] (s. das folgende Kapitel).

Um die Bedeutung dieser einzigartigen Stätte verstehen zu können, immerhin das einzige Bauprojekt, das Herodes' Namen trug[138], muß man den historischen Hintergrund kennen, der im folgenden kurz beschrieben wird. Sowohl den geschichtlichen Ereignissen im Zusammenhang mit diesem Ort als auch dessen Beschreibung wird in Josephus' Schriften breiter Raum gewidmet[139].

Im Jahre 40 v. Chr., als Herodes noch Gouverneur von Galiläa im Dienst des hasmonäischen Ethnarchen Johannes Hyrkanos II. war, wurde er mit einem schicksalhaften Dilemma konfrontiert. Mattathias Antigonos, ein hasmonäischer Prinz und Neffe des Hyrkanos, schloß ein Bündnis mit den Parthern, die gerade Syrien besetzt hatten und ihn anstelle seines Onkels zum Herrscher von Judäa ernannten. Hyrkanos, Phasael (dem älteren Bruder des Herodes und Gouverneur von Judäa) und Herodes wurde die Gelegenheit angeboten, die römische Schirmherrschaft abzuwerfen und sich dem neuen Regime anzuschließen. Phasael und Hyrkanos ließen sich schließlich dazu verleiten, dieses Arrangement anzunehmen, aber Herodes zog es vor, einen anderen Weg zu gehen. Als ein guter Schüler seines Vaters, des brillanten Staatsmannes Antipater, verfolgte er einen Kurs, der ihn nicht zwang, in Gegensatz zur römischen Herrschaft zu geraten. Er sah sich daher in diesem entscheidenden Augenblick gezwungen, die politische Bühne zu verlassen. Hyrkanos und Phasael büßten bitter für ihre Entscheidung. Letzterer wurde von den Parthern gefangengenommen, während ersterer verstümmelt wurde. Man schnitt ihm beide Ohren ab, so daß er sein Amt als Hoherpriester, das er lange Zeit versehen hatte[140], nicht mehr ausüben konnte.

Im Schutz der Dunkelheit versammelte Herodes seine engere Familie und seine Leibwache, eine Gesellschaft von mehreren hundert Leuten, und floh von Jerusalem nach Süden. Als Antigonos von Herodes' Flucht erfuhr, verfolgte er ihn, bis er ihn in der Nähe des Ortes, an dem später das Herodeion erbaut wurde, einholte. In der sich dort anschließenden Schlacht, deren Einzelheiten nicht bekannt sind, besiegte schließlich Herodes seinen Verfolger, der sich nach Jerusalem zurückziehen mußte[141].

Diese schicksalhafte Schlacht war anscheinend nicht das einzige Ereignis, das Herodes an diesem Tag widerfuhr. Nach Josephus' Bericht war die Kutsche von Herodes' Mutter Kypros auf dem Weg von Jerusalem umgestürzt. Zunächst hatte es den Anschein, als sei sie schwer verletzt, und Herodes dachte in einem Anflug von Panik daran, Selbstmord zu begehen. Seinen Freunden gelang es aber, ihn zu beruhigen, und als sich herausstellte, daß Kypros in einem transportfähigen Zustand war, setzte man die Reise fort bis zum Zusammenstoß mit der Streitmacht des Antigonos[142].

Das Zusammentreffen dieser beiden Ereignisse innerhalb weniger Stunden prägte Herodes zutiefst. Ohne den traumatischen Unfall seiner Mutter erscheint es zweifelhaft, ob der König eine dermaßen starke emotionale Bindung an den Ort der Schlacht hätte entwickeln können. Möglicherweise fiel Herodes' Entscheidung früh, hier bestattet zu werden und auf jeden Fall an diesem Ort seinen Namen zu verewigen. Nahezu 20 Jahre mußten noch vergehen, bis er in der Lage war,sein Vorhaben zu verwirklichen[43].

Eine angemessene Lösung des Problems, dem er sich gegenübersah, war meiner Meinung nach nur schwer zu finden. Der Bau seines Mausoleums mitten in der Wüste, fern der Hauptstadt, an einem Ort, der nicht oft von den Einwohnern des Landes besucht wurde, mußte widersinnig erscheinen. Die Führer und Herrscher der Nation pflegten nahe bei Jerusalem an einem Ort bestattet zu werden, der leicht erreichbar und gut sichtbar war. Beides traf im Fall von Herodeion nicht zu.

Dieses Problem, das anscheinend dem König tiefen Verdruß bereitete, wurde durch den Vorschlag gelöst, in Herodeion einen großen Palast zu errichten, der hauptsächlich in den Sommermonaten benutzt würde. Dies stellte zwar noch keine vollständig befriedigende Lösung dar, bildete aber die Grundlage für die Errichtung eines Mausoleums an einem derart abgelegenen Ort.

Abb. 126 Gesamtansicht der Bergpalastfestung vor dem Hintergrund der judäischen Wüste.

Um das Projekt durchzuführen, mußte bestimmten Erfordernissen Rechnung getragen werden. Da das Herodeion weit von jedem bewohnten Ort entfernt lag, mußten hier dem König treu ergebene Leute angesiedelt werden, um den Ort funktionsfähig zu erhalten und ihn zu bewachen. Um dies zu ermöglichen, verlegte Herodes die Hauptstadt der Toparchie von Bet Tsur, dem heutigen Halhul, zum Herodeion. Von nun an wohnten hier Männer, denen der König vertraute. Wir verfügen zwar über keinen direkten Beweis für dieses Vorgehen, doch fällt auf, daß historische Quellen, die von der Hasmonäerzeit handeln, Bet Tsur als Hauptstadt der Toparchie von Südjudäa erwähnen, während zur Zeit des ersten Aufstandes gegen die Römer das Herodeion die Hauptstadt war[144].

Eine weitere Schwierigkeit lag in dem Fehlen einer regelmäßigen Wasserquelle in der unmittelbaren Umgebung vom Herodeion. Sie wurde relativ leicht gelöst. Von einer Quelle in der Nähe von Salomons Becken, in dem heutigen Dorf Artas, leitete man das Wasser mittels eines eigens zu diesem Zweck errichteten Aquäduktes her. Dies bezeugt nicht nur Josephus, sondern es wurde auch durch die von Schick Ende des 19. Jahrhunderts und abermals in den 60er Jahren dieses Jhs. von Ami Mazar und der Kfar Etzion Feldschule untersuchten Überreste in dieser Gegend bestätigt[145]. Diese Wasserversorgung ermöglichte das Anlegen von Zier- und Obstgärten im Herodeion und seiner Umgebung.

Zwei weitere Schwierigkeiten waren noch zu bewältigen, für die anscheinend ein und dieselbe Lösung gefunden wurde. Eines dieser Probleme war optischer Natur – wie ließ sich erreichen, daß diese hier errichtete Denkmälerstätte von der etwa 13 km entfernten Hauptstadt Jerusalem aus gesehen werden konnte? Das andere Problem betraf die Sicherheit – wie konnte man die persönliche Sicherheit des Königs während seiner Aufenthalte an diesem abgelegenen Ort und späterhin seine Seelenruhe gewährleisten? Die Lösung lag in der ungewöhnlichen Form des Gebäudes und seiner Lage in einem Berg, der einem Vulkan oder – wie Josephus ihn beschreibt – einer weiblichen Brust ähnelt und der noch heute nicht nur von Jerusalem, sondern auch von vielen anderen Punkten in dieser Gegend aus sichtbar ist. Dieser Bau, der hier als Bergpalastfestung bezeichnet wird, soll weiter unten beschrieben werden.

Vor unserer Beschreibung des Ortes sei diejenige des Josephus zitiert: *»Er … baute im Gebirge nach Arabien zu eine Festung und nannte sie nach sich Herodeion. Den künstlich in der Gestalt einer weiblichen Brust angelegten Hügel, der 60 Stadien von Jerusalem entfernt war, nannte er ebenso und rüstete ihn noch kostbarer aus. Er umgab die Spitze nämlich mit runden Türmen und errichtete innerhalb der Mauern so kostbare königliche Paläste, daß nicht nur das Innere der Gebäude einen glänzenden Anblick bot, sondern auch die Außenmauern, Zinnen und Dächer mit verschwenderischem Reichtum überschüttet waren. Von fern her leitete er mit großen Kosten reichlich Wasser heran und legte den Aufgang mit 200 Stufen aus schneeweißem Marmor an. Denn der Hügel war außerordentlich hoch und dabei ganz von Menschenhand aufgeworfen. Er errichtete ferner am Fuß auch noch andere Palastbauten, die für den Bedarf der Hofhaltung und die Unterbringung der Freunde Raum hatten, so daß die Feste in Anbetracht ihrer vollständigen Ausstattung den Eindruck einer Stadt machte, in Anbetracht ihrer Ausdehnung aber nur den einer königlichen Schloßanlage«* (Jüdischer Krieg I 419–421, Übersetzung O. Michel/O. Bauernfeind).

»Nach Beendigung der Hochzeitsfeierlichkeiten erbaute Herodes eine weitere Festung in der Gegend, wo er die Juden besiegt hatte, nachdem ihn Antigonos aus seinem Reich vertrieben und sich der Herrschaft bemächtigt hatte. Diese Festung, die nur etwa 60 Stadien von Jerusalem entfernt ist, ist von Natur aus stark und zur Befestigung geeignet. Ziemlich nahe

127

128

davon liegt ein Hügel, der von Menschenhand noch höher gemacht wurde und die runde Form einer weiblichen Brust erhielt. In Abständen wurde er mit runden Türmen versehen, und er besitzt eine steile Treppe mit 200 Stufen aus behauenen Steinen. Im Inneren befinden sich kostbare königliche Wohnungen, die ebenso für die Sicherheit wie zur Verschönerung dienen. Am Fuße des Hügels sind Vergnügungsplätze, die einen herrlichen Anblick bieten, unter anderem aufgrund der Art, wie Wasser, das an diesem Ort nicht vorhanden war, aus großer Entfernung und mit großen Kosten hergebracht wird. Die Ebene ringsum wurde zu einer Stadt ausgebaut, die keiner anderen nachsteht, mit dem Berg als einer Akropolis für weitere Wohnungen« (Jüdische Altertümer XV 323–325).

Wie noch zu zeigen ist, stimmen diese beiden Beschreibungen zum großen Teil mit der tatsächlichen Bebauung überein, wie anhand ihrer Überreste am Ort erkennbar ist.

***Abb. 127** Der Gipfel des Berges aus der Vogelperspektive.*

***Abb. 128** Die beiden konzentrischen Mauern, welche die Bergpalastfestung umgeben.*

Die Bergpalastfestung

Als Bauplatz für die Bergpalastfestung wählte man zweifellos den markantesten Hügel des Ortes, an dem die Schlacht offensichtlich geschlagen worden war. Mit dem Bau des runden Gebäudes und seiner vier Türme auf der Kuppe wurde ohne Eingriffe in die topographische Beschaffenheit begonnen (Abb. 127). Augenscheinlich nahm man das Hauptgebäude erst im Anschluß an die Errichtung des östlichen Rundturmes oder wenigstens seines massiven Unterbaus in Angriff, wie unten noch deutlich wird. Anscheinend wurde erst nach der Vollendung der Anlage Erde um sie herum aufgeschüttet, was ihr die Form eines Kegelstumpfes verlieh.

Die Bergpalastfestung wird durch eine runde Einfassung von 63 m (genau 200 Ellen) Durchmesser begrenzt[146]. Diese Einfassung, die wir »den Zylinder« nennen, bestand aus zwei Mauern, die in einem Abstand von 2,5 m konzentrisch um denselben Mittelpunkt verliefen (Abb. 128). Sie erreichten unserer Ansicht nach eine Höhe von ungefähr 30 m. Ihr Zwischenraum war in mehrere Galerien eingeteilt, von denen fünf oberhalb des Bodenniveaus im Erdgeschoß des inneren Gebäudes lagen, während die übrigen zwei sich unter diesem Niveau befanden und Tonnengewölbe trugen. Hingegen ruhten die Decken der oberen Galerien auf Holzbalken, die zwar nicht mehr vorhanden sind, aber deutliche Abdrücke in den Mauern hinterlassen haben.

Herodes' Privatpalast, der eine Höhe von einem (doppelten) oder zwei Geschossen besaß, wurde im Inneren des Zylinders errichtet. Die Architekten teilten das Rund in zwei gleiche Teile. Die westliche Hälfte nahm ein großer Hof ein, während sich in der östlichen Hälfte die Räume des eigentlichen Palastes befanden: im Süden ein großes *triclinium*, in der Mitte eine Gruppe von Räumen, wozu auch Schlafgemächer gehörten, und im Norden ein Badehaus römischen Stils mit allen erforderlichen Komponenten. Erwähnenswert ist außerdem, daß die meisten Räume des Palastes und der Peristylhof mit Fresken und z. T. sogar mit Stuckdekoration geschmückt waren.

Der etwa 41 x 18 m große Hof war an drei Seiten von Säulengängen umgeben. Auf der vierten Seite, wo kein Raum für eine Kolonnade zur Verfügung stand, verschönerte eine Reihe von Pilastern das architektonische Erscheinungsbild des Hofes. Die Säulen waren korinthisch. Den Hof selbst nahm ein Ziergarten (*viridarium*) ein, wie das Fehlen eines Pfla-

129

die teils die Form von Profilen besaßen, teils Mauerwerk imitierten.

Das ungefähr 15 x 10,5 m messende *triclinium* (Abb. 129), das man während des ersten Aufstandes gegen die Römer in eine Synagoge verwandelte, war ursprünglich mit bunten Steinen in *opus-sectile*-Technik gepflastert. Zu beiden Seiten des Eingangs wurden zwei Öffnungen entdeckt, die wohl als Fenster zu deuten sind, da ihre »Türschwellen« über dem Bodenniveau liegen. Das Vorhandensein eines zentralen Türdurchgangs mit Fenstern zu beiden Seiten zeigt, daß man großen Wert auf eine visuelle Verbindung des *triclinium* mit der Landschaft legte, ein charakteristischer Zug, der auch in Jericho sehr deutlich war. Abgesehen von den Spuren eines heute nicht mehr existierenden *opus-sectile*-Bodens, sind keine Reste der ursprünglichen Dekoration des *tricliniums* mehr erhalten. Die heute dort vorhandenen Säulen stammen aus der Zeit, als man das *triclinium* in eine Synagoge verwandelte. Ursprünglich besaß es keine Säulen.

Nördlich des *triclinium* lagen mehrere Räume, die sich mit einer Gesamtlänge von 25 m und einer Breite von 17 m um eine kreuzförmige Anlage gruppierten. Da das von diesen Räumen bedeckte Areal erst zu einem Teil ausgegraben ist, läßt sich sein Aussehen nicht mit Sicherheit rekonstruieren. Man kann aber davon ausgehen, daß sich hier hauptsächlich die Schlafgemächer des Palastes befanden. Die kreuzförmige Anlage könnte teils überdacht, teils (in der Mitte) hypäthral gewesen sein. Unter einem dieser Räume wurde eine Zisterne gefunden. Eine weitere Zisterne kam östlich des Hofes zum Vorschein.

Das Badehaus wurde gänzlich freigelegt[147]. Es enthielt zwei Räume, die als Eingangs- beziehungsweise Auskleideraum (*apodyterium*) dienten, ein recht großes *caldarium* (mit Abmessungen von 9 x 7 m ohne die Nischen), ein *tepidarium* (Abb. 130) und ein kleines *frigidarium*. Das *caldarium* besaß ursprünglich ein Tonnengewölbe. In allen vier Wänden waren Nischen eingelassen; die der Ostwand war halbkreisförmig. Sämtliche Pfeiler des Hypokaustums bestanden anscheinend aus Stein. Auch gab es in den Wänden keine Rohre aus Ton als Rauchgasabzug, sondern in die Mauern gehauene Kamine. An diesen Wänden haben sich Stücke der kunstvollen Freskodekoration erhalten. Ebenfalls freskengeschmückt war das runde *tepidarium* mit einem Durchmesser von 4 m. Das gleiche gilt auch für seine sorgfältig aus Quadern errichtete Kuppel, die fast unversehrt erhalten ist. Leicht unregelmäßig war hin-

sters und das Vorhandensein einer Schicht aus Gartenerde nahelegen, welche die oberste Lage der Erdanschüttung unter dem Niveau des Hofes bildet. An den beiden Schmalseiten des Hofes befanden sich halbkreisförmige Exedren mit einem Durchmesser von jeweils 7,5 m. Obgleich sie nicht genau der Hofmitte gegenüberliegen, ist doch verhältnismäßig deutlich, daß die Planer dies ursprünglich beabsichtigt hatten. Die Architekten mußten hier einen Kompromiß zwischen dem Rechteck des Hofes und dem Rund des den Palast umschließenden Zylinders eingehen. Eine dritte Exedra wurde behelfsmäßig an dem frei gebliebenen Platz im Südosten des Hofes, zwischen dem Zylinder und dem östlichen Rundturm, eingefügt (s. u.). Den entsprechenden Raum im Nordosten des Hofes nahm ein Treppenschacht ein (dieser Bereich ist bislang nicht ausgegraben). Jedenfalls ist dies der einzige Platz in dem gesamten Gebäude, wo man einen solchen Treppenschacht rekonstruieren kann. Die zumindest denkbare Verbindung der verschiedenen Geschosse mittels Leitern erscheint unrealistisch.

Die Wände sowohl des Hofes als auch der Exedren zeigten Fresken. Im Hof waren über den Fresken in Paneelen angeordnete Stuckdekorationen vorhanden, gegen die Form des *frigidarium*, weil es an die Umfassungsmauer des Zylinders grenzte. Wie in Herodes' Palästen üblich, enthielt dieser Raum ein Becken mit Stufen. Die meisten Räume des Bades verfügten über Mosaikböden mit geometrischen Mustern.

Der runde Ostturm mit einem Durchmesser von etwa 18 m unterschied sich deutlich von den übrigen drei halbkreisförmigen Türmen (Abb. 131), deren Durchmesser jeweils 16 m betrug. Man hatte ihn bis in eine Höhe von etwa 16 m über dem Bodenniveau im Erdgeschoß des Gebäudes fast ganz in massiver Bauweise errichtet, was bei den anderen Türmen nicht der Fall war. Vom Beginn der Bauarbeiten an der Bergpalastfestung an bildete jedes Stockwerk dieser Türme eine einzelne, halbkreisförmige Halle. Kaum war das Gebäude vollendet – anscheinend noch vor dem Aufschütten von Erde, die ihm die Form eines Kegelstumpfes verlieh – zog man Trennwände empor, die jedes Geschoß in vier Räume aufteilten. Stellt man die große Zahl von Stockwerken in Rechnung, müssen diese Türme zusammen über wenigstens 60 Räume verfügt haben! Einige davon dienten sicherlich zu Lagerzwecken, andere als Wohnungen für das Palastpersonal oder für Gäste. Zu berücksichtigen ist hierbei der Umstand, daß die Räume der oberhalb der Erdanschüttung liegenden Stockwerke Fenster besaßen, die Licht spendeten und vor allem für die Belüftung sorgten, diejenigen der unteren Stockwerke dagegen fensterlos waren und auch nicht, wie die Galerien im Inneren des Zylinders, Licht und Frischluft von dem runden Hohlraum in der Mitte des Gebäudes erhielten (Abb. 132. 133).

Wie oben erwähnt, ist von dem östlichen Rundturm nur noch der Unterbau erhalten. In seinem oberen Teil sind drei Hohlräume vorhanden, deren größter als Wasserzisterne diente, während die anderen beiden anscheinend als Lagerräume fungierten. Zisternen befinden sich im allgemeinen unterhalb des Bodenniveaus. Die Spitze des Turms liegt etwa 20 m über dem ursprünglichen Bodenniveau (etwa 16 m über dem Erdgeschoß), doch diente, da der Unterbau massiv ist, seine Oberseite als Erdgeschoß für die sich darüber befindenden Stockwerke. Hätte es nicht die drei ungewöhnlichen Türme (Phasael, Hippikos und Mariamme) gegeben, die Herodes in Jerusalem errichtete, so hätte man Schwierigkeiten, die wirkliche Bedeutung dieses Turms im Herodeion zu verstehen (s. u. S. 119–120). Doch ist Josephus' Beschreibung der Türme in Jerusalem so detailliert – und es gibt tatsächlich Beweise für die Existenz eines von ihnen –, daß man zu dem Schluß gelangt, daß auch im Herodeion mehrere Stockwerke über dem massiven Podium vorhanden waren. In Jerusalem, so wird mitgeteilt, befanden sich oben in den Türmen die königlichen Gemächer. Erwähnt werden auch eine Zisterne in der Oberseite des massiven Unterbaus eines der Türm, und ein Badehaus in einem anderen. Angemerkt sei, daß die Bergpalastfestung zwar in jeder Hinsicht ein wirklicher Palast war, dort aber dennoch Bedarf an zusätzlichen königlichen Gemächern, vielleicht in der

130

Abb. 129 Das **triclinium** *des Palastes, vom südlichen Teil des Peristylhofes aus gesehen, Blickrichtung nach Westen. Während des ersten jüdischen Aufstandes wurde diese Halle in eine Synagoge umgewandelt. Zu dieser Zeit fügte man auch die Bänke an den Wänden hinzu.*

Abb. 130 Die originale, vollständig erhaltene Kuppel des **tepidarium**. *Dies ist die älteste im Heiligen Land bekannte ihrer Art.*

Abb. 131 Der halbkreisförmige Nordturm der Palastfestung. Die Fenster auf diesem Niveau hatten keine Funktion, da die Erdanschüttung das Gebäude bis in eine Höhe von 5 m oberhalb dieser Fenster bedeckte.

131

Art einer königlichen Suite, bestand, wie unten noch ausgeführt wird. Man sollte dabei nicht aus den Augen verlieren, daß es, ungeachtet all der fremdartigen Züge im unteren Bereich des Palastes, doch zwei schwerwiegende Mängel gab. Einer von ihnen bestand in dem gänzlichen Fehlen einer Aussicht auf die großartige Landschaft, die den Berg umgab. Der andere machte sich an heißen Sommertagen bemerkbar. Zur Zeit der größten Hitze, wenn es zudem windstill war, muß der Aufenthalt im Palast unerträglich gewesen sein. Zweifellos konnte man aber sogar an solchen Tagen die frische Luft oben auf dem Turm genießen. Die oberen Stockwerke des Turmes überragten anscheinend den umschließenden Zylinder und nutzen damit auch die leichteste Brise aus.

Der Turm hatte augenscheinlich darüber hinaus noch weitere Funktionen, wie etwa die eines Beobachtungspostens für Wachen und vielleicht auch die eines Signalturms. Dennoch bin ich überzeugt, daß der Hauptgrund für seine Errichtung der Wunsch nach hoch gelegenen königlichen Gemächern war. Darauf ist bei der Behandlung der Türme in Jerusalem zurückzukommen. Jedenfalls könnten nach meiner Einschätzung fünf Stockwerke mit einer Gesamthöhe von über 40 m auf dem massiven Unterbau in Herodeion vorhanden gewesen sein.

Zur Vervollständigung des Bildes muß noch die mächtige Erdaufschüttung behandelt werden, mit der man das runde Gebäude gleich nach seiner Errichtung umgab (Abb. 134). Zehntausende Kubikmeter Erde wurden hier aufgeschüttet, um die Form eines Kegelstumpfes zu erzeugen (Abb. 135). Das meiste hierzu verwendete Material wurde anscheinend von dem im Osten benachbarten Hügel herangeschafft. Diese Maßnahme diente einem doppelten Zweck. Zum einen stellte sie die benötigte Erde bereit, und zum anderen wurde die Höhe dieses Hügels verringert, wodurch die Silhouette von Herodeion, aus der Ferne gesehen, markanter wurde. Nicht die gesamte Erde, die man von der Kuppe dieses Hügels entfernte, wurde den Berg hinaufgeschafft. Ein Teil davon wurde an den Hängen abgeladen. Auf jeden Fall erfüllte die Kegelstumpfform einen doppelten Zweck, sowohl in architektonisch-visueller Hinsicht als auch im Hinblick auf die Verteidigung. Die Festung oben auf dem Berg ließ sich mit solchen steilen und einförmigen Hängen erheblich wirkungsvoller verteidigen.

Es empfiehlt sich, an dieser Stelle den Aufstieg zu der komplexen Anlage auf dem Berg zu behandeln. Josephus berichtet von einer Treppe von 200 Marmorstufen. Diese (genauer: ihre Bettung) zu suchen bestand freilich kein Anlaß. Sie war als eine breite Mauer sichtbar, die in gerader Linie zum Gipfel des Berges anstieg. Die Stufen selbst sind verschwunden, und sie bestanden fast mit Sicherheit nicht aus Marmor, sondern aus gewöhnlichem Kalkstein. Erhalten ist die Rampe, auf der die Treppe errichtet war. Kaum, daß die Stufen die Erdanschüttung berührten, entstand ein technisches Problem. Die Erdanschüttung sollte einen beträchtlichen Teil des Gebäudes bedecken. Nachdem sie an ihrem Platz war, überragte ihre Höhe, wie oben dargelegt, diejenige des Erdgeschosses um etwa 15 m. Wer die Stufen emporstieg, wollte aber gerade in dieses Geschoß gelangen,

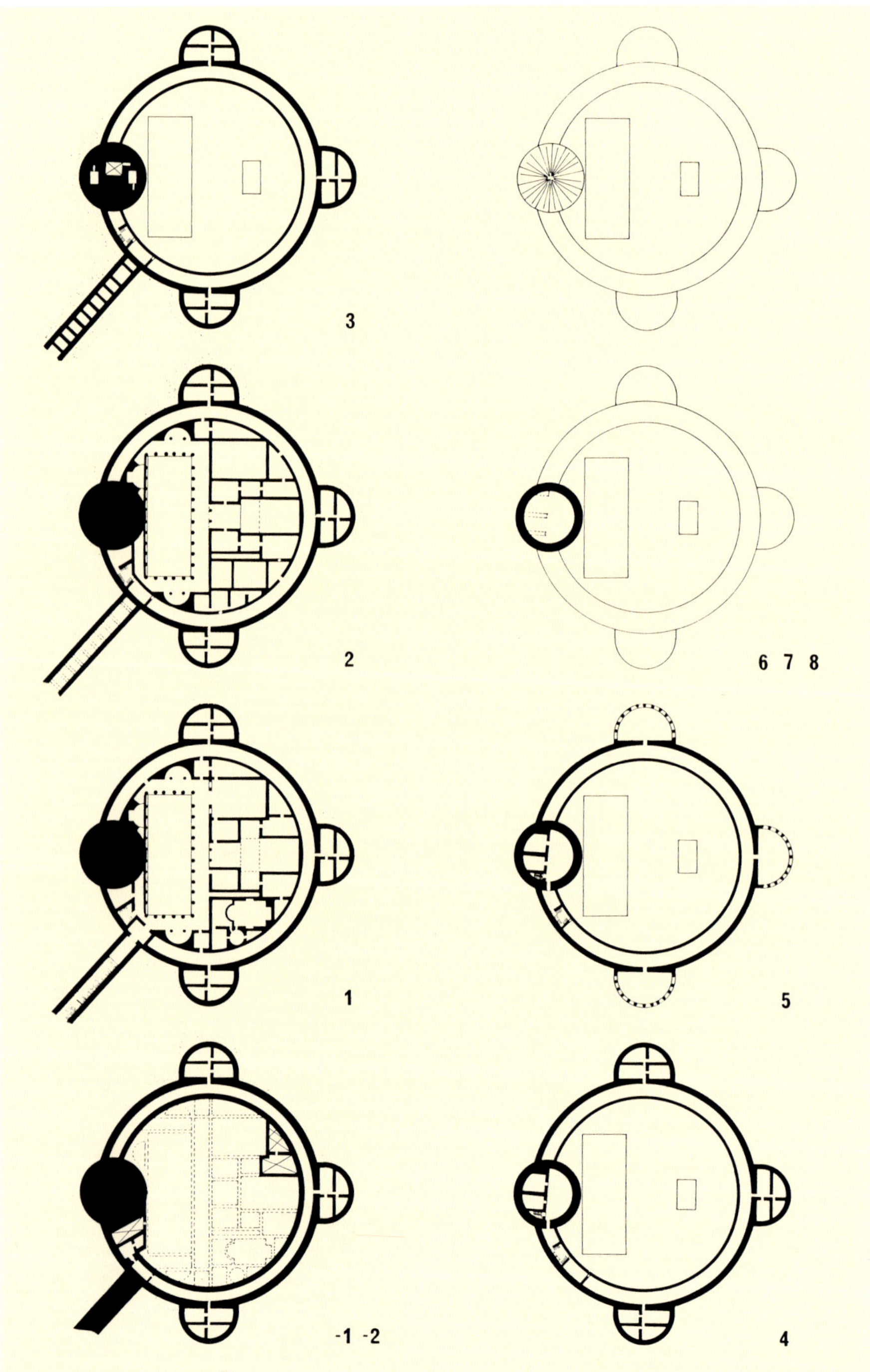

132

Abb. 132 Rekonstruierte Pläne von den verschiedenen Böden des befestigten Palastes.

Abb. 133 Rekonstruierte Teile und Ansichten der Gebirgsfeste.

Abb. 134 Die Palastfestung vor dem Abladen der Erdanschüttung. Der obere Aufriß ist von Norden, der untere von Westen gesehen.

was bedeutete, daß die Treppe durch die Erdpackung hindurch verlaufen mußte. Es versteht sich von selbst, daß die Treppe vor dem Abladen des Erdreichs errichtet wurde. Die Lösung lag in der Errichtung eines eingebauten Korridors, der auf beiden Seiten durch Mauern verstärkt war. Allerdings war der erwartete Druck der Erdmassen so groß, daß sich die Ingenieure statt dessen für den Bau von Bögen entschieden, welche die Mauern in regelmäßigen Abständen von nur wenigen Metern überspannten, um ihr Einstürzen zu verhindern. Nach meiner Schätzung befanden sich hier zwölf Bögen[148]. Theoretisch wäre auch der Bau eines überwölbten Korridors möglich gewesen, ähnlich denen, welche die Eingänge von Wasserzisternen sicherten (s. u.). Gleichwohl griff man zu der gewählten Lösung, entweder weil die Steinmetze noch keine hinreichende Erfahrung mit der Konstruktion abschüssiger Gewölbe hatten oder aus einem anderen Grund. Ich bin nicht in der Lage, die Überdeckung des Korridors zu rekonstruieren. Möglicherweise handelte es sich um eine geneigte Decke mit darin eingelassenen Fenstern.

Große Aufmerksamkeit widmete man auch dem Einbau eines geeigneten Wasserversorgungssystems für die Bergpalastfestung. Dieses System beruhte in erster Linie auf dem Sammeln von Regenwasser, das auf den Berg selbst niederfiel. Zusätzlich dazu baute man noch eine weitere Anlage, die alles Wasser, das die Hänge hinunterfloß, in eine Reihe von wenigstens drei Zisternen ableitete, die ungefähr 28 m unterhalb des Gipfels des Berges in den Fels gehauen waren. Auch sie legte man vor dem Abladen der den Kegelstumpf bildenden Erdanschüttung an. Um ein Eindringen des Erdreichs in die Zisternen zu verhindern, mußte man an ihren Frontseiten jeweils einen besonderen überwölbten Gang bauen. Diener mit Krügen und Wasserschläuchen brachten das Naß zum Gipfel des Berges hinauf. Nicht zufällig befanden sich alle Zisternen dicht bei der dort hinaufführenden Treppe. Immerhin ersparten die Planer den Wasserträgern den letzten Teil des Aufstiegs. Direkt unter dem Palast meißelte man eine weitere, auf halber Höhe liegende Zisterne in den Felsen, in die das Wasser über einen Trichter und eine Leitung gegossen wurde (von ihr wurde nur das Ende bei den Ausgrabungen freigelegt). Wenn es notwendig war, konnte man vom Palast aus direkt Wasser mittels eines Eimers und eines Seiles schöpfen. Dies ersparte den Wasserträgern nicht nur eine weitere Kletterstrecke von 5 m, sondern vermied hauptsächlich Begegnungen zwischen den Dienern des Königs und aristokratischen Gästen einerseits und andererseits jenen Bediensteten, die das Wasser schöpften. Darüber hinaus konnte die auf halber Höhe liegende Zisterne auch in Zeiten aufgefüllt werden, da der Palast unter Verschluß war.

Welches architektonische Vorbild mag die Planung dieses ungewöhnlichen Gebäudes angeregt haben? Verschiedene Vorschläge wurden unterbreitet. Als eine plausible Quelle erschien das runde Mausoleum des Augustus in Rom, ein Denkmal, das die Form eines von Bäumen bewachsenen Kegelstumpfes besitzt[149]. Als weitere Möglichkeit kommt das Mausoleum des Königs Antiochos I. Epiphanes von Kommagene, einem antiken Königreich im Nordwesten der Türkei, auf dem heutigen Nimrud Dağ[150] in Be-

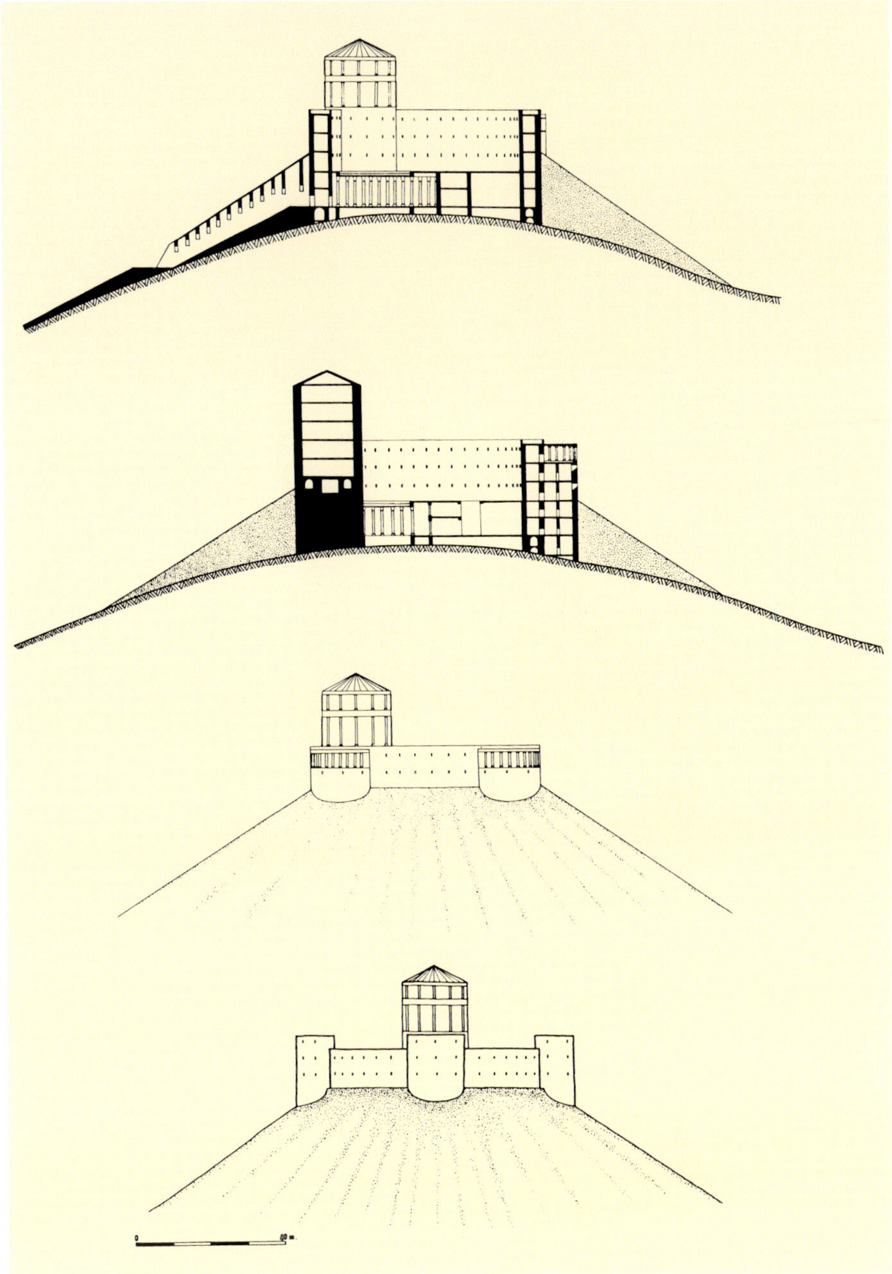

133

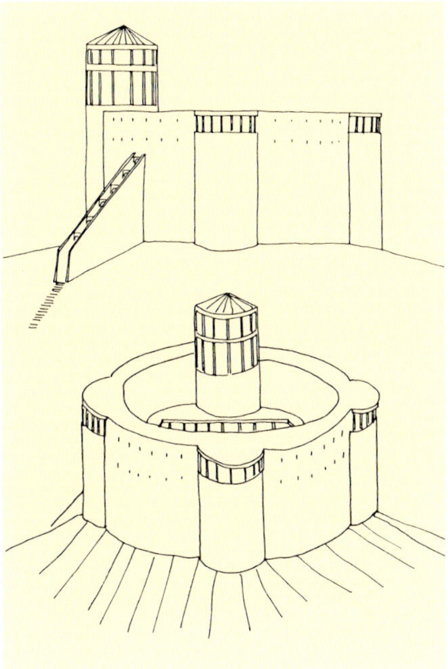

134

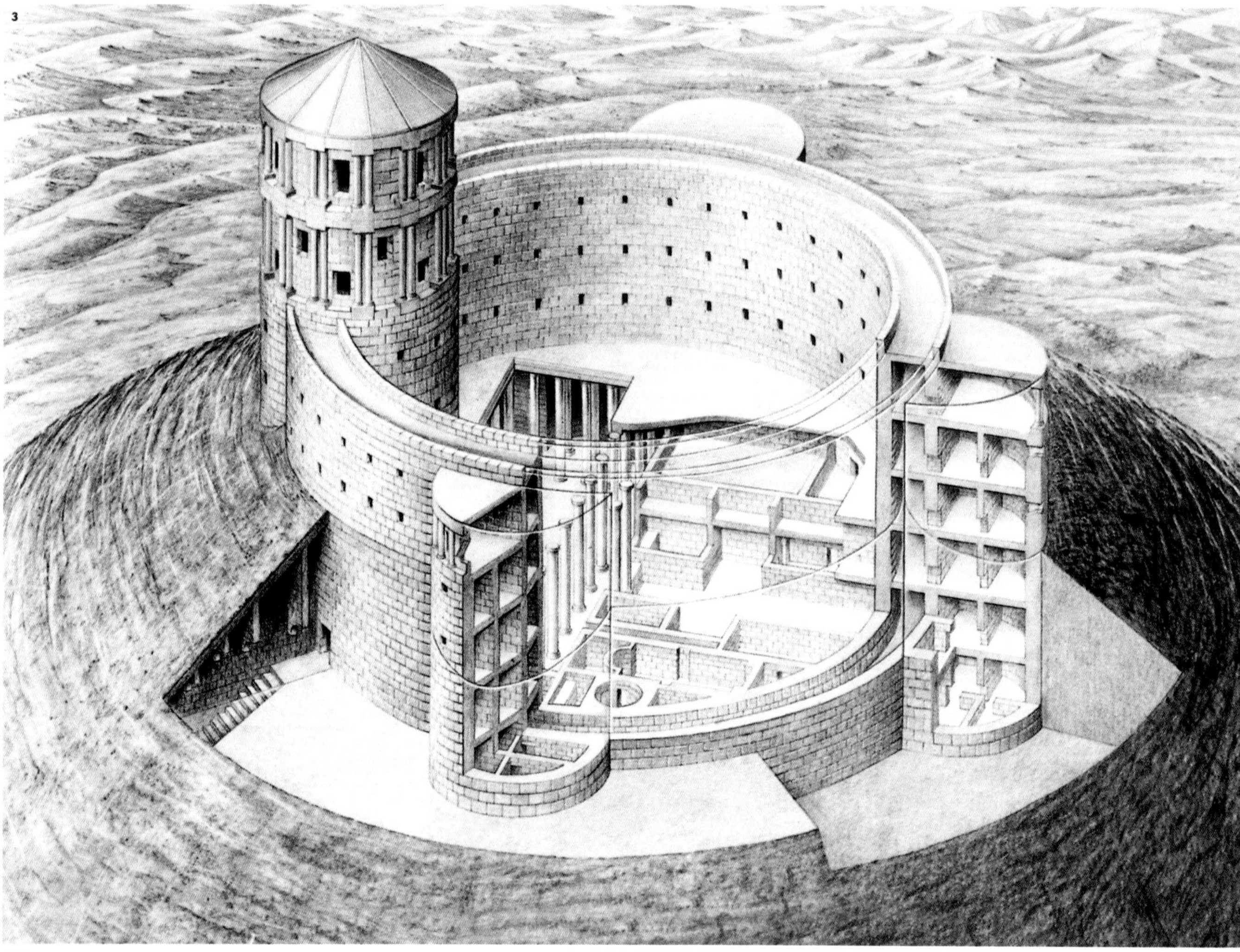

135

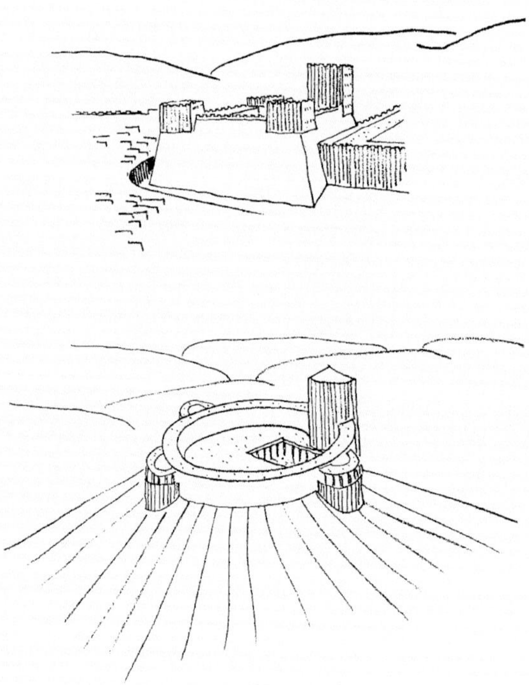

136

tracht. Meiner Ansicht nach hätte Herodes die Einbeziehung eines Grabes in einen zu regelmäßiger Nutzung bestimmten Palast nicht erlaubt, weil dies in völligem Widerspruch zu jüdischem Recht gestanden hätte. Das Vorbild hierfür sollte daher in der Gruppe von befestigten Palästen mit Türmen an jeder Ecke[151] gesucht werden, die Herodes als Modell für die Antonia diente, die er in Jerusalem in seinen ersten Regierungsjahren errichtete (Abb. 136). Die Antonia und ihre Verbindung mit dem Bergpalast in Herodeion werden in dem den Palästen in Jerusalem gewidmeten Kapitel behandelt. In Übereinstimmung mit Herodes' originellem und einzigartigem Herangehen an Bauprojekte erhielt die Bergpalastfestung keine rechteckige oder quadratische, sondern eine runde Form, die besonders durch den Charakter der umgebenden Landschaft angeregt wurde[152].

Abb. 135 Isometrische Rekonstruktion der Bergpalastfestung.

Abb. 136 Die Bergpalastfestung in Herodeion verglichen mit der Palastfestung der Antonia in Jerusalem (offenbar Herodes' erstes Bauprojekt).

Abb. 137 Luftaufnahme vom Groß-Herodeion vor Beginn der Grabungen im Unteren Herodeion.

Das Untere Herodeion

Der Palastkomplex am Fuß des Berges

Die Untersuchung des Unteren Herodeions begann ungefähr 10 Jahre nach dem Beginn der Freilegung der Bergpalastfestung. Die Ausgrabungen hier wurden durch von mir im Auftrag der Hebräischen Universität von Jerusalem vorgenommen. Zahlreiche und ausgedehnte Reste antiker Bauten einschließlich eines großen Beckens (Abb. 137) lagen seit dem 19. Jahrhundert vor den Augen der Reisenden und Forscher, die das Herodeion besichtigten. Die eigentliche Freilegung der Bauten begann 1972 und wurde beinahe ununterbrochen 15 Jahre lang fortgesetzt[153].

Die gewaltigen Anstrengungen, die man für den Bau der Bergpalastfestung unternommen hatte, wurden bei der Errichtung des Komplexes des Unteren Herodeions, das etwa 100 m unterhalb des Berggipfels liegt, wiederholt (Abb. 138). Die Bauten und die Ziergärten erstreckten sich über eine Fläche von rund 150 Dunam. Als Achse für die Planung wählte man ein nach Osten abfallendes Tal. Sein oberer, südlicher Teil wurde von den Ingenieuren des Herodes künst-

137

lich verfüllt und eingeebnet. Der gesamte Komplex umgab dieses Tal an drei Seiten. Alle Bauten und Mauern im Herodeion wurden nach einem einzigen, orthogonalen Rastersystem angelegt. Dies weist zweifellos auf ein großes Können im Planen und in der Ausführung hin, zumal der Plan eine umfangreiche Bewegung von Erdmassen erforderte. Jedenfalls sind derartige Arbeiten deutlich auf einem Luftbild zu erkennen, das vor Beginn der Ausgrabungen im Unteren Herodeion aufgenommem wurde.

Von Bedeutung ist die architektonische Verbindung zwischen der Bergpalastbefestigung und dem Komplex im Unteren Herodeion. Das Gebäude oben auf dem Berg richtet sich nach demselben orthogonalen System (grundsätzlich in Nord-Süd-Richtung) wie die Bauten unterhalb des Berges. Darüber hinaus teilt die Symmetrieachse, welche die Rundbauten auf dem Berg halbiert, indem sie durch die Mitte des nördlichen und des südli-

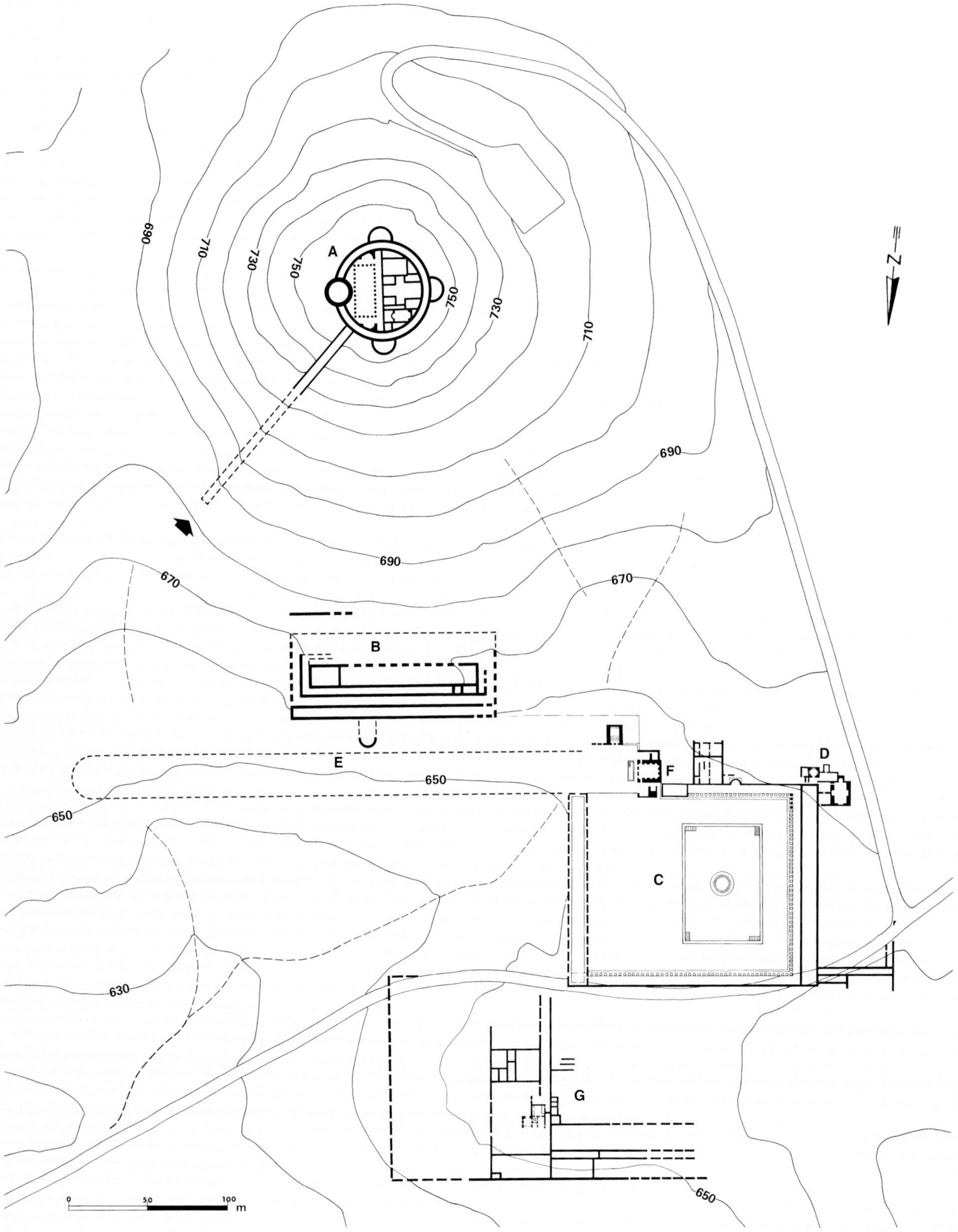

139

chen Turmes verläuft, auch das Gebäude, das als »der große Palast« (Abb. 139) bezeichnet wird, in zwei Hälften. Trotz ihres erheblichen Höhenunterschiedes sehe ich in dieser gemeinsamen Achse ein wichtiges Element in der architektonischen Beziehung zwischen der Bergpalastfestung und dem tiefer liegenden Komplex.

Der große Palast war der größte frei stehende Bau im Unteren Herodeion. Bedauerlicherweise ist dieses Gebäude nahezu völlig zerstört; lediglich einige der Keller und Fundamente sind erhalten. Die Größe dieses Baus, der etwa 130 m lang und ungefähr 55 bis 60 m breit war, und seine isolierte Lage über den anderen Gebäuden im Unteren Herodeion haben uns aber zu dem Schluß geführt, daß es sich um einen Palast handelte. Zu den gegenwärtig bekannten Kellern gehören zwei lange Hallen – jede ist etwa 5 m breit und erstreckt sich über die gesamte Länge des Gebäudes – und eine schmale Halle, deren gewölbte Decke erhalten ist.

Der größte Teil des Unteren Herodeions wurde um ein großes, von einem Ziergarten umgebenes Becken herum errichtet (Abb. 140, 141). Das Becken war 69 x 45 m groß und 3 m tief. Der Hauptteil des Gartens – ein 110 m langer und 57 m breiter Streifen – lag östlich des Beckens. An den übrigen drei Seiten wurde das Becken von jeweils 18 m breiten Gartenstreifen eingefaßt. Hinter den zuletzt genannten drei Streifen befanden sich 5,5 m breite Säulengänge (Abb. 142, 143). Die Gesamtlänge dieser drei Kolonnaden betrug 250 m. Der ganze Garten hatte einschließlich des Beckens in seiner Mitte eine Größe von 130 x 110 m.

Im Gegensatz zur Forschungslage hinsichtlich der Paläste in Jericho fehlen im Unteren Herodeion jegliche Informationen über die Anlage des Gartens selbst. Man kann lediglich sagen, daß die obere Schicht der Erdfüllung, die den Garten bildete, aus dunkler Erde bestand, die man augenscheinlich zur Bepflanzung abgeladen hatte.

Der größte Teil des Beckens war in die obere Schicht der Erdfüllung gebaut, mit der man das zuvor hier vorhandene Wadi zugeschüttet hatte, aber einen Teil hatte man in den anstehenden Fels gemeißelt (Abb. 144). Die Wände und der Boden des Beckens waren mit grauem hydraulischem Putz überzogen, der typisch ist für Wasseranlagen herodianischer Zeit. Die Bauweise des Beckens entsprach naturgemäß derjenigen der oben erwähnten Becken in Jericho und Masada, die eben-

***Abb. 138** Gesamtplan des Groß-Herodeions: A – die Gebirgsfeste, B – der große Palast, C – der Beckenkomplex, D – das zentrale Badehaus, E – die »Bahn«, F – das monumentale Gebäude, G – die nördliche Fläche.*

***Abb. 139** Die Überreste des den Unterbau des großen Palastes bildenden Podiums, Blick nach Südwesten.*

falls eine Bank entlang der Seitenwände und eine zum Grund hinabführende Treppe aufweisen. Hier jedoch waren, vielleicht wegen der Größe des Beckens, vier Treppen vorhanden, in jeder Ecke eine.

In der Mitte des Beckens befindet sich das runde Fundament eines einst hier vorhandenen Gebäudes. Der erhaltene Teil dieses Rundbaus lag ursprünglich vollständig unter Wasser, wenn das Becken gefüllt war. Meines Erachtens stand auf den runden Fundamenten ein tholosartiger Bau, bei dem es sich vermutlich um einen Pavillon handelte. Er diente als ein ruhiger Ort, an dem man sich entspannen, sich mit Freunden unterhalten oder eine kleine Mahlzeit einnehmen konnte usw. Man erreichte ihn anscheinend mit Hilfe kleiner Boote (Rundbauten in der Mitte von Becken sind ein beliebtes Motiv der römischen Wandmalerei, besonders in Kampanien[154]).

Die vorhandenen Überreste und das sich ergebende allgemeine Bild weisen darauf hin, daß das Becken anscheinend mehrere Funktionen hatte: Es diente als Reservoir, Schwimmbecken, zu Waschungen und Bootsfahrten, eine bemerkenswerte Besonderheit in der Umgebung des Herodeions. Es handelt sich zwar nicht um das größte von Herodes erbaute Becken, aber sicherlich das eindrucksvollste. Dies lag nicht nur an dem es umgebenden Garten und den Säulengängen, sondern auch und vor allem an dem großartigen Anblick, den es vor dem Hintergrund der dürren judäischen Wüste bot.

Am östlichen und westlichen Ende des Beckenkomplexes standen lange, etwa 10 m breite Hallen. Während sich die Halle auf der Westseite jedoch jenseits der Stoa (eine der oben erwähnten Säulengänge) befand, grenzte diejenige auf der Ostseite direkt an den Garten. Die Länge jeder dieser Hallen entsprach mit 105 m der Breite des Beckenkomplexes. Nach ihrer Errichtung oder in einem späteren Stadium hatte man die westliche Halle in zwei Hallen von gleicher Länge (etwa 47 m) unterteilt. Zwischen ihnen wurde eine achteckige, mit Säulen geschmückte Halle errichtet. Aufgrund des schlechten Erhaltungszustandes und der nur teilweise erfolgten Freilegung sehe ich davon ab, weitere Einzelheiten mitzuteilen. Immerhin ist wahrscheinlich, daß die Decken dieser Hallen von einer Reihe von Säulen oder Pfeilern getragen wurden, die in Längsrichtung durch ihre jeweilige Mitte verliefen. Im Osten gab es meiner Ansicht nach zwei Hallen auf verschiedenen Ebenen. Die tiefer liegende Halle bildete einen Teil des Bauwerks, das ich den »Erddamm« nenne, ein breites Podium, das die mächtige Erdanschüttung abstützen sollte, über der der Garten angelegt war. Diese Halle befand sich unter dem Niveau des Gartens, und man konnte nur in ihre Ostwand

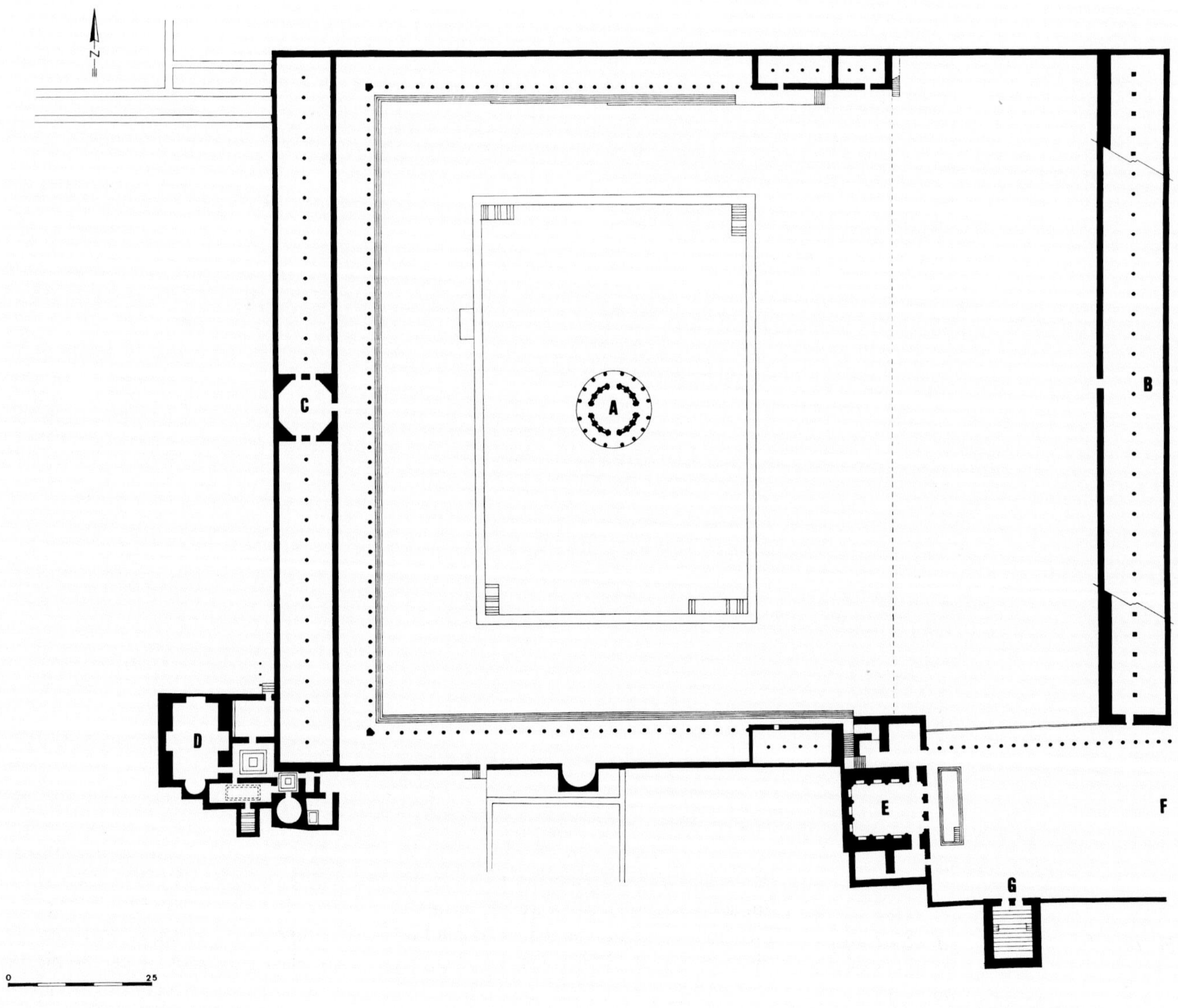

140

141

142

Abb. 140 Gesamtplan des Beckenkomplexes. A – das große Becken mit den es umgebenden Gärten und Säulengängen, B – die östliche, auf dem »Erddamm« errichtete Halle, C – die westliche Halle, die in zwei längliche Hallen mit einer oktogonalen Halle dazwischen aufgeteilt wurde, D – das Badehaus römischen Stils, E – der Monumentalbau, F – der westliche Rand der »Bahn«, G – ein Ritualbad (Mikweh). Es gibt Anzeichen dafür, daß gemäß der anfänglichen Planung die Gärten um das Becken herum gleich breit sein sollten. Dies könnte erklären, warum die Säulengänge auf der Nord- und Südseite nicht die ganze Länge dieser Seiten einnahmen. Der Autor nimmt daher an, daß der Beckenkomplex zu der Zeit vollendet wurde, als man den Monumentalbau errichtete, der offenbar ein Teil des Grabkomplexes war.

Abb. 141 Gesamtansicht des Beckenkomplexes, nach Norden gesehen.

Abb. 142 Die Südwestecke des Beckenkomplexes mit den wiederhergestellten Säulengängen. Alle Stufen wurden **in situ** *gefunden.*

Fenster brechen. Über die höher liegende Halle ist nichts bekannt.

Nur auf drei Seiten umgab man das Becken mit Gebäudeflügeln: im Süden, Westen und Norden. Auf der Ostseite lag das Wadi, das anscheinend bewässert wurde und reich mit Gärten und Obstbäumen bepflanzt war. Im Gegensatz zu den Schwimmbecken in Jericho, die nur zur Erholung gedacht waren, fanden wir hier im Herodeion einen Wasserabfluß dicht über dem Boden des Beckens, der belegt, daß dieses Becken auch zur Bewässerung genutzt wurde. Es ist davon auszugehen, daß nicht nur das an den Erddamm grenzende Gelände in den Genuß dieser Bewässerung kam, sondern auch andere, weiter entfernte Felder im unteren Teil des Wadis davon profitierten.

Der nördliche der drei Flügel war der größte. Nur ein kleiner Teil davon wurde untersucht, doch enthielt er nach der geringen Kenntnis sowohl Wirtschaftseinrichtungen, wie Magazine, einen Stall usw., als auch Wohnungen. Die hier entdeckten kleinen Badehäuser römischen Stils weisen auf das Vorhandensein von

143

Wohnungen nicht nur für das höherrangige Personal im Herodeion, sondern auch für die Verwalter der Toparchie hin, deren Hauptstadt man hierher verlegt hatte. Möglicherweise verfügte der Nordflügel, wie die übrigen Flügel auch, zusätzlich zu den Wohnungen des ständig anwesenden Personals noch über Räume für den gelegentlichen Empfang von Gästen. Darüber hinaus darf man auch die Wohnungen für das Gefolge, das häufig den König oder Mitglieder seiner Familie begleitete, nicht außer acht lassen. Anders als in Jericho gab es hier in unmittelbarer Nachbarschaft des Ortes keine ständige Siedlung, in der ein Teil des Personals hätte wohnen können.

Der kleinste und am wenigsten bekannte Flügel ist der im Westen liegende. Ich erwähne lediglich das Badehaus, das an der Stelle lag, wo sich der West- und der Südflügel berührten. Es ist das größte im Herodeion freigelegte Badehaus. Sein *caldarium* ist mit einer Größe von 12,8 x 7,8 m (ohne die Nischen) doppelt so groß wie das größte überhaupt bislang in einem Palast des Herodes entdeckte *caldarium* (einschließlich jener in Masada und in der Bergpalastfestung hier). Ferner enthielt dieses Badehaus einen Eingangshof, der vielleicht als *palaestra* diente, ein recht großes *apodyterium* (7,4 x 6,0 m), mehrere dazwischenliegende Räume, bei denen es sich offensichtlich um *tepidaria* handelte, ein rundes *laconicum* mit einem Durchmesser von 4,5 m und ein *frigidarium*. Die Wände des Badehauses waren mit Fresken geschmückt, die aber nur in einigen Räumen erhalten sind. Offenbar waren die Böden aller Räume ursprünglich mit Mosaiken belegt. Solche mit geometrischen Mustern fanden sich in zwei Räumen: In der Mitte des ersten, der an das *apodyterium* grenzt, kam ein farbiges Feld mit Granatäpfeln zum Vorschein (Abb. 145), im zweiten, der ins *laconicum* führte, ein Feld mit einem Muster, das einen *opus-sectile*-Boden imitierte (Abb. 146). Der Boden des *laconicum* (Abb. 147) ist infolge des Einsturzes der Hypokaustenanlagen nicht *in situ* erhalten, doch gestatten die vorhandenen Fragmente die Re-

144

konstruktion einer runden Einfassung mit der Darstellung von Weinranken und daran hängenden Trauben, die den gesamten Raum säumte.

Ein wichtiger Fund, der in den Ruinen des Badehauses gemacht wurde, ist das Fragment eines großen marmornen Wasserbeckens, wie es in Badehäusern geläufig ist, mit dem skulptierten Kopf des griechischen Gottes Silenos (Abb. 148). Die fehlenden Teile zeigten wahrscheinlich weitere Köpfe oder Figuren. Dieses Becken war, wie z. B. die *opus-sectile*-Pflaster auch, zweifellos von Herodes importiert worden. Das bloße Vorhandensein eines »Götzenbildes« hier ist ungewöhnlich, weil Herodes' Hof weitgehend das dritte Gebot des Dekalogs befolgte, wie es zuvor auch die Hasmonäer taten. Bis heute wurde keine Darstellung eines Menschen oder eines Tieres unter den zahlreichen Wanddekorationen in den Palästen dieser beiden Herrscherhäuser gefunden. Bei diesem Wasserbecken handelt es sich meiner Meinung nach um die Ausnahme, die die Regel bestätigt.

Einige wenige Abschnitte des Flügels im Süden des Beckenkomplexes wurden freigelegt, doch lassen sich ihre Funktionen nur schwer bestimmen. Um den Gebäudetypus, der sich hier befand, genauer definieren zu können, sind weitere Ausgrabungen nötig. Das westliche Ende dieses Südflügels bildet ein ungewöhnliches Gebäude – der sogenannte Monumentalbau –, das bereits zu einer anderen Gruppe von Bauwerken gehört.

145

146

Abb. 143 Fragmente einer freigelegten Stuckdekoration, in der Nähe der südlichen Kolonnaden des Beckenkomplexes.

Abb. 144 Das Becken im Zentrum des Beckenkomplexes, nach Süden gesehen. Im Hintergrund sieht man den Berg und Teile der Säulengänge, die den Beckenkomplex umgaben.

Abb. 145 Dekoriertes Mosaikpaneel, im zentralen **tepidarium** *freigelegt. Bemerkenswert die Granatäpfel in den vier Ecken, ein charakteristisches jüdisches Motiv in jenen Tagen.*

Abb. 146 Ein gemustertes Feld des Mosaikbodens in dem kleinen **tepidarium**, *welches ein* **opus-sectile**-*Muster imitiert.*

Abb. 147 Detail des eingestürzten Fußbodens des **laconicum**.

147

148

149

Der sogenannte Monumentalbau

Um den Monumentalbau in seinem zugehörigen Kontext behandeln zu können, soll zunächst die längliche Plattform, die »Bahn«, auf seiner Ostseite, unterhalb der Ruinen des großen Palastes, besprochen werden. Diese ungefähr 350 m lange und 30 m breite »Bahn« (Abb. 149) zog die Aufmerksamkeit einiger Forscher auf sich, die Herodeion im 19. Jahrhundert besuchten (z. B. de Saulcy und Schick). Die »Bahn« ist sicher keine natürliche Geländeformation, sondern eher eine von Menschenhand geschaffene Terrasse. Dies ist auf dem Luftbild von Groß-Herodeion, das ihre hervorragende Planung lebhaft illustriert, deutlich erkennbar.

Die »Bahn« erregte in den frühen Stadien unserer Arbeit an diesem Ort auch unsere Aufmerksamkeit. Zu dieser Zeit erwogen wir die Möglichkeit, daß wir hier ein Hippodrom vor uns hätten[155]. An ihrem westlichen Ende waren die Überreste einer Mauer in Form eines U zu erkennen, dessen offene Seite der »Bahn« zugekehrt ist. Gemäß meiner anfänglichen Hypothese befand sich hier einst ein Bauwerk mit Sitzplätzen für die Zuschauer der Wettrennen. Im Laufe der Grabungen stellte sich aber heraus, daß die U-förmige Anlage keine Sitzbänke enthielt, sondern eine Halle war, die Nischen umgaben, die durch Pilaster oder Sockel getrennt wurden. Diese Halle nannte ich den »Monumentalbau« (Abb. 150, 151).

Als der Monumentalbau entdeckt wurde, hielt man ihn zuerst für das Mausoleum des Herodes, doch ergab die voll-

150

ständige Freilegung, daß dies nicht der Fall war. Dagegen gab die Ausdehnung der Grabung auf seine unmittelbare Umgebung weitere interessante Aufschlüsse. Gefunden wurde eine Ansammlung sorgfältig behauener Steine, deren Machart für herodianische Mauerquader charakteristisch ist. Einige von ihnen zeigten Dekorationen, denen man in Grabmonumenten in Jerusalem aus der Zeit des zweiten Tempels häufig begegnet (Abb. 152). Diese Quader wurden nicht *in situ* angetroffen, sondern waren im 5. Jh. n. Chr. von ihrem ursprünglichen Platz entfernt worden, um in Zweitverwendung zum Bau einer byzantinischen Kirche zu dienen. Der zweite Fund war ein recht großes Becken – ein Ritualbad (*Mikveh*) –, das in der Nähe entdeckt wurde.

Möglicherweise gehörten all diese Überreste zu einem einzigen Komplex – Herodes' Grab. Nach meiner Annahme diente die »Bahn« nicht als Pferderennbahn (sie ist zu schmal) oder als Stadion (wozu sie zu lang ist), zumal Palastkomplexe nicht der geeignete Ort für derartige Anlagen sind. Andererseits könnte sie speziell für Herodes' Begräbnisprozession errichtet worden sein. Josephus erwähnt in seiner eindringlichen Beschreibung von Herodes' Begräbnis das Grabmal selbst nicht. Hingegen schildert er ausführlich die Grabprozession und die thrakischen, germanischen und gallischen Söldner sowie die Leibwächter des Königs, die in sorgfältiger Ordnung hinter der Bahre hermarschierten[156]. Jedenfalls ist ein Ritualbad nichts, was jüdischen Friedhöfen fremd ist; das beste Beispiel bildet das Grabmal der Königin Helene von Adiabene, besser bekannt unter dem Namen Königsgräber[157]. Der Monumentalbau könnte als ein *triclinium* gedient haben. Dies war zwar nicht die gängige Praxis in Israel zu dieser Zeit, aber in der nabatäischen Welt üblich (die engste Parallele zu dem Monumentalbau ist das Grab des römischen Soldaten in Petra[158]), und schließlich stand das Vorhandensein einer solchen Halle nicht im Widerspruch zum jüdischen Gesetz. Ich nehme an, daß die Quadersteine von dem Grabmal selbst stammen, genauer gesagt, von seiner Fassade, die abgebrochen wurde, um Mauersteine für die Kirche zu liefern, die südlich des Monumentalbaus freigelegt wurde.

Das Grab selbst, das bislang noch nicht endeckt ist, war sicherlich in den Felsen gehauen oder als unterirdische Kammer angelegt worden (Abb. 153). Die Wahl gerade dieses Ortes ist im Zusammenhang mit der sich hier bietenden Aussicht auf Jerusalem zu sehen, das einige Dutzend Meter von dieser Stelle entfernt infolge der Bebauung der nördlich gelegenen Berge bereits nicht mehr sichtbar ist.

Das Problem von Herodes' Grab führt zu der Frage nach der Bedeutung des Herodeions (Abb. 154) und seiner verschiedenen Funktionen. Dieses Thema wurde bereits im vorherigen Kapitel angeschnitten. Die Gründung von Herodeion entsprang dem Trauma, das Hero-

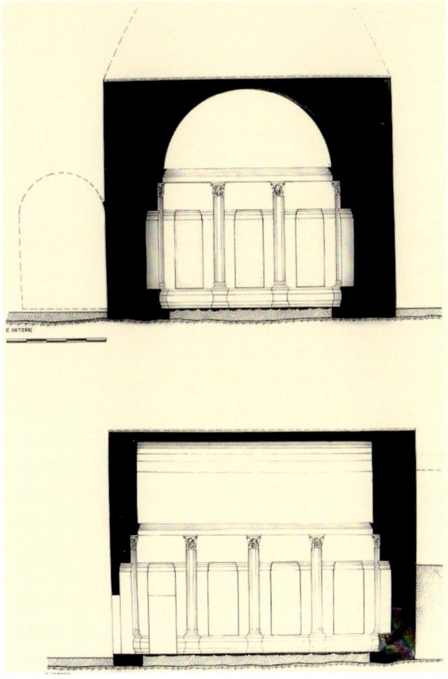
151

152

153

***Abb. 148** Kopf des Silens (?), Teil eines (offenbar aus Griechenland importierten) marmornen Waschbeckens, das auf dem Gelände des Badehauses gefunden wurde. Weitere Bildnisse, seien sie gemalt oder skulptiert, wurden in keinem Palast des Herodes gefunden.*

***Abb. 149** Die fast 350 m lange »Bahn«, Blickrichtung nach Osten.*

***Abb. 150** Der am westlichen Ende der »Bahn« freigelegte Monumentalbau, Blickrichtung nach Süden.*

***Abb. 151** Rekonstruierte Schnitte durch den Monumentalbau.*

***Abb. 152** Fragment eines dorischen Frieses, das südlich des Monumentalbaus gefunden wurde.*

***Abb. 153** Rekonstruktion eines nördlich von Jerusalem befindlichen Grabmonumentes. Eine ähnliche Fassade (von Herodes' Grab?) existierte offenbar in der Nähe des Monumentalbaus im Unteren Herodeion. Ihre Steine wurden später beim Bau einer byzantinischen Kirche wiederverwendet, die im Süden an den Monumentalbau angrenzt.*

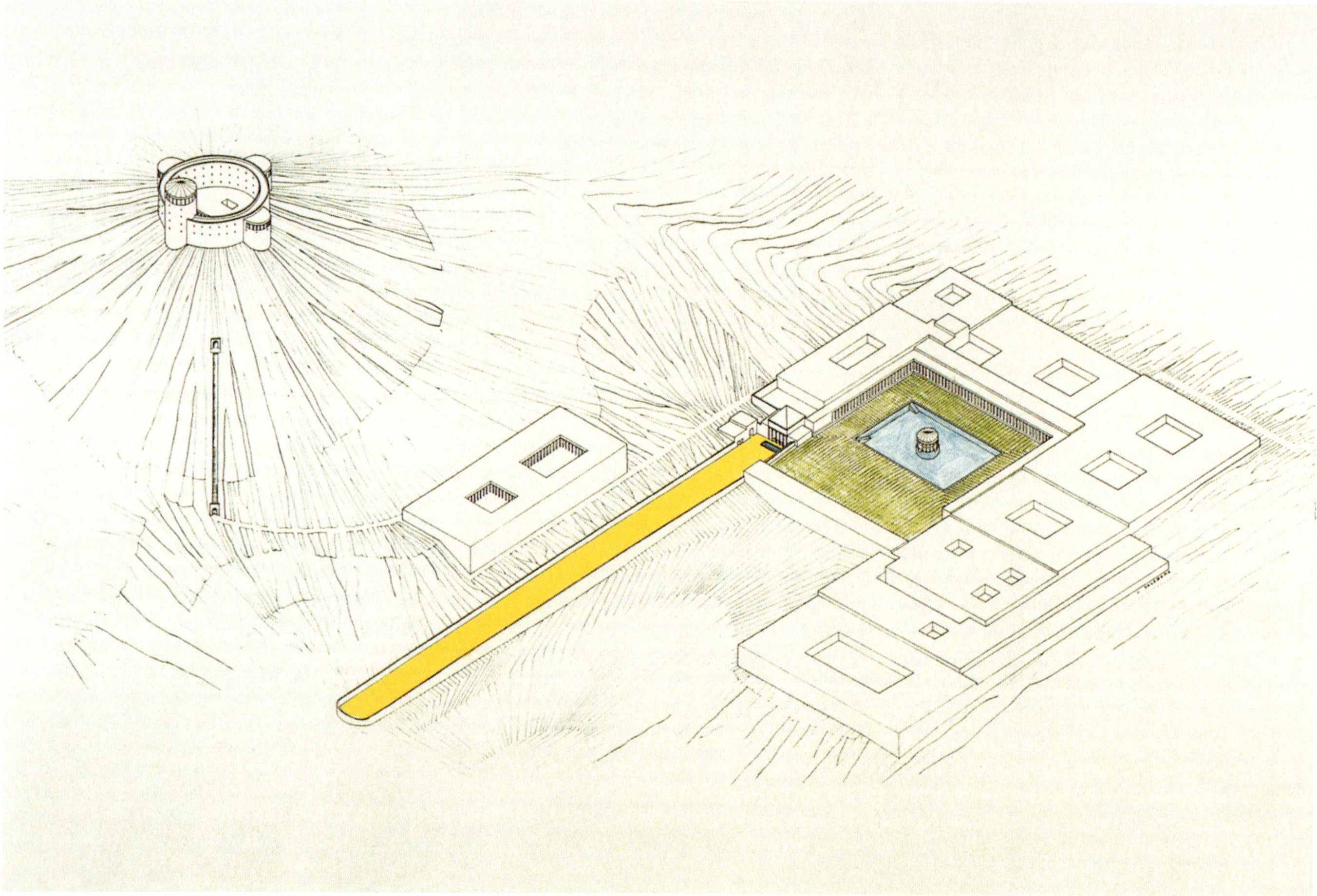

154

des 40 v. Chr. auf dem Weg zu diesem Ort und seiner unmittelbaren Umgebung erlitt. Die Bauarbeiten begannen rund 20 Jahre später. Die Überreste lassen erkennen, daß Herodeion anfangs ein weiträumiger Palast mit luxuriösen Gärten und einer reichlichen Versorgung mit Wasser war, ein Palast, in dem Hunderte von Gästen gleichzeitig untergebracht werden konnten. Niemand zieht die Tatsache in Zweifel, daß dieser Ort Herodes' Begräbnisstätte und sein Grabdenkmal ist, aber im Alltag nahm der Palast dort die Schlüsselposition ein; und Herodes wollte sicherlich, daß nach seinem Tode der Ort weiterhin von seinen Nachkommen genutzt würde. Die Wohnungen der Verwaltungbeamten der Toparchie sollten, wie oben ausgeführt, als eine Infrastruktur für das Personal dienen, das einen Ort am Leben erhielt, der in einer unbewohnten Umgebung lag.

Als ein architektonischer Komplex ist Groß-Herodeion herausragend. Die Planung des gesamten Ortes basiert auf einem einzigen Rastersystem mit einer Reihe von Achsen und Brennpunkten[159]. Eine dieser Achsen verbindet die Mittelpunkte der Bergpalastfestung und des großen Palastes im Norden, eine andere halbiert diagonal das große Becken im Unteren Herodeion und verläuft durch die Mittelpunkte des Monumentalbaus und des östlichen Rundturms, des höchsten Punktes an diesem Ort. Die Tatsache, daß die Architekten imstande waren, ein so grandioses Werk auszuführen, das ein Areal von etwa 25 ha bedeckt und auf einem einzigen Rastersystem und den erwähnten architektonischen Achsen basiert, beweist eindrucksvoll ihr großes Können. Besondere Hervorhebung verdient auch die Planung der meisten Gebäude und die Konzentration von Bauten um den Beckenkomplex. Tatsächlich wird die Aufmerksamkeit nicht auf irgendein einzelnes Gebäude gelenkt, sondern auf ein großes Ensemble, eine Art »Teppichmuster«, wie es eher für Baukomplexe des 20. Jahrhunderts als für diejenigen der Antike charakteristisch ist.

Zu seiner Zeit stellte das Herodeion einen der größten Paläste in der griechisch-römischen Welt dar. Tatsächlich ist er sogar der größte uns durch archäologische Untersuchungen bekannte aus dieser Zeit. Es gibt keinen Grund, warum die ptolemäischen Könige in Alexandria oder die Seleukidenherrscher in Antiochia nicht noch größere Paläste besessen haben sollten, die theoretisch als Herodes' Inspirationsquelle gedient haben könnten, aber solche Paläste sind bislang nicht entdeckt worden.

Der Palast auf der Klippe in Caesarea Maritima

Der Ort, an dem später Caesarea errichtet wurde, trat in die Geschichte ein als im 4. oder 3. Jh. v. Chr. gegründeter phönizischer Hafen namens Stratonsturm (benannt nach Straton, einem König von Sidon). Es handelte sich anscheinend um eine recht kleine Stadt, die in Anbetracht des Fehlens einer sicheren Bucht zum Ankern nur über bescheidene Hafenanlagen verfügte. Sie bewahrte die längste Zeit der hellenistischen Epoche ihre Unabhängigkeit, geriet aber zu Beginn des 1. Jhs. v. Chr. unter die Herrschaft des hasmonäischen Königshauses, bis Pompeius 63 v. Chr. das Land eroberte. Die Geschicke der Stadt änderten sich grundlegend unter Herodes, der sie als den geeigneten Ort für den Ausbau eines großen, sich bis ins offene Meer erstreckenden Hafens wählte (Abb. 155) Aus seiner Sicht sollte dieser Hafen zwei Hauptzielen dienen, nämlich einerseits Handel und Gewerbe in seinem Königreich fördern, andererseits – nicht minder wichtig – engere Bande zu den Zentren des Römischen Reiches herstellen, welche die Grundlage des von Herodes unterhaltenen weitverzweigten Beziehungsgeflechtes bildeten. Im Rahmen dieses Projektes verwandelte er den Ort in eine ummauerte Stadt. Von der Stadt selbst ist bislang sehr wenig ausgegraben, doch lassen die Beschreibungen des Josephus[160] und die aus späteren Zeiten stammenden Überreste, die bei archäologischen Grabungen[161] ans Licht kamen, ein sorgfältig nach einem Rastersystem geplantes Stadtgebiet erkennen, das wahrscheinlich den von Herodes' Planern festgelegten Grundlinien folgt. Herodes investierte große Anstrengungen in den Bau des Hafens und die dafür notwenigen Wellenbrecher. Nahe beim Hafen errichtete man Lagerhäuser und Wohnviertel für Seeleute, einen großen Tempel, der ebenso wie die Stadt nach Augustus benannt wurde, und zahlreiche öffentliche Gebäude. In den 50er Jahren dieses Jahrhunderts wurde im Süden der Stadt ein großes Theater aus herodianischer Zeit – das erste in Israel – entdeckt. Neben ihm kam in den letzten Jahren ein ansehnlicher, ebenfalls von Herodes erbauter Hippodrom ans Tageslicht. Aus Josephus' Schriften geht überdies die Existenz eines oder mehrerer Paläste an diesem Ort hervor[162].

Direkt neben den oben erwähnten Anlagen für Sport und Unterhaltung ragt eine große Klippe ins Meer, die antike Einarbeitungen in den Felsen und einige wenige Mauern aufweist (Abb. 156). In der Mitte dieser Klippe liegt ein beinahe rechteckiges Becken, das ebenfalls in den für den Küstenstreifen dieses Landes typischen Kurkar-Sandstein gehauen ist. Wir waren nicht die ersten, deren Aufmerksamkeit auf diese Klippe gelenkt wurde; schon in den Berichten über meh-

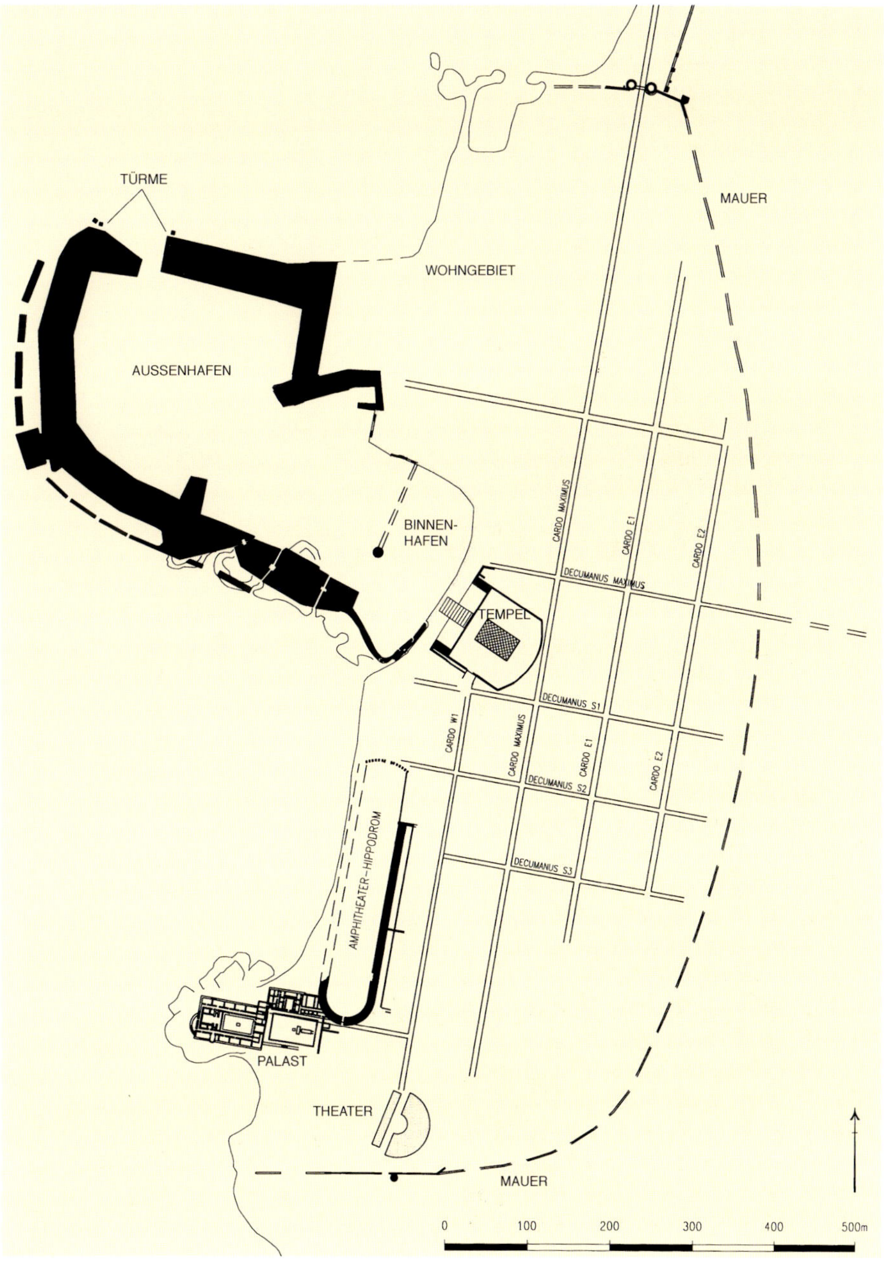

155

***Abb. 154** Isometrische Rekonstruktion von Groß-Herodeion. Grün – Beckenkomplex, gelb – die Bahn, die wahrscheinlich für Herodes' Begräbnis gebaut wurde.*

***Abb. 155** Rekonstruierter Gesamtplan von Caesarea Maritima zur Zeit des Herodes.*

rere Surveys, die vor allem im 19. und im beginnenden 20. Jh. in Caesarea durchgeführt wurden, wird sie erwähnt. Unter den verschiedenen Forschern, die sich für die hier vorhandenen Überreste interessierten, befand sich der Marinearchitekt Alexander Flinder, der sogar eine peinlich genaue Untersuchung der sichtbaren Reste vornahm. Er schlug vor, das Becken als den Brennpunkt der Klippe anzusehen, und deutete es als einen Fischteich[163]. Die ersten Ausgrabungen an diesem Ort erfolgten 1976 durch den Autor und durch L. I. Levine im Auftrag der Hebräischen Universität von Jerusalem (Abb. 157). Während dieser Grabungen gelangten wir zu dem Schluß, daß es sich bei der fraglichen Anlage tatsächlich um einen Palast des Herodes handelte. Aufgrund der geringen Funde an Keramik vermochten die Ausgräber diese Zuweisung allerdings nicht zu sichern, so daß der Bau zuerst als der »Klippenpalast« publiziert wurde[164]. In den Jahren 1990 und 1992 führte ich zusammen mit Katheryn Gleason und Barbara Burell von der Universität von Pennsylvania hier zwei weitere Grabungskampagnen, diesmal aber von geringerem Umfang, durch[165]. Als Ergebnis dieser Kampagnen steht definitiv fest, daß Herodes diesen Palast errichtete; ferner wurden viele Einzelheiten der ursprünglichen Anlage wie auch der späteren Phasen geklärt (Abb. 158, 159, 160).

156

Die Klippe besitzt eine Länge von ungefähr 100 m und eine Breite von etwa 55 m. Ihre Oberfläche ist durch die jeden Winter darüber schlagenden Wellen größtenteils ausgewaschen. Ausgegraben werden konnte nur ein schmaler Streifen von ungefähr 10 m Breite an ihrem östlichen Ende, der von den Wellen nicht bespült wird. Die oben genannten Grabungen und flankierende Surveys auf der gesamten Oberfläche der Klippe erwiesen, daß die meisten dieser Überreste, darunter viele Einarbeitungen in den Felsen, zu einem einzigen Gebäude gehörten, das der Klippe ihre heutige Form gab. Einige der Einarbeitungen fügen sich in den Grundriß des Erdgeschosses des Gebäudes, andere bildeten das 35 m x 18 m große Becken in der Mitte des Felsens. Das Becken war anscheinend von einer Säulenreihe umgeben. Jenseits des Bereichs der hypothetischen Säulenstellung sind keine Einarbeitungen in den Felsen vorhanden, weshalb es in diesen Abschnitten anscheinend nur ein Obergeschoß gab. Möglicherweise besaß das ganze Gebäude ein zweites Geschoß.

Das gesamte Becken ist in den Felsen gearbeitet. Seine maximale Tiefe beträgt heute etwa 1,2 m, war aber ursprünglich größer. Das Bodenniveau der Räume im Osten und ein Abschnitt des gewachsenen Felsens im Norden des Beckens (eine Stelle, die zwischen zwei weiter unten beschriebenen rechteckigen Vertiefungen liegt) zeigen, daß der Boden um das Becken herum 80 cm höher lag als der Beckenrand in seinem heutigen Zustand. Offensichtlich erhöhte man, gleich nachdem das Becken in den Felsen gehauen war, seine Seitenwände, doch ist dieser erhöhte Teil durch die Wellenbewegung weggespült worden. Eine Innenhöhe von 2 m reicht völlig aus, um bequem schwimmen zu können. Auf jeden Fall zweifele ich nicht daran, daß dieses Becken von Anfang an zum Schwimmen und Baden bestimmt war. Vor unseren Ausgrabungen hatten andere Forscher, vor allem Flinder, das Becken als einen Fischteich und die gesamte Anlage, die sie als *piscina* bezeichneten, als eine Art Fischmarkt angesehen[166]. Diese Annahme beruht unter anderem auf einem Netzwerk von offenen Kanälen, dazwischenliegenden Becken und Schleusen, die das Becken im Norden und Süden mit dem Meer verbanden. Ich habe dieses System nicht außer acht gelassen, bin aber überzeugt, daß es sich dabei um eine spätere Zutat handelt, die mehr als 600 Jahre nach der Errichtung des Gebäudes entstand, zu einer Zeit, da der größte Teil des Baus zerstört war und das Becken zweckentfremdet wurde. Da es sich hier um Felseinarbeitungen handelt, die von der Meeresvegetation überwuchert sind, lassen sich keine einzelnen Phasen unterscheiden. Andererseits zeigt das Becken einen Verputz, was meines Erachtens dafür spricht, daß man Süßwasser verwendete. Das Auftragen eines solchen Verputzes wäre sinnlos gewesen, hätte das Becken von Anfang an eine Verbindung zum Meer gehabt.

Woher dieses Süßwasser stammte, ist noch nicht vollkommen geklärt, doch dienten die beiden kleinen Bassins, die nahe der Südostecke des Beckens freigelegt wurden, vermutlich dazu, (prinzipiell süßes) Grundwasser zu fördern, das irgendwie zum Becken geleitet wurde. Da das Becken einen hydraulischen Verputz besaß, wurde das Wasser darin zurückgehalten und vermischte sich nicht mit dem salzigen Meerwasser. In der Mitte des Beckens befindet sich eine rechteckige Basis, die anscheinend das Postament für eine Statue oder eine Art Denkmal bildete.

Der Leser mag mit Recht die Notwendigkeit eines Schwimmbeckens an der Seeküste in Zweifel ziehen. War es nicht von Anfang an überflüssig? Man sollte hierbei bedenken, daß der Strand von Caesarea nicht zu den besten zählt und daß überdies Schwimmen oder gar Rettungsschwimmen damals keineswegs verbreitet und entwickelt war, wobei gerade das Schwimmen im Meer offensichtlich Furcht erregte und als gefährlich galt. Darüber hinaus ist das Meer besonders in den heißen Sommermonaten bewegt.

Eine Reihe von Vertiefungen von jeweils 1,4 m Länge und ungefähr 0,6 m Breite sind um das Becken herum erhalten. Sie sind heute eingeebnet, waren aber ursprünglich etwa 80 cm tief, wie eine erhaltene Stelle des Felsens zwischen zwei nördlich des Beckens gelegenen Vertiefungen zeigt. Dieselbe Stelle dient als Beweis dafür, daß der Boden um das Becken herum ursprünglich höher lag als dessen heutiger Rand. Nicht alle Vertiefungen sind erhalten, doch liegen die heute noch sichtbaren auf drei Seiten des Beckens. Die meisten von ihnen sind in den anstehenden Felsen gehauen, aber einige süd-

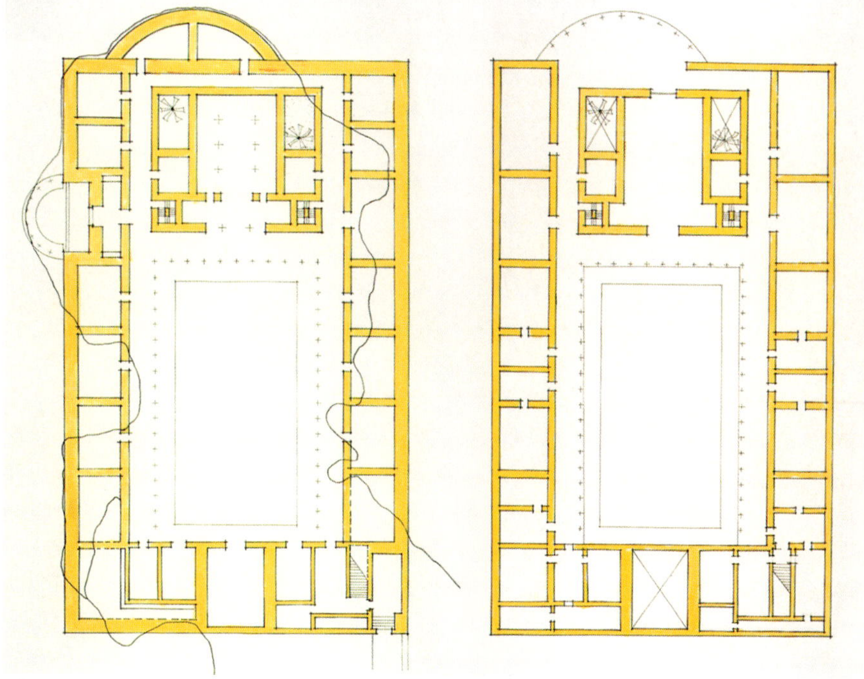

157

westlich des Beckens gelegene sind in die Fundamente einer Mauer gearbeitet, die auf der Klippe stand und zu den oben erwähnten Mauern gehört. Ich sehe darin einen weiteren Beweis für die Annahme, daß die Einarbeitungen in den Felsen und der Aufriß der Anlagen hier Teil einer einzigen Baumaßnahme waren. Welchem Zweck aber dienten diese Vertiefungen? Die plausibelste Antwort lautet, daß sie als Behälter für Blumen und andere Zierpflanzen dienten. Diese grünen Flecken, die das Schwimmbecken an drei Seiten umgaben, bildeten in gewisser Weise einen Ersatz für den üblichen, aber hier fehlenden Garten innerhalb eines Peristylhofs. Auf jeden Fall gibt es hier, betrachtet man den Grundriß des Gebäudes, ungeachtet der Tatsache, daß nicht alle Säulen *in situ* gefunden wurden (obwohl viele herabgefallene Trommeln, Basen und Kapitelle auf dem Grund des Beckens liegen), genug Raum für die Rekonstruktion von drei Reihen von Säulen, die ursprünglich genau zwischen den Vertiefungen standen. Der Hof, der in dem rekonstruierten Grundriß erscheint (Abb. 157, 161), entspricht in seiner Anlage und seinen Proportionen den Peristylhöfen, die aus den anderen Palästen bekannt sind (z. B. denen in Jericho oder in dem Nordpalast von Masada).

Der Eingang zum Palast lag im Nordosten, an einer Stelle, wo das Bodenniveau die Höhe eines Geschosses erreichte. Hier fanden wir Spuren eines Ziergartens, der von einer Säulenstellung umgeben wurde. Allerdings läßt sich kaum entscheiden, ob dieser Garten zu dem ursprünglichen Gebäude gehörte oder, wahrscheinlicher, im Lauf der Zeit hinzugefügt wurde[167]. Vom Eingang aus konnte man entweder eine Treppe zum zweiten Geschoß erklimmen oder, nach einer Wendung, direkt zu den Säulengängen weitergehen, die das Becken umgaben, das tatsächlich den Kern des Gebäudes bildete.

Der trümmerhafte Zustand des Gebäudes läßt es nicht ratsam erscheinen, seinen gesamten Grundriß und die Anordnung der Räume zu beschreiben. Tatsächlich ist nur der Ostflügel besser bekannt, der fünf Räume enthält, die symmetrisch zur Längsachse des Gebäudes angeordnet sind. Der mittlere Raum war der größte und diente für öffentliche Empfänge und als ein *triclinium*. Man betrat diesen Raum entweder durch eine einzige Haupttür oder durch drei Türöffnungen. Eine Entscheidung ist deshalb nicht möglich, weil die dem Becken zugewandte Wand während der Lebensdauer des Gebäudes niedergerissen und wahrscheinlich durch einen *distylus in antis* ersetzt wurde. Gleichzeitig verlegte man über dem ursprünglichen Boden, wahrscheinlich einem Estrich, ein Mosaik mit geometrischen Mustern. In dieser Phase wurde auch der Raum nördlich des *triclinium* zweigeteilt und in einem der so entstandenen kleineren Räume ein Hypokaustum mit einem Ofen an seiner östlichen Seite installiert. Ein *frigidarium* parallel dazu wurde nicht gefunden; anscheinend erfüllte das Becken im Zentrum des

Abb. 156 Luftaufnahme des Klippenpalastes von Caesarea, Blick nach Westen.

Abb. 157 Rekonstruierte Grundrisse des Erdgeschosses und des oberen Geschosses des Klippenpalastes von Caesarea.

158

159

Gebäudes diesen Zweck. Auf jeden Fall ist die Lage des Badehauses zu der Zeit, als das Gebäude errichtet wurde, unklar, und es erscheint zweifelhaft, ob diese Frage jemals geklärt wird.

Dies waren nicht die einzigen Veränderungen, die in dieser wahrscheinlich nachherodianischen Bauphase vorgenommen wurden. Vielleicht läßt sich diese Phase mit der kurzen Regierung Agrippas I. (41 bis 44 n. Chr.) in Verbindung bringen. Mit den Umbauten stehen möglicherweise auch die im Eingangsbereich des Gebäudes vorgenommenen Veränderungen in Zusammenhang. Die zum zweiten Geschoß hinaufführende Treppe wurde entfernt (man errichtete offensichtlich statt dessen eine neue Treppe an einer anderen Stelle), und nachdem man die Stufen zur erneuten Verwendung abgenommen hatte, verlegte man hier einen Estrich. Diese Einzelheiten sind nur deshalb von Belang, weil die unter dem Estrich entdeckten Funde eindeutig in die Zeit des Herodes datiert werden können und damit den Hauptbeweis dafür bilden, daß der Palast zu den von ihm errichteten Gebäuden gehört. Der Leser sei an dieser Stelle daran erinnert, daß in Josephus' ausführlicher Beschreibung von Caesarea der Palast (oder die Paläste)[168] an erster Stelle erwähnt wird, noch vor dem Hafen, der zweifellos nicht nur den Brennpunkt dieser Hafenstadt und die Grundlage ihres Ausbaus bildete, sondern auch eine außergewöhnliche Ingenieursleistung und eine Quelle des Stolzes für Herodes darstellte.

Der in Caesarea freigelegte Palast ist in mehrfacher Hinsicht ungewöhnlich, wobei an erster Stelle seine Lage zu nennen ist. An der ganzen Küste in der Nähe der

Abb. 158 Das Schwimmbecken in der Mitte des Klippenpalastes, von den Ruinen des **triclinium** *aus gesehen. Der gemusterte Mosaikboden datiert nicht in die Zeit des Herodes, sondern in das Ende des 1. oder den Anfang des 2. Jhs. n. Chr.*

Abb. 159 Detail des Mosaikbodens des Palastes, der später hinzugefügt wurde und im Stil dem **opus-sectile**-*Boden ähnelt, der in Herodes' drittem Palast in Jericho freigelegt wurde.*

Abb. 160 Einige Räume des Vorgebirgspalastes nach den Umbauten Ende des 1. oder Anfang des 2. Jhs. n. Chr. Das Hypokaustum gehört dieser späteren Phase an.

160

denklichen kostbaren Weise mit Gold, Steinen und Wandfarben dekorierte. Jeder von ihnen verfügte über genügend Ruhebetten für zahlreiche Personen, und sie hatten unterschiedliche Größe und Bezeichnungen, einer hieß Caesareum, ein anderer Agrippeum.»

All diese Beschreibungen ergänzen einander. Man erhält so eine Vorstellung von der Bedeutung der Empfangshallen und Gästeräume in diesem Palast[180]. Während in dem oben zitierten Bericht von riesigen Gastzimmern mit insgesamt 100 Ruhebetten die Rede ist, erfährt man aus den beiden anderen, erheblich kürzeren Zitaten, daß sie spezifische Namen trugen.

Es wurde bereits auf die enge Verwandtschaft zwischen dem Hauptpalast in Jerusalem und dem Winterpalast in Jericho (und zwar dem dritten) hingewiesen. Sie drückt sich meines Erachtens in den beiden großen Hallen eines jeden von ihnen aus, die jeweils wahrscheinlich Caesareum und Agrippeum hießen. Man weiß um das Vorhandensein dieser Hallen in Jerusalem aus dem oben zitierten historischen Bericht, der von ihnen in Superlativen spricht; hinzu kommt, daß Josephus' abgekürzte Beschreibungen nur diesen beiden Hallen gewidmet ist.

Die Ähnlichkeit zwischen beiden Palästen findet ihren Niederschlag auch in einigen Einzelheiten. Man erfährt, daß die Böden in Jerusalem aus farbigem Stein bestanden, den man aus verschiedenen Ländern importiert hatte, womit sie genau dem Boden der großen Halle (B70) im Nordflügel des großen Palastes in Jericho entsprachen. Darüber hinaus spricht Josephus voller Bewunderung von den riesigen Deckenbalken und ihren Verzierungen im Jerusalemer Palast. Die mächtigen Balken, die für die Decke der großen Halle in Jericho nötig waren, wurden bereits erwähnt. Dieses Problem vermied man bei der großen Halle auf dem südlichen Tell, die eine Kuppel aus Gußmauerwerk besaß.

In Josephus' kurzer Erwähnung des dritten Palastes in Jericho werden Augustus und Marcus Agrippa als die Persönlichkeiten bezeichnet, nach denen er benannt wurde[181]. Aufgrund der Analogie in Jerusalem hege ich keinen Zweifel, daß diese Namensgebung nicht generell, sondern spezifisch war: die Halle im Nordflügel wurde das »Caesareum« genannt, und die exotische Halle auf der Kuppe des Tells hieß das »Agrippeum« – oder umgekehrt. Dies fördert gleichermaßen das Verständnis der Paläste sowohl in Jericho als auch in Jerusalem. Die Pracht der beiden Hallen in Jericho, von den archäologischen Überresten bezeugt, ist bemerkenswert. Wenn man davon ausgeht, daß der Hauptpalast in Jerusalem erheblich größer und höchstwahrscheinlich imposanter war, müssen die beiden nicht gefundenen Hallen in der Hauptstadt wirklich herausragend gewesen sein!

Aus Josephus' Erwähnung einer Episode in Zusammenhang mit Agrippa II. in den 60er Jahren des 1. Jhs. n. Chr. gehen indirekt die Bedeutung und der Charakter dieser herodianischen *triclinia* hervor. Er berichtet, daß Agrippa innerhalb des Geländes des hasmonäischen Palastes ein *triclinium* errichtete, in dem er zu sitzen und das Darbringen von Opfern im Tempel zu beobachten pflegte. Dies erzürnte die Priester, die eilig eine Mauer oben auf dem westlichen Säulengang hochzogen, um ihm die Sicht auf die heiligen Riten zu versperren:

«Ungefähr zu dieser Zeit ließ König Agrippa eine Halle von ungewöhnlicher Größe an den Säulengang angrenzend errichten. Den Palast hatten schon viel früher die Söhne des Asamonaios erbaut, und da er an einem hochragenden Ort lag, bot er jedem, der die Stadt von dort betrachten wollte, eine herrliche Aussicht. Der König liebte diese Aussicht sehr und pflegte, wenn er hier zu Mahlzeiten ruhte, alles zu betrachten, was im Tempel vor sich ging» (Jüdische Altertümer XX 189 – 190).

Dies ist eine hervorragende Illustration

164

165

der oben geäußerten Sicht im Hinblick auf die *triclinium*-Hallen in Jericho (Halle 33, B70 und andere kleine Empfangshallen im Nordflügel): Die Menschen saßen in diesen Hallen, doch der Mittelpunkt lag außerhalb, in dem Garten im Inneren des Peristylhofs, wie beim ersten Palast in Jericho, oder im Wadi Qelt und im südlichen Teil der Ebene von Jericho, worauf man vom dritten Palast aus blickte. Zweifellos waren in dem großen Hauptpalast von Jerusalem auch Gärten in ansprechender Weise eingegliedert. Anscheinend waren die meisten, wenn nicht sogar alle, von Säulengängen umgeben (s. das obige Zitat). Sie unterschieden sich allerdings voneinander nicht nur in ihrer Anlage, sondern auch in ihrer Bepflanzung.

Die von Josephus erwähnten zahlreichen Türme für zahme Tauben passen ebenfalls gut in den allgemeinen herodianischen Kontext. Ein herodianisches Gebäude, das offenbar als *columbarium* diente, wurde südlich der beiden von Alexander Jannaios errichteten großen Becken entdeckt, die später zu einem Becken vereinigt und in Herodes' zweiten Palast dort integriert wurden[182]. Kolumbarien-Türme wurden ferner auf der Gipfelfläche von Masada freigelegt[183]. Tauben waren zweifelsohne zur Zeit des Herodes sehr beliebt; herodianische Tauben werden mehrfach in antiken jüdischen Texten erwähnt[184].

Abb. 164 Die Palastfestung Antonia (nach dem Modell im Holy Land Hotel in Jerusalem).

Abb. 165 Ansicht des Hauptpalastes des Herodes in Jerusalem; die drei mehrgeschossigen Türme sind dahinter sichtbar (nach dem Modell im Holy Land Hotel in Jerusalem).

Die drei Türme

In einer Behandlung der Paläste in Jerusalem sollten auch die drei Türme (Abb. 166, 167) auf dem Gebiet der heute so genannten Zitadelle, dem damals höchsten Punkt der Stadt, nicht fehlen. Sie wurden bereits im Zusammenhang mit der Bergpalastfestung im Herodeion erwähnt. Josephus' Beschreibung dieser Türme ist keineswegs zufällig die längste und ausführlichste, die er, sieht man von dem Tempel ab, von einem der Bauten des Herodes gibt:

«Der nach dem Freunde genannte Hippikusturm war viereckig, seine Breite und Länge betrug je 25 Ellen, seine Höhe 30. In seinem Inneren wies er nirgends einen Hohlraum auf. Über diesem massiven, aus Felssteinen festgefügten Bau befand sich eine 20 Ellen tiefe Zisterne zur Aufnahme des Regenwassers und darüber ein mit Doppeldach versehener Wohnblock, dessen Höhe 25 Ellen betrug und der in verschiedenartig geschmückte Räume eingeteilt war. Über diesem Bau ragten ringsum zwei Ellen hohe Türmchen und darüber drei Ellen hohe Zinnen auf, so daß die gesamte Höhe sich auf 80 Ellen belief. Der zweite Turm, den Herodes nach seinem Bruder Phasael benannte, hatte gleiche Breite und Länge, und zwar je 40 Ellen; 40 Ellen hoch war auch der massiv gemauerte Teil. Auf ihm führte eine 10 Ellen hohe Säulenhalle im Geviert herum, die durch Mauerschilde und Vormauern geschützt war. Inmitten der Säulenhalle war ein zweiter Turm aufgebaut, der in prächtige Wohnräume

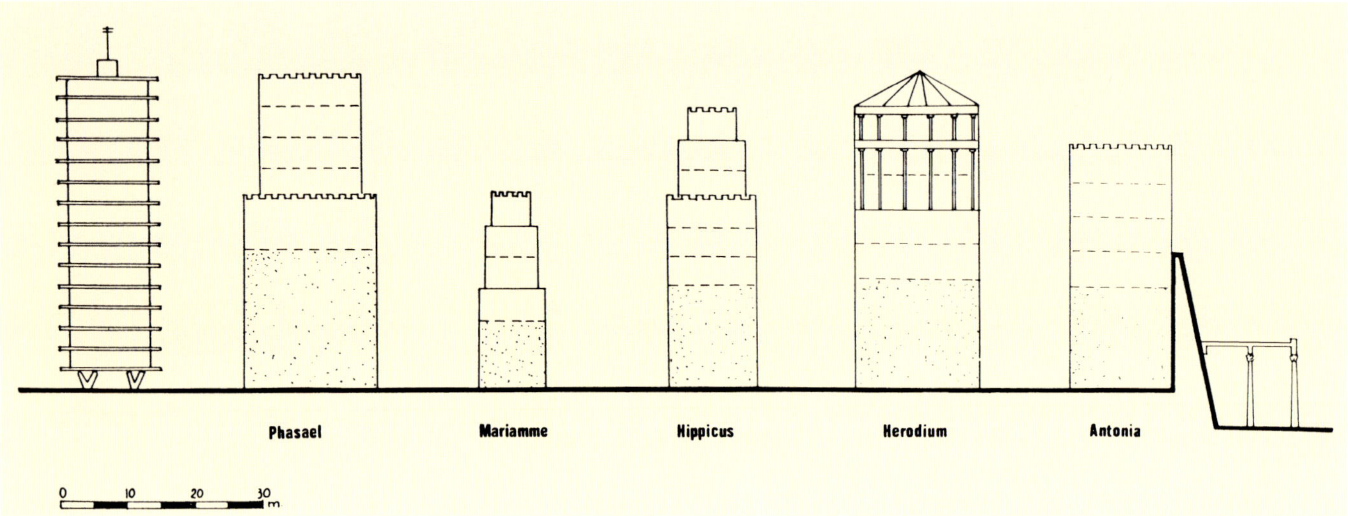

166

unterteilt war und sogar ein Bad enthielt, so daß dem Turm nichts fehlte, was zum Bild eines Königspalastes gehört. Oben aber war er im ganzen Umfang mit Zinnen und Türmchen gekrönt. Seine Höhe betrug ungefähr 90 Ellen, und sein Aussehen glich dem Turm auf der Insel Pharos, der für die nach Alexandrien fahrenden Schiffe sein Licht ausstrahlt; an Umfang jedoch übertraf er diesen beträchtlich …

Der dritte Turm ‹Mariamme› – so hieß nämlich die Königin – war 20 Ellen hoch massiv gemauert; er erstreckte sich 20 Ellen in die Breite und ebensoviel in die Länge. Die Wohnung aber, die er oben trug, war noch prächtiger und schöner geschmückt als die der beiden anderen Türme, da der König die Meinung vertrat, der nach einer Frau benannte Turm müsse mehr geziert sein als diejenigen, welche die Namen von Männern trugen; umgekehrt waren diese Türme stärker als der jener Frau gewidmete. Die Gesamthöhe des Mariammeturmes betrug 55 Ellen» (Jüdischer Krieg V 164–171, Übersetzung O. Michel/O. Bauernfeind).

Meines Erachtens lassen sich die drei Türme in Jerusalem und der Ostturm im Herodeion einer einzigen typologischen Gruppe zuordnen, die unter Herodes' Bauprojekten einzigartig ist – der Gruppe der mehrstöckigen Türme, die durch folgende Merkmale charakterisiert wird[185]: 1. ein mehrstöckiger Turm, der sich auf einem massiven Unterbau erhebt; 2. königliche Gemächer und äußere Prachtentfaltung; 3. ein Turm, der nach einer Person benannt ist.

Theoretisch könnten noch zwei andere Türme, die Herodes errichtete, zu dieser Gruppe gehört haben, doch ist keiner von ihnen bislang entdeckt worden: der oben genannte Südostturm der Antonia und Drusion, jener bemerkenswerte Turm, der den Beschreibungen des Josephus zufolge auf dem Hauptwellenbrecher von «Sebastos», dem Hafen Caesareas, errichtet wurde[186].

Warum mag Herodes nicht mit einem einzigen außergewöhnlichen Turm zufrieden gewesen sein, sondern erbaute statt dessen drei? Anscheinend bildeten sie ursprünglich drei Türme der hasmonäischen Mauer, die ihre ungewöhnliche Größe einer Verstärkung ihrer Unterbauten und Aufstockung ihrer Höhe verdankte. Möglich ist auch, daß sie, einmal erbaut, de facto als eine Festung dienen sollten. Auf jeden Fall ging ihre Errichtung derjenigen des unmittelbar südlich von ihnen liegenden Hauptpalastes um kurze Zeit voraus. Dies geht aus Josephus' «Jüdischen Altertümern» hervor, die, anders als sein früher verfaßtes Werk «Der jüdische Krieg», die Ereignisse in chronologischer Reihenfolge schildern. Herodes war vermutlich der Antonia etwas müde geworden und befand sich auf der Suche nach einem anderen, sichereren und prestigeträchtigen Zufluchtsort. Zu diesem Zeitpunkt befand sich der Hauptpalast offensichtlich bereits im Planungsstadium oder in verschiedenen vorbereitenden Phasen.

Ob diese drei Paläste tatsächlich einen integralen Bestandteil des Hauptpalastes oder lediglich eine Art Ausweichmöglichkeit bildeten, ist meiner Meinung nach weniger wichtig. Ihre Nähe zum Hauptpalast bot Herodes nicht nur größere Sicherheit, sondern auch die Gelegenheit, sich ihrer palastartigen Einrichtungen hin und wieder zu bedienen.

Herodes' Palast hatte bis zur Eroberung und Zerstörung Jerusalems im Jahre 70 n. Chr. Bestand. Aller Wahrscheinlichkeit nach wurde er in ein *praetorium*[187], den Sitz eines römischen Gouverneurs, umgewandelt, nachdem Archelaos, Herodes' Sohn, im Jahre 6 n. Chr. seines Amtes als Ethnarch von Judäa enthoben worden war (mit Ausnahme der kurzen Regierungszeit Agrippas I.). Nur diese drei Türme, ein Symbol von Jerusalems früherer Macht, blieben von der Zerstörung durch Titus verschont[188].

Der neue Tempel und die *stoa basileia*

Unsere Behandlung von Herodes' Palasteinrichtungen in Jerusalem soll mit einem weiteren Gebäude abgeschlossen werden, das ebenfalls nicht direkt mit diesem Thema in Zusammenhang steht, aber doch für das Verständnis des höfischen Lebensstils in dieser Stadt und indirekt sogar für die Anlage der Paläste von Interesse ist, da das fragliche Gebäude vorzugsweise für große Empfänge dienen sollte. Ich beziehe mich hier auf die königliche Säulenhalle (*stoa basileia*), die Herodes südlich des Tempelberges errichtete. Wie bereits erwähnt, stellte

***Abb. 166** Schematische Schnitte durch alle von Herodes erbauten mehrgeschossigen Türme.*

***Abb. 167** Die drei von Herodes in Jerusalem errichteten mehrgeschossigen Türme (nach dem Modell im Holy Land Hotel in Jerusalem). Von links nach rechts: Hippikos, Mariamme und Phasael.*

der Neubau des Tempels in Jerusalem nebst der Erweiterung des Tempelberges eines der Hauptbauprojekte des Königs dar. Das war nicht nur eine bautechnische und architektonische Großtat, sondern auch eine bedeutende Leistung auf innenpolitischem Gebiet, und auch ihr psychologischer Aspekt sollte nicht unterschätzt werden. Herodes mußte schließlich seine Untertanen von der Ernsthaftigkeit seiner Absichten überzeugen, daß es sich nicht lediglich um einen Schachzug handelte, den alten Tempel abzureißen, ohne an seiner Statt einen neuen zu errichten! Zu den Zusicherungen, die er als Zeichen gab, daß er sein Versprechen halten werde, gehörte auch die Verpflichtung, das gesamte Baumaterial im voraus bereitzustellen, so daß mit der Errichtung des neuen Tempels begonnen werden konnte, kaum daß der alte abgerissen war[189].

Der Neubau war zweifellos prachtvoller als sein Vorgänger, ungeachtet der Tatsache, daß religiöse Gesetze und die mit dem ersten und dem zweiten Tempel verbundenen Traditionen den Architekten des Königs Einschränkungen auferlegten. Bei all dem Glanz des Tempels und seiner Bedeutung für das jüdische Ritual (der Leser sei daran erinnert, daß die Juden, im Gegensatz zu anderen Völkern der antiken Welt, nur einen Tempel besaßen) war es Herodes, der kein Priester war, unter keinen Umständen gestattet, ihn zu betreten. Doch damit nicht genug. Seine Vorgänger in der Verwaltung des Staates waren die hasmonäischen Könige, die einer Priesterfamilie entstammten und zusätzlich zu ihrem Königsamt auch als Hohepriester fungierten (mit Ausnahme Alexandra Salomes). Nur dem Hohenpriester war es nach den religiösen Gesetzen gestattet, den bedeutenden inneren Raum, das Allerheiligste genannt, zu betreten. Dreimal pro Jahr versammelten sich viele Juden auf dem Tempelberg gemäß der Sitte, an den bedeutenden Festen *Pessach* (Passah), *Schavuot* (Wochenfest) und *Sukkot* (Laubhüttenfest) eine Pilgerfahrt nach Jerusalem zu unternehmen. Bei diesen Festen spielte Herodes gezwungenermaßen keine besondere Rolle und unterschied sich diesbezüglich nicht vom übrigen Volk. Damit stand er nicht nur vor dem Problem, sein Ansehen zu bewahren und sich des Thrones würdig zu erweisen, sondern meines Erachtens sogar noch vor einem viel ernsteren, nämlich dem Problem, zu überleben. Als ein Monarch von Roms Gnaden war Herodes ständig der Gefahr ausgesetzt, daß man ihm sein Königreich nähme und es einem anderen gäbe. Dies bildete den Hintergrund seines Kampfes mit dem hasmonäischen Königshaus und der Hinrichtung vieler seiner Mitglieder, einschließlich sogar seines Sohnes, den ihm seine geliebte Frau, die Hasmonäerin Mariamme, geboren hatte. Diese Gefahr wird von Josephus recht anschaulich in Zusammenhang mit Ereignissen zu Beginn von Herodes' Regierung beschrieben, zu einer Zeit, als er genötigt war, Aristobulos III. (seinen Schwager) zum Hohenpriester zu ernennen. Die öffentlichen Akklamationen, die dem jungen Hohenpriester während der Feier des Laubhüttenfestes entgegengebracht wurden, versetzten Herodes in Angst und führten zu jenem Mord im Schwimmbecken in Jericho (s. o. S. 16 f.).

Vor diesem Hintergrund sah sich Herodes gezwungen, eine Lösung zu finden, die ihn seinen Rang auch auf dem Tempelberg (Abb. 168) behaupten ließ. Dieses Problem war keineswegs einfach, da nicht nur der Tempel selbst, sondern auch das gesamte Gelände auf dem Tempelberg sakrosankt waren[190]. Die Lösung bestand darin, außerhalb des Bereichs des Tempelberges, aber an diesen angrenzend, einen so großen und prächtigen Bau zu errichten, daß er sich für Feierlichkeiten und große Empfänge eignete und so Herodes' Majestät allen vor Augen führte. Erreicht wurde dies durch den Bau einer königlichen Säulenhalle südlich des Tempels, an der Stelle, an der heute die berühmte al-Aqsa Moschee steht. Diese königliche Säulenhalle war in die Anlage

167

der Säulengänge eingefügt, die den gesamten Tempelberg umgaben, besaß aber die Proportionen einer Basilika und weit größere Dimensionen, was ihr zweifellos majestätischen Glanz verlieh. Ein Teil von Josephus' Beschreibung, der diese Pracht widerspiegelt, sei hier im Wortlaut angeführt:

«Die vierte Seite dieses [Hofs] nach Süden hin hatte ebenfalls Tore in der Mitte, und über ihm befand sich eine königliche Säulenhalle mit drei Säulengängen, die sich von der östlichen bis zur westlichen Seite des Tals erstreckte und nicht weiter fortgeführt werden konnte. Dieser Bau war der bemerkenswerteste, den jemals die Sonne beschien. Denn über dem Tal, das so tief war, daß jeder, der sich hinüberbeugte, um hineinzusehen, den Anblick des Grundes nicht ertragen konnte, stand noch die Halle, deren Höhe so groß war, daß jemand, der von ihrem Dach hinunterblickte und die beiden Höhen zugleich ermessen wollte, von Schwindel erfaßt wurde und sein Blick das Ende der unermeßlichen Tiefe nicht erreichen konnte. Die Säulen [der Halle] standen in vier Reihen, jeweils eine der anderen gegenüber – die vierte Reihe war einer steinernen Mauer vorgelegt –, und die Dicke einer jeden Säule war so groß, daß drei Männer, die sich an den ausgestreckten Armen berührten, nötig waren, um sie zu umfassen. Ihre Höhe betrug 27 Fuß, und ihre Basis besaß einen doppelten Wulst. Die Gesamtzahl der Säulen belief sich auf 162. Ihre Kapitelle waren im korinthischen Stil gehalten, dessen großartige Wirkung Erstaunen hervorrief. Da es vier Reihen waren, bildeten sie drei Säulengänge. Davon entsprachen einander die beiden äußeren, die in derselben Weise gemacht waren, jeweils dreißig Fuß breit, ein Stadion lang und über 50 Fuß hoch. Doch der mittlere Säulengang war eineinhalbmal so breit und doppelt so hoch, wodurch er die Gänge zu beiden Seiten weit überragte. Die Decken [der Hallen] waren mit plastisch ausgearbeiteten Holzschnitzereien verziert, die alle Arten von Figuren darstellten. Die Decke des mittleren Gangs hatte eine größere Höhe. Der Wand der Front waren an beiden Enden Architrave und Säulen vorgeblendet, und alles war poliert, so daß es denen, die es nicht gesehen haben, unglaubwürdig erschien, die aber, deren Blicke darauf ruhten, vor Staunen wie gebannt waren» (Jüdische Altertümer XV 411–416).

Die Pracht dieser Halle wird ferner indirekt durch die Form der verzierten Steine bestätigt, die bei den Grabungen von B. Mazar südlich des Tempelberges entdeckt wurden. Die Hauptarbeit bei der Errichtung der königlichen Säulenhalle bestand in der Schaffung eines geeigneten Baugeländes. Herodes' Ingenieure hatten es hier mit sehr schwierigen topographischen Bedingungen zu tun. Dabei mußten Fundamente errichtet werden, die auf der einen Seite, zum Tyropoeon-Tal hin, eine Höhe von 35 m besaßen und auf der anderen Seite, über den Steilabhängen des Kidrontals, eine solche von 40 m erreichten. Die hier errichtete königliche Halle verfügte außerdem über einen oder zwei separate Eingänge, so daß Gäste sie betreten konnten, ohne den Tempelberg überqueren zu müssen. Die Ausgrabungen legten in der Südwestecke des Tempelberges eine imposante Treppe frei, die auf einer Brücke von Bogen ruhte, deren Endpunkt der sogenannte »Robinsonsbogen« bildete[191]. Die Pilger dagegen gelangten von Süden her, wo anscheinend der Haupteingangsbereich während der Pilgerfeste lag, durch zwei unterirdische Gänge, die unter der königlichen Halle angelegt wurden, zum Tempelberg[192].

Neben den Zugangsbeschränkungen zum Tempel gab es anscheinend auch Verbote in bezug auf das Beobachten einiger darin vollzogener Rituale, wie die oben angeführte Begebenheit um Agrippa II. zeigt.

168

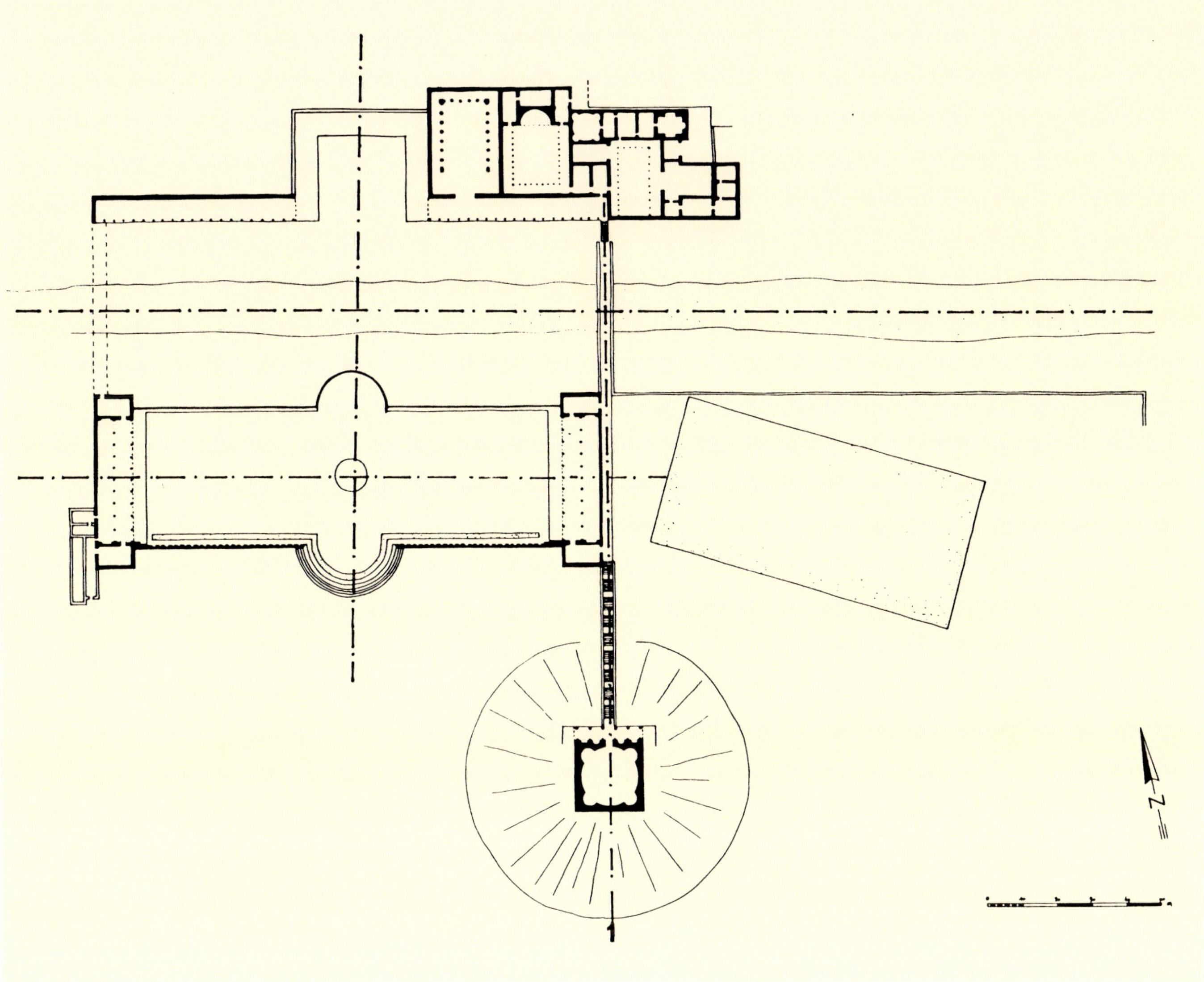

169

Das Fehlen deutlicher Überreste sowohl der hasmonäischen als auch der herodianischen Paläste in Jerusalem verursacht eine große Lücke in der Kenntnis der Palastanlagen dieser Könige. Josephus' Beschreibungen der Paläste des Herodes gleichen den Mangel an Befunden teilweise aus, zumal man über entsprechende Befunde an verschieden Orten in ganz Israel verfügt.

Die Bergpalastfestung im Herodeion, die uns gut bekannt ist, bildet zweifellos eine ausgezeichnete Grundlage für das Verständnis der Form der Festung Antonia, die Josephus eingehend, nebst Angabe einiger Maße, beschreibt. Die Überreste im Herodeion wie die Beschreibung der Antonia helfen, die ungewöhnliche Gruppe von drei Türmen in Jerusalem zu verstehen, und wie gezeigt wurde, erleichtert umgekehrt die Beschreibung dieser drei Türme auch das Verständis der Bergpalastfestung in Herodeion. Ich sehe in diesen drei Türmen einen der Höhepunkte von Herodes' persönlichen Beiträgen auf dem Gebiet der Architektur. Die Idee, königliche Gemächer in Dutzenden von Metern Höhe in einem Gebäude einzurichten, bei dem es sich im Grunde um einen Wachturm handelte, war sicherlich kühn und originell.

Eine Vorstellung von dem Aussehen des Hauptpalastes – der, wie oben gesagt, eine Fläche von ungefähr 200 x 80 m eingenommen haben kann – zu gewinnen ist schon schwieriger. Die eingehende Kenntnis der verschiedenen Paläste, die in diesem Buch beschrieben werden, ermöglicht es, eine ungefähre Vorstellung von seinem allgemeinen Erscheinungsbild entstehen zu lassen, doch gilt dies nicht für kleinere Details. Dominierende Merkmale bildeten zweifellos die inneren Höfe und Empfangsräume. Ich habe die enge Verbindung zwischen ihnen anläßlich der Erörterung des dritten Palastes in Jericho und der Bergpalastfestung in Herodeion behandelt. Gleichwohl ist interessant, daß es runde oder halbkreisförmige Stoen zwar in dem nicht aufgefundenen Palast in Jerusalem gab, die runde Bergpalastfestung dagegen einen rechteckigen Innenhof aufwies. Trotz der großen Inspiration und den Innovationen, die bei den Bauprojekten des Herodes auffallen, ist die Architektur selbst orthogonal und im Grunde traditionell. Herodes' Innovationen waren vor allem funktionaler und praktischer Natur, gehören aber nicht in den Bereich architektonischer Weiterentwicklung.

***Abb. 168** Ansicht der Südwestecke des Tempelberges (nach dem Modell im Holy Land Hotel in Jerusalem).*

***Abb. 169** Gesamtplan des dritten Winterpalastes des Herodes in Jericho mit Angabe der architektonischen Achsen.*

Schlußbetrachtung

Wie in diesem Buch gezeigt wurde, spielten Paläste eine bedeutende Rolle im Leben des hasmonäischen und des herodianischen Königshauses. Beide Dynastien, deren permanenter Wohnsitz Jerusalem war, ließen sich weitere Paläste außerhalb ihrer Hauptstadt errichten. Das Bild von diesen verschiedenen königlichen Wohnsitzen ist weit davon entfernt, vollständig zu sein. Nicht entdeckt wurden bislang die Paläste in Jerusalem, wobei die Chancen, daß dies bei künftigen Ausgrabungen noch geschehen wird, sehr gering sind, und ferner besteht die Möglichkeit, daß diese Könige weitere Paläste in anderen Städten oder Gegenden besaßen, von denen man weder durch historische Quellen noch durch Ausgrabungen Kenntnis hat, wie z. B. Herodes' Palast in Samaria-Sebaste. Der größte Teil der Informationen hinsichtlich der beiden hier erörterten Epochen stammt überwiegend von den zahlreichen Bauprojekten an abgelegenen Orten, im allgemeinen in der Wüste, deren Schicksal sich stark von demjenigen der in besiedelten Gegenden liegenden Paläste unterschied. Hier war es nämlich nicht nur wahrscheinlich, daß die Bauten durch spätere Siedlungsschichten überdeckt wurden, sondern die Suche nach geeigneten Baumaterialien führte in der Antike auch zur Zerstörung vieler Überreste.

Die für die hasmonäische Zeit zur Verfügung stehenden Informationen sind sehr begrenzt und rühren, wie schon erwähnt, hauptsächlich von den Winterpalästen in Jericho her. Die Kenntnis anderer hasmonäischer Ruinenstätten ist gering und stützt sich ausschließlich auf eine Reihe von palastartigen Wüstenfestungen.

Indirekte Zeugnisse des hasmonäischen Architekturstiles lieferte außerdem die erste Bauphase in Masada, besonders der Kern des Westpalastes und die zur gleichen Zeit entstandenen kleinen Paläste. Auf jeden Fall bildet der Westpalast in Masada ein Bindeglied zwischen der hasmonäischen und der herodianischen Architektur.

Unter dem Gesichtspunkt einer hochentwickelten Architektur ist der hasmonäische Winterpalast in Jericho eigentlich ein Konglomerat von Bauten. Lediglich im Fall des Beckenkomplexes und der Zwillingspaläste ist eine erfolgreiche architektonische Lösung der mit der Planung der Komplexe verbundenen Probleme zu verzeichnen. Dennoch erweckt das allgemeine Bild nicht den Eindruck, als bestünde zwischen den verschiedenen Komplexen eine architektonische Beziehung. Das Fehlen von Informationen hinsichtlich der übrigen hasmonäischen Paläste erschwert eine Entscheidung darüber, ob das Bild in Jericho alle anderen Paläste dieses Herrscherhauses wahrheitsgetreu widerspiegelt. Zweifellos kann man annehmen, daß die Paläste in der Hauptstadt Jerusalem einem höheren Standard entsprachen und ihre Ausstattung von größerer Qualität war.

Von der Zeit des Königs Herodes hat man demgegenüber eine völlig andere Vorstellung, und zwar nicht nur quantita-

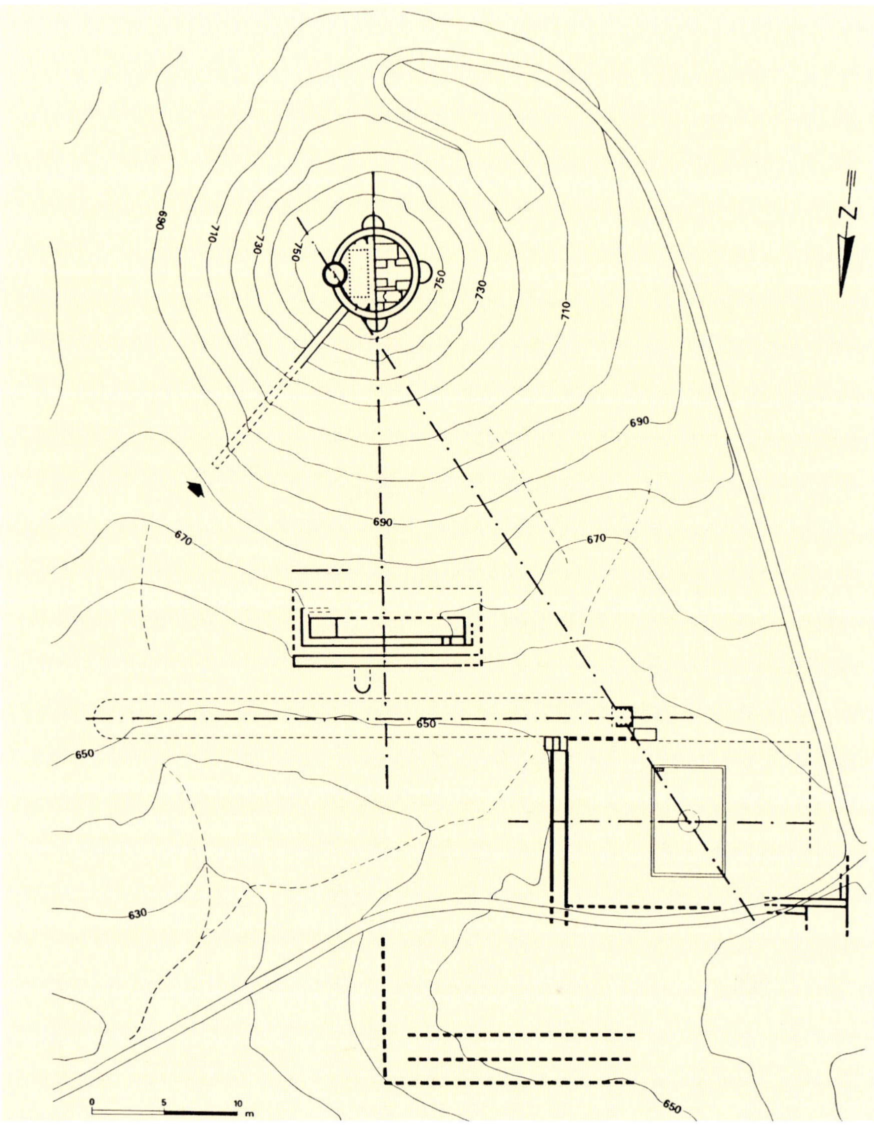

170

***Abb. 170** Gesamtplan vom Groß-Herodeion mit Angabe der architektonischen Achsen.*

***Abb. 171** Die Tabelle faßt die Funktionen der verschiedenen Paläste zusammen und zeigt, inwieweit ein jeder den folgenden Anforderungen entsprach: 1. dauerhafter Wohnsitz; 2. saisonaler Wohnsitz, Freude an der Natur, ein milderes Klima, eine staunenerregende Landschaft usw.; 3. zeitweiliger Wohnsitz, z. B. während des Besuches einer Region; 4. geschützter Wohnsitz in Krisenzeiten (der Stern zeigt die hauptsächliche bzw. einzige Funktion eines Ortes an).*

Funktion und Nutzung der hasmonäischen und herodianischen Paläste				
Funktionen	**1**	**2**	**3**	**4**
Die hasmonäische Zeit				
Jerusalem	*			+
Jericho		*		
Wüstenfestungen			*	
Die Zeit des Herodes				
Jerusalem				
Die Antonia	+			*
Hauptpalast	*			+
Die drei Türme			+	*
Jericho		*		
Masada		+	+	*
Kypros		+		*
Andere Wüstenfestungen			+	*
Caesarea, Klippenpalast		*	+	

171

tiv, sondern auch qualitativ. In diesem Fall verfügt man über Informationen von mehreren Orten: Jericho, Masada, dem Herodeion, Caesarea Maritima, Kypros und zu einem gewissen Grad auch aus dem Alexandreion und Machairus. Eine wichtige Ergänzung zu den vorhandenen archäologischen Erkenntnissen liefert Josephus, und wie gezeigt wurde, fällt auch von den archäologischen Funden her Licht auf seine Schriften: durch ihn erfährt man von Stätten, die bislang nicht entdeckt sind, und zugleich ermöglichen seine Beschreibungen, zu einem besseren Verständnis der Stätten und Gebäude vorzudringen, die durch archäologische Grabungen entdeckt wurden.

Es ist nicht leicht, die genaue Reihenfolge festzustellen, in der Herodes' Paläste errichtet wurden. Die Antonia in Jerusalem, die Paläste der ersten Phase in Masada und der erste Palast in Jericho können allgemein in das 3. Jahrzehnt v. Chr. datiert werden. Der Nordpalast in Masada, der Hauptpalast in Jerusalem, der zweite Palast in Jericho und der große Palast im Herodeion gehören in das 2. Jahrzehnt v. Chr., und der dritte Palast in Jericho sowie der Palast auf der Klippe in Caesarea in das 1. Jahrzehnt v. Chr. Herodes' größte Errungenschaften fallen daher in das 2. und 1. Jahrzehnt v. Chr., in die Zeit nach der anfänglichen Konsolidierungsphase seiner Herrschaft und augenscheinlich auch des Versammelns eines Teams von Architekten, die seinen Anforderungen entsprachen. Jedenfalls wurden diese beiden Jahrzehnte außerdem Zeuge der Durchführung zweier Projekte, die zu den umfangreichsten und ehrgeizigsten Unternehmungen des königlichen Bauherrn gehörten: des Neubaus des Tempels in Jerusalem und der Anlage des Tiefseehafens Sebastos in Caesarea.

Den Fähigkeiten des Herodes und seiner Architekten, was die Planung von Komplexen angeht, ist große Bedeutung beizumessen. In einer vergleichenden Analyse des dritten Palastes in Jericho (Abb. 169) und des Groß-Herodeions (Abb. 170) habe ich eine Liste von Punkten zusammengestellt, die für ihr Herangehen an die Planung charakteristisch ist[193]: 1. Verwendung architektonischer Achsen; 2. Schaffung architektonischer Brennpunkte; 3. Anpassung an topographische Gegebenheiten; 4. Eigenmächtige Formung des Geländes, falls notwendig, durch Erdbewegungen in großem Maßstab; 5. Einbeziehung von Wasser in den Plan von Komplexen; 6. Eingliederung regelmäßig angelegter Ziergärten in den Plan von Komplexen.

Die Punkte 3 und 4 scheinen einander zu widersprechen, doch ist dies nicht wirklich der Fall. Ich hege keinen Zweifel daran, daß die vorhandene topographische Beschaffenheit den Ausgangspunkt der anfänglichen Planung bildete. Es gab keinen Grund, nicht von allem Gebrauch zu machen, was sich dazu anbot. Andererseits betrachtete man die topographische Beschaffenheit nicht als Hindernis, wenn ein geplantes Bauwerk, sei es ein Gebäude, ein Gartenkomplex oder eine Sportanlage, Aushubarbeiten im Boden oder Einarbeitungen in den gewachsenen Felsen, Erdbewegungen von einem Ort zum anderen oder das Errichten von Stützmauern jeder vertretbaren Höhe erforderlich machte.

Besondere Hervorhebung verdient die enge und vollständige Integrierung großer Schwimmbecken in die Paläste der Hasmonäer und des Herodes. Aller Wahrscheinlichkeit nach waren die Hasmonäer die Pioniere auf diesem Gebiet, und ich bin überzeugt, daß die hasmonäischen Paläste einen wichtigen Beitrag zu dieser Entwicklung geleistet haben. Gemeint ist hier die Eingliederung von Schwimmbecken in die Palastanlagen selbst, nicht in die sie umgebenden Gärten, wie es beispielsweise bei dem persischen *paradeisos* der Fall war. An den in diesem Buch beschriebenen Orten trifft man Becken an, die in Ziergärten eingegliedert waren – dies gilt für das durch Zusammenlegung zweier kleinerer Bekken entstandene große Becken im zweiten Palast von Jericho und bis zu einem gewissen Grad auch für das Becken im Unteren Herodeion. Die hervorragend gelungene Integrierung dieser Becken in die Paläste zeigen sowohl der hasmonäische Beckenkomplex, den Alexander Jannaios in Jericho errichtete, als auch das von einem Peristyl umgebene Becken in Herodes' zweitem Palast in Jericho und, nicht zu vergessen, der Klippenpalast von Caesarea. Es sei darauf hingewiesen, daß diese Erscheinung so gut wie einzigartig in der hellenistisch-römischen Welt war.

Meines Erachtens drückt sich im Plan dieser Komplexe auch Herodes' administrative Fähigkeit bei der Leitung der inneren und äußeren Angelegenheiten seines Königreiches aus. Besonders bemerkenswert ist das Interesse und die außergewöhnliche Anteilnahme des königlichen Bauherrn an Planung und Durchführung der während seiner Regierungszeit durchgeführten Bauarbeiten[194], die sich vor allem auf folgenden Gebieten äußern: a – Wahl des Ortes; b – maximale Konzentration von Funktionen; c – Unterbreiten planerischer Ideen.

Diese Punkte treten bei den in diesem Buch beschrieben Palästen deutlich hervor: die gelungene und originelle Wahl des Bauplatzes demonstrieren der Nordpalast von Masada, der Klippenpalast in Caesarea, der dritte Palast in Jericho (der sich auf beiden Ufern eines jahreszeitabhängigen Wasserlaufs erstreckt) und sogar die bloße Idee, einen großen Sommerpalast am Rande der judäischen Wüste, im Herodeion, zu errichten. Als Beispiele für die maximale Bündelung von Funktionen (der 2. Punkt) sind das Herodeion, die mehrstöckigen Türme und der Hippodrom in Jericho hervorzuheben.

Das Vorschlagen origineller Ideen bei der Planung (der 3. Punkt) zeigt sich beim Nordpalast in Masada (in dem bloßen Gedanken, diesen Palast auf drei Felsterrassen zu erbauen, und vielleicht auch in der Entscheidung, auf der mittleren Terrasse einen Rundbau zu errichten), bei der Bergpalastfestung im Herodeion und den mehrstöckigen Türmen. Meiner Ansicht nach ist eine der hervorragendsten Manifestationen dieser Inspirationskraft die Anlage des südlichen Tells, der einen Teil des dritten Palastes in Jericho bildet. Gemeint ist hiermit die Idee, eine große Empfangshalle nebst einem zugehörigen Badehaus auf der Kuppe des künstlichen Hügels zu errichten.

Die offensichtliche Schlußfolgerung, die sich meines Erachtens daraus ergibt, ist, daß die meisten, wenn nicht alle dieser Ideen einem Mann zuzuschreiben sind, nämlich Herodes. Den größten Teil davon könnte jemand vorgeschlagen haben, der über keinerlei architektonische Ausbildung verfügte und keinen derartigen Hintergrund besaß, sondern sich lediglich auf seinen praktischen Verstand und seine schöpferische Phantasie stützte. Gleichwohl gehe ich überdies davon aus, daß Herodes, soweit möglich, persönlich an der Wahl des Ortes und des Platzes, der Auswahl der Baumaterialien, der Festlegung der verschiedenen Funktionen, der Kalkulation der Baukosten und der Entscheidung hinsichtlich der Grundzüge der Planung beteiligt war. Es sei hier betont, daß in keiner der Schriften des Josephus jemals ein Architekt erwähnt wird. Hingegen deutet eine Passage klar auf eine persönliche Beteiligung des Herodes während der Bauphase in Verbindung mit der Errichtung der Stoen um den Tempelberg hin: *«Keinen dieser Höfe betrat König Herodes, da er kein Priester war und ihm dies daher nicht gestattet war. Aber mit dem Bau der Säulenhallen und der äußeren Höfe beschäftigte er sich rege, und diese vollendete er innerhalb von acht Jahren»* (Jüdische Altertümer XV 420).

Paläste, *villae, domi*

Das breite Panorama der Palastkomplexe aus der Zeit des zweiten Tempels, das sich den Augen des Betrachters bietet, ermöglicht es, ein interessantes Bild von den verschiedenen Aspekte des Lebensstils der königlichen Familien in diesen Palästen zu zeichnen (Abb. 171). Man erfährt von den vielfältigen Nutzungsmöglichkeiten der verschiedenen Paläste und den dynamischen Veränderungen, die sich im Laufe der Jahre an ihnen vollzogen, besonders in Masada und Jericho. Die Unterteilung der Paläste in einzelne Flügel erlaubte ihre gleichzeitige Nutzung durch verschiedene Mitglieder der königlichen Familie und durch Gäste, die sich in ihrem Rang und ihren Ansprüchen unterschieden (Abb. 172).

Die Errichtung der Paläste erforderte die Bündelung vieler Anstrengungen in bezug auf die Finanzierung, auf ungelernte Arbeitskräfte und Facharbeiter (Steinmetze, Gerüstbauer, Stukkateure, Estrichverleger usw.), auf die Ausrüstung (wie etwa Wagen) und die Bereitstellung von Baumaterialien, die mitunter aus weit entfernten Gegenden geholt wurden (wie z. B. Holzbalken aus dem Libanon oder farbige Steine für die *opus-sectile-*

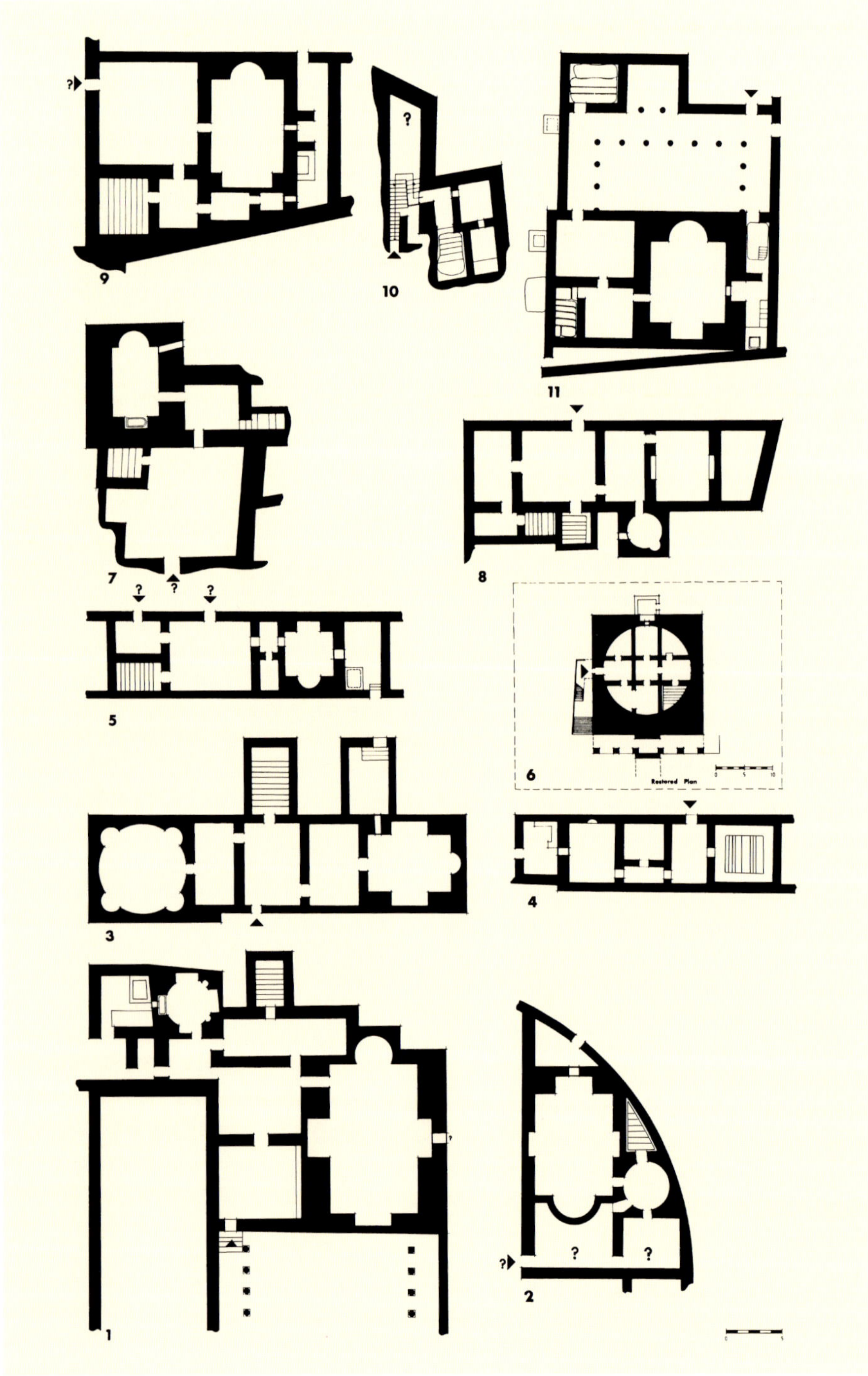

172

Abb. 172 ***Alle im römischen Stil gebauten Badehäuser, die aufgedeckt wurden, im gleichen Maßstab gezeichnet.***

Abb. 173 ***Herodeion, der größte Palast des Herodes, aus der Luft gesehen mit Blick nach Süden. Im Vordergrund das Untere Herodeion, die Palastfestung im Hintergrund.***

Böden)[195]. Ein Heer von Arbeitern wurde für die umfangreichen Erdbewegungen benötigt, die integraler Bestandteil vieler Palastprojekte waren, besonders beim Herodeion.

Während die allgemeine Funktion der verschiedenen Teile der hier behandelten Paläste eindeutig bestimmt werden kann, gilt dies vielfach nicht für Einzelheiten, d. h. die Räume selbst. Im Gegensatz zu Ruinenstätten, wo sich die spezifische Funktion der Räume entweder anhand regelmäßiger, bekannter, sich wiederholender Anordnungen, spezieller Überreste (z. B. die dauerhaften Spuren der Aufstellung von Ruhebetten auf den Böden vieler makedonischer Paläste) oder anhand der Art der Funde in den einzelnen Räumen (ein gutes Beispiel sind die verschwenderischen Wohnsitze in Pompeji) bestimmen läßt, muß man hier anscheinend berücksichtigen, daß es sich um zwei neue Herrscherhäuser handelt, die eine neue politische Tradition in Palästina begründeten, die dort keinen Vorläufer hatte. Daher ist es möglich, daß während der Errichtung des Palastes viele Räume für allgemeine, nichtspezifische Zwecke gebaut wurden, und man beabsichtigte, sie entsprechend der jahreszeitlich wechselnden Erfordernisse zu nutzen.

Eine Fülle von Informationen wurde in bezug auf die zahlreichen herrlichen Wohnsitze zusammengetragen, die es überall in Italien und in verschiedenen Ländern mit hellenistischer oder römischer Kultur gab. *Villae*, *villae maritimae* und in der Stadt oder Vorstadt gelegene *domi* ähnelten alle Palästen, wenn man nach ihrer Größe und ihrer Pracht, weniger nach ihren Bewohnern urteilt. Auf jeden Fall gingen die in diesem Buch behandelten Paläste allen aus der römischen Welt bekannten Palästen voraus. Zur Zeit der Republik gab es keine Paläste in der römischen Welt, und Augustus begnügte sich mit einem relativ bescheidenen Palast am Rand des Palatins. Dieser Palast genügte nicht einmal seinem Nachfolger Tiberius, der einen neuen auf demselben Hügel erbaute; und später errichtete Nero für sich einen großen, von einem ausgedehnten Garten umgebenen Palast auf dem benachbarten Hügel. Jedoch zogen es nach recht kurzer Zeit die flavischen Kaiser vor, wieder auf den Palatin zurückzukehren, wo sie einen neuen Palast bauten, dessen offizieller Teil unter dem Namen Domus Flavia bekannt ist, während der Teil, der als Privatwohnung diente, die Bezeichnung Domus Augustana trägt. Dieser Palast diente auch später den römischen Kaisern, die in der Stadt residieren wollten, was freilich

173

nicht alle taten. Hadrian beispielsweise zog es vor, seinen Palast nahe der Stadt Tivoli zu errichten, einige Dutzend Kilometer östlich von Rom – der größte Palast in der Geschichte des Römischen Reiches, bekannt als Villa Hadriana. Jedenfalls war die kaiserliche Residenz auf dem Palatin der Ursprung für die sich in den meisten europäischen Sprachen entwickelnde Bezeichnung »Palast« (englisch palace, französisch palais, italienisch palazzo usw.). Ich erinnere den Leser erneut daran, daß Herodes' Paläste rund ein Jahrhundert älter sind als der Hauptpalast, dessen Reste heute auf dem Palatin zu sehen sind.

Die Paläste der Hasmonäer und des Herodes riefen großes Interesse hervor angesichts der geringen Reste von Palästen der hellenistischen Zeit im östlichen Mittelmeerraum im allgemeinen und des fast gänzlichen Fehlens solcher Überreste in den Hauptstädten der beiden bedeutendsten hellenistischen Königreiche, der Seleukiden (Antiochia) und der Ptolemäer (Alexandria) im besonderen. Spezielle Bedeutung kommt dabei ihrem Nichtvorhandensein in Alexandria zu. Neuere Untersuchungen, wie die von McKenzie, dessen Ausgangspunkt die Suche nach der architektonischen Quelle für die Denkmäler in Petra bildete[196], und diejenige von Nilsen, der dem Einfluß der Paläste im Orient auf die frühen hellenistischen und römischen Paläste nachgeht[197], messen, jeder von einem anderen Gesichtspunkt aus, der Bestimmung des Charakters der Architektur dieser Stadt aufgrund ihrer Schlüsselstellung große Bedeutung bei.

Mit dem Verschwinden der Herrscherhäuser der Hasmonäer und des Herodes von der politischen Bühne Palästinas hörte der Bau von Palästen für lange Zeit auf. Der Infrastruktur, die Herodes hinterließ, bedienten sich die römischen Gouverneure in Jerusalem und Caesarea und an den Orten, an denen die Paläste intakt geblieben waren.

sind der Ansicht, daß die einzige Erwähnung eines zweiten Ortes mit Namen Herodeion im *bellum Iudaicum* (I 419) auf einem literarischen Irrtum beruht. Dieser zweite Ort wird weder in der parallelen Version der Beschreibung Herodeions in den *antiquitates* (323–325) noch sonst genannt. Hätte es wirklich zwei Orte dieses Namens gegeben, so würde Josephus diese sorgfältig unterschieden haben.

139 Zu den Ereignissen, die vor die Errichtung von Herodeion fallen, siehe *bell. Iud.* I 263–265; *ant.* 352–360; die zuletzt genannte Quelle ist ausführlicher. Die Beschreibung des Ortes findet sich *bell. Iud.* I 419–421; *ant.* XV 323–325.

140 *ant.* XIV 365–369.

141 Siehe Anm. 8.

142 Siehe Anm. 8.

143 Siehe *ant.* XV 323. Die Hochzeit fand ca. 23 v. Chr. statt, siehe A. SEGAL, *Herodium*, in: *IEJ* 23 (1973) 27 ff.

144 Siehe SCHÜRER 1973, 307 ff. Anm. 7.

145 Siehe C. SCHICK, *ZDPV* XIX (1896) Taf. 6; ferner A. MAZAR, *A Survey of the Aqueducts Leading to Jerusalem*, in: D. AMIT et al. (Hrsg.), *The Aqueducts of Ancient Palestine*, Jerusalem (1989) 192 ff. (hebräisch). Eine englische Übersetzung erscheint in Kürze als Supplement zum *Journal of Roman Archaeology*, Ann Arbor.

146 Siehe R. GRAPHMANN, *Herod's Foot and Robinson's Arch*, in: *IEJ* 20 (1970) 63 ff.

147 Siehe CORBO 1989, 46 ff. Anm. 134.

148 Siehe NETZER 1981, 95. 111. 131. Anm. 137.

149 Siehe SEGAL (Anm. 12) 27 ff. Zum Mausoleum des Augustus siehe E. NASH, *Pictorial Dictionary of Ancient Rome II*, London (1962) 38 ff.

150 Siehe F. K. DÖRNER, *Kommagene*, Bergisch Gladbach (1981) 220 ff.

151 *Ios. ant.* XIII 35 f. Eine ähnliche palastartige Festung wurde in Demetrias, im östlichen Teil Griechenlands, freigelegt, siehe P. MARZOLFF, *Bürgerliches und herrscherliches Wohnen im hellenistischen Demetrias*, in: *Diskussionen zur archäologischen Bauforschung 3*, Berlin (1979) 129 ff.

152 Siehe NETZER 1981, 100 f. Anm. 137.

153 Siehe NETZER 1981, Anm. 137; den auf dem neuesten Stand befindlichen Bericht gibt DERS., *Herodium. An Archaeological Guide*, Jerusalem (1987). Ein abschließender Bericht über die vom Autor in den Jahren 1980–87 im Unteren Herodeion durchgeführten Grabungen erscheint in Kürze.

154 Siehe M. ROSTOWZEW, *Die hellenistisch-römische Architekturlandschaft*, in: *RM* 26 (1911) Abb. 19. 22. 25.

155 Siehe J. HUMPHREY, *Roman Circuses. Arenas for Chariot Racing*, London (1986) 350 ff. Wir sind anderer Auffassung als Humphrey, der diese „Bahn" vor allem als eine Sportanlage ansieht. Wenn unsere Vorstellung von dem Grabbezirk richtig ist, wäre dieses Gelände eher als eine Art von Friedhofsgarten zu betrachten.

156 Ios. *bell. Iud.* I 673 f.; *ant.* XVII 196–199.

157 Siehe M. KON, *The Tombs of the Kings*, Tel-Aviv (1947, hebräisch); siehe ferner zum Ritualbad, das vor einigen Jahren in Jericho innerhalb eines einzigartigen Grabkomplexes gefunden wurde, E. NETZER, *The Mourning Courtyard*, in: R. HACHLILI, *Goliath's Tomb at Jericho*, in: *Atiquot* (im Druck).

158 Siehe MCKENZIE 1990, 148 f. Taf. 103 ff. Anm. 21.

159 Siehe NETZER 1981, 105 ff. Anm. 137.

160 *bell. Iud.* I 408–15; *ant.* XV 331–341.

161 Siehe K. G. HOLUM et al., *King Herod's Dream, Caesarea on the Sea*, New York (1988) 11 ff.; E. STERN (Hrsg.), *The New Encyclopedia of Archaeological Excavations in the Holy Land I*, Jerusalem (1993) 270 ff.

162 Ios. *bell. Iud. I* 408; *ant.* XV 331. Obwohl das Wort „Palast" in *bell. Iud.* I 408 (Editor: nach der Loeb-Reihe) im Singular und in *ant.* XV 331 im Plural erscheint (und es mag in anderen Übersetzungen noch weitere Abweichungen geben), weist die Tatsache, daß der Palast oder die Paläste an erster Stelle in der allgemeinen Beschreibung erwähnt werden, auf seine oder ihre Bedeutung in den Augen des Historikers hin. Nach Ansicht des Autors dieses Buches paßt diese Tatsache gut zu der einzigartigen Lage und dem Entwurf des Palastes auf dem Vorgebirge.

163 Siehe A. FLINDER, *A Piscina in Caesarea – A Preliminary Survey*, in: *IEJ* 26 (1976) 77 ff.; K. NIKOLAOU / A. FLINDER, *Cyprus Fishtanks*, in: *International Journal of Nautical Archaeology* 5 (1976) 136 ff.

164 Siehe E. NETZER / R. BAR-NATAN, *The Promontory Palace*, in I. L. LEVINE / E. NETZER, *Excavations at Caesarea Maritima*, in: *Qedem* 21 (1987), 149 ff.

165 Siehe B. BURRELL / K. GLEASON / E. NETZER, *Uncovering Herod's Seaside Palace*, in: *Biblical Archaeological Review* 19 (1973) 50 ff. 76.

166 Siehe Anm. 163.

167 In den Jahren 1993 und 1994 wurden zusätzliche Ausgrabungen durch das Team der Philadelphia-Grabung und ein Team des Denkmalamtes in dem Gelände unmittelbar östlich des Palastes durchgeführt. Entdeckt wurden die Überreste eines ca. 50 x 30 m großen Peristylhofs nebst einigen zusätzlichen Anlagen nördlich davon. Gegenwärtig ist nicht klar, ob diese Überreste gleichzeitig mit dem Palast entstanden oder geringfügig jünger sind, also aus einem der oben erwähnten Stadien des Palastes selbst stammen.

168 Siehe Anm. 162.

169 Siehe L. I. LEVINE, *Roman Caesarea. An Archaeological-Topographical Study*, in: *Qedem* 2 (1975) 36 mit Anm. 256.

170 Siehe B. BURRELL, *Two Inscribed Columns from Caesarea Maritima*, in: *ZPE* 99 (1993) 287 ff.

171 Ios. *bell. Iud. I* 401; *ant.* XIV 4–7.

172 Die Beschreibung des Hauptpalastes erfolgt an drei Stellen. Die ausführlichste ist *bell.* V 176–181. In zwei parallelen Berichten (*bell.* I 402; *ant.* XV 318) findet man einen kurzen Hinweis, der vor allem den beiden Empfangsräumen, den *triclinia*, gilt.

173 Ios. *bell. Iud. I* 117–122; *ant.* XIV 4–7, s. o. S. 27 f.

174 Ios. *ant.* XX 189.

175 Siehe Y. TSAFRIR, *The Site of the Seleucid Akra in Jerusalem*, in: *Cathedra* 14 (1980) 17 ff. (hebräisch).

176 Siehe S. MARIE ALINE DE SION, *La forteresse Antonia à Jérusalem et la question du prétoire*, Jerusalem (1956); ferner P. BENOÎT, *L'Antonia d'Hérode le Grand et le forum oriental d'Aelia Capitolina*, in: *Harvard Theological Review* 64 (1971) 135 ff.

177 Siehe N. AVIGAD, *Discovering Jerusalem*, Jerusalem (1980) 83 ff.

178 Ebenda 65.

179 Siehe D. BAHAT / M. BROSHI, *Excavations in the Armenian Gardens*, in: *Qadmoniot* V (1972) 102 ff. Zu den Ausgrabungen siehe ferner R. AMIRAN / A. EITAN, *Excavations in the Courtyard of the Citadel, Jerusalem, 1968–1969. Preliminary Report*, in: *IEJ* 20 (1970) 9 ff. Obwohl die Ausgräber hier behaupten, es handele sich bei den von ihnen freigelegten Resten um Teile von Herodes' Hauptpalast, könnten es durchaus diejenigen der Wirtschaftsflügel oder der Wohnungen des Palastpersonals sein.

180 In der Hauptbeschreibung des Palastes ist von Hallen die Rede, die Josephus mit dem Begriff *oikos* bezeichnet, ein Wort, das sowohl „Halle" als auch „Haus" bedeuten kann, weshalb dieser Begriff in einigen Übersetzungen ein Gebäude, keine Halle bezeichnet (dies war auch die Interpretation von Avi-Yonah in seinem Modell im Holy Land Hotel in Jerusalem). Aller Wahrscheinlichkeit nach waren die Hallen in dem Jerusalemer Palast größer und prächtiger als ihre Gegenstücke in Jericho.

181 Ios. *bell. Iud.* I 407.

182 Südlich dieser miteinander verbundenen Becken, auf den Überresten des hasmonäischen Pavillons wurde eine rechteckige Struktur von 6,8 x 6,8 m Größe freigelegt. Es handelt sich dabei um einen Raum, in den von den vier Seitenwänden jeweils kurze Mauern hineinreichten, die die Mitte des Raumes frei ließen. Nach Meinung des Autors wurde es in den Tagen Herodes' als Columbarium benutzt. Siehe die Struktur in H in Abb. 72

183 Siehe Masada III 637 f. Anm. 8.

184 E. D. OREN, *The Herodian Doves in the Light of Recent Archaeological Discoveries*, in: *PEQ* 101 (1968) 50 ff.; ferner Y. TEFFER, *The Raise and Fall of Dove-Raising*, in A. KASHER et al. (Hrsg.), *Man and Land in Eretz-Israel in Antiquity*, Jerusalem (1986) 170 ff. (hebräisch, mit engl. Zusammenfassung S. XVIII f.).

185 Siehe NETZER 1981 79 ff. Anm. 137.

186 Ios. *ant.* XV 336; *bell. Iud.* I 412.

187 Siehe A. SCHALIT, *Roman Administration*, Jerusalem (1937) 94 (hebräisch).

188 Ios. *bell. Iud.* VII 1–4.

189 Ios. *ant.* XV 380–390.

190 Siehe B. MAZAR, *The Temple Mount*, in: *Biblical Archaeology Today. Proceedings of the International Congress on Biblical Archaeology, Jerusalem, April 1984*, Jerusalem (1985) 463 ff.; K. und L. RITMEYER, *Reconstructing Herod's Temple Mount in Jerusalem*, in: *Biblical Archaeological Review* 15 (1989) 23 ff.; ferner L. RITMEYER, *Locating the Original Temple Mount*, in: *Biblical Archaeological Review* 18 (1992) 24 ff. 64 f.

191 Siehe K. und L. RITMEYER 30 ff.

192 Siehe L. RITMEYER 38 f.

193 Siehe NETZER 1981, 109 f. Anm. 137.

194 Siehe E. NETZER, *Herod's Building Projects, State Necessity or Personal Need?*, in: *The Jerusalem Cathedra* 1 (1981) 38 61 ff.

195 Anscheinend wurden beispielsweise die Steine in Masada, aus denen der Bauschmuck gemeißelt wurde, aus der Umgebung von Jericho geholt und offenbar einen Teil des Weges auf dem Toten Meer transportiert.

196 Siehe MCKENZIE 1990, Anm. 21.

197 Siehe I. NIELSEN, *Hellenistic Palaces, Tradition and Renewal*, Aarhus (1994).

Bildnachweis

Photographien:

2, 4, 5, 10, 11, 12, 13b, 14, 15, 16, 17, 18, 23, 25, 26, 28, 29, 30, 31, 32, 38, 39, 41, 46, 49, 50, 52, 53, 56, 57, 58, 59, 60, 62, 63, 64, 65, 68, 69, 73, 76, 78, 79, 86, 87, 88, 90, 91, 92, 93, 128, 130, 131, 139, 143, 145, 146, 147, 148, 149, 150, 152, 156, 158, 159, 160: Z. Radovan (für die Jericho- und Herodium-Expeditionen, Hebräische Universität Jerusalem); 6, 13a, 33, 34, 40, 54, 61, 71, 72, 83, 95, 96, 101, 104, 111, 118, 119, 120, 127, 129, 141, 142, 144, 164, 165, 167, 168: E. Netzer; 98, 102, 105, 106, 112, 114, 116, 122: A. Volk (für die Masada-Expedition, Hebräische Universität Jerusalem); 44, 45, 70: American Archaeological School of Oriental Research; 82: Y. Tsafrir; 121: D. Ulmer; 126: V. Brown; 137: Pantomap, Jerusalem; 164, 165, 167, 168: Holy Land Hotel, Jerusalem; 173: Albatross, Tel Aviv.

Zeichnungen:

135: Times Books; 99, 109, 110, 113, 123: Masada-Expedition der Hebräischen Universität Jerusalem; 153: N. Avigad; 163: D. Bahat.
Alle übrigen Zeichnungen wurden vom Autor angefertigt.

Auswahlbibliographie

Geschichte

A. SCHALIT, *König Herodes. Der Mann und sein Werk*, Berlin (1969).
E. SCHÜRER *The History of the Jewish People in the Age of Jesus Christ* Vol. I, Revised and Edited by G. VERMES / F. MILLAR / M. BLACK (1973).
The World History of the Jewish People, First Series, Ancient Times VI. *The Hellenistic Age* (1972, hrsg. v. A. SCHALIT), VII. *The Herodian Period* (Hrsg. v. M. AVI-YONAH), New Brunswick (1975).

Allgemein

D. AMIT ET AL. (Hrsg.), *The Aquaeducts of Ancient Palestine*, Jerusalem (1989). Eine englische Übersetzung erscheint in Kürze als Supplement zum *Journal of Roman Archaeology*, Ann Arbor.
I. DAMATI, *The Palace of Hilkiya*, in: *Qadmoniot* 15 (1982) 117 ff. (hebräisch).
G. FÖRSTER, *Art and Architecture in Palestine*, in: M. DE JONG / S. SAFRAI / M. STERN (Eds.), *Compendia Rerum Iudaicarum ad Novum Testamentum* II, Assen (1976) 971 ff.
R. GRAPHMANN, *Herod's Foot and Robinson's Arch*, in: *Israel Exploration Journal* 20 (1970) 63 ff.
R. HACHLILI, *Ancient Jewish Art and Archeology in the Land of Israel*, Leiden (1988).
J. HUMPHREY, *«Amphitheatrical» Hippo-Stadia*, in: A. RABAN / K. G. HOLUMN (Eds.), *Caesarea Maritima. A Retrospective after Two Millenia*, Leiden (1996) 121 ff.
W. F. JASHEMSKI, *The Gardens of Pompeii, Herculaneum and the Villas Destroyed by Vesuvius*, New York (1979).
L. I. LEVINE, *Towards an Appraisal of Herod as a Builder*, in: *The Jerusalem Cathedra* I (1981) 62 ff.
A. G. MCKAY, *Houses, Villas and Palaces in the Roman World*, London (1975).
J. MCKENZIE, *The Architecture of Petra*, Oxford (1990).
E. NETZER, *Herod's Building Projects, State Necessity or Personal Need?* in: *The Jerusalem Cathedra* 1 (1981) 38 61 ff.
DERS., *The Herodian Triclinia – A Prototype for the «Galileen-Type Synagogue»* in: L. I. LEVINE (Hrsg.), *Ancient Synagogues Revealed*, Jerusalem (1981) 49 ff.
DERS., *Hasmonean building Projects*, in: A. KASHER ET AL. (Hrsg.), *Greece and Rome in Eretz-Israel*, Jerusalem (1989), 225 ff.
I. NIELSEN, *Thermae et Balnea, The Architecture and cultural History of Roman Public Baths* I, Aarhus (1990) 153 ff.
DERS., *Hellenistic Palaces, Tradition and Renewal*, Aarhus (1994).
P. RICHARDSON, *Religion and Architecture: A Study in Herod's Piety, Power, Pomp and Pleasure*, in: *Bulletin of the Canadian Society of Biblical Studies* 45 (1985) 3 ff.
I. SHATZMANN, *The Armies of the Hasmoneans and Herod*, Tübingen (1991).

Caesarea Maritima

B. BURRELL / K. GLEASON / E. NETZER, *Uncovering Herod's Seaside Palace*, in: *Biblical Archaeological Review* 19 (1973) 50 ff.
K. L. GLEASON, *Ruler and Spectacle: The Promontory Palace*, in: A. RABAN / K. G. HOLUMN (Eds.), *Caesarea Maritima. A Retrospective after Two Millennia*, Leiden (1996) 208 ff.
K. G. HOLUM et al., *King Herod's Dream, Caesarea on the Sea*, New York (1988).
I. L. LEVINE / E. NETZER, *Excavations at Caesarea Maritima 1975–76, 79. Final Report, Qedem* 21 (1987).
E. NETZER, *The Promontory Palace*, in: A. RABAN, K. G. HOLUMN (Eds.), *Caesarea Maritima. A Retrospective after Two Millennia*, Leiden (1996) 193 ff.

Herodium

V. C. CORBO, *L'Herodion. Di Gebal Fureidis*, in: *Liber Annus* 13 (1963) 219 ff.
DERS., *L'Herodion Di Giabal Fureidis*, in: *Liber Annus* 17 (1967) 65 ff.
DERS., *Herodion* I, *gli Edifici della Fortezza*, Jerusalem (1989).
G. FÖRSTER, *Herodium* I, in: *Israel Exploration Journal* 19 (1969) 123 ff.;
DERS., *Herodium*, in: *Revue Biblique* 77 (1970) 400 ff. Taf. 20–23.
E. NETZER, *Greater Herodium, Qedem* 13 (1981) 79 ff.
DERS., *Herodium. An Archaeological Guide*, Jerusalem (1987).
E. NETZER / S. ARZI, *The Tunnels of Herodium*, in: *Qadmoniot* XVIII (1985) 33 ff. (hebräisch); englische Version: DIESS., *Jewish Rebels Dig Strategic Tunnel System*, in: *Biblical Archaeological Review* 15 (1988) 18 ff.

Jericho

G. GARBRECHT / E. NETZER, *Die Wasserversorgung des geschichtlichen Jericho und seiner königlichen Anlagen (Gut, Winterpaläste), Leichtweiss-Institut für Wasserbau der Technischen Universität Braunschweig, Mitteilungen* 115 (1991) 1 ff.
K. GLEASON, *Garden Excavations at the Herodian Winter Palace in Jericho*, in: *Bulletin of the Anglo-Israel Archaeological Society* 7 (1987/88) 28 ff.
G. L. KELSO / D. C. BARAMKI, *Excavations at New Testament Jericho and Khirbet En-Nitla, Annual of the American Schools of Oriental Research* XXIX–XXX (1955).
E. NETZER, *The Hasmonean and Herodian Winter Palaces at Jericho*, in: *Israel Exploration Journal* 25 (1975) 89 ff.
DERS., *The Winter Palaces of the Judean Kings at Jericho at the End of the Second Temple Period*, in: *Bulletin of the American Schools of Oriental Research* 228 (1977) 12 ff.
DERS., *The Hippodrome that Herodes Built at Jericho*, in: *Qadmoniot* XIII, 1980, 104 ff.
DERS., *Recent Investigations in the Winter Palaces at Jericho*, in: *Qadmoniot* XV (1982) 22 ff. (hebräisch).
DERS., *Water Channels and a Royal Estate from the Late Hellenistic Period in the Western Plain of Jericho*, in: *Leichtweiss-Institut für Wasserbau der Technischen Universität Braunschweig, Mitteilungen* 82 (1984) 1 ff.
DERS., *The Swimming Pools of the Hasmonean Period at Jericho*, in: *Eretz-Israel* 18 (1985) 344 ff. (hebräisch).
DERS., *The Swimming Pools of the Hasmonean Period at Jericho*, in: *Leichtweiss-Institut für Wasserbau der Technischen Universität Braunschweig, Mitteilungen* 89 (1986) 1 ff.
DERS., *Architecture in Palaestina Prior and During the Days of Herod the Great*, in: *Akten des XIII. Internationalen Kongresses für Klassische Archäologie, Berlin 1988*, Mainz am Rhein (1990) 44 ff.
DERS., *Tulul Abu el-'Alayiq, Exploration Since 1973*, in: *The Encyclopedia of Archaeological Excavations in the Holy Land* 3, Jerusalem (1993), 687 ff.
DERS., *The Hasmonean Palaces in Palaestina*, in: *Basileia, die Paläste der Hellenistischen Könige, Internationales Symposion in Berlin* 16.–20. 12.1992, hrsg. v. W. HOEPFNER / G. BRANDS, Mainz am Rhein (1995) 203 ff.
DERS., *The Palaces Built by Herod – A Research Update. Judea and the Greco-Roman World in the Time of Herod in the Light of Archaeological Evidence*, in: *Abhandlung der Akademie der Wissenschaften in Göttingen* (1996, Hrsg. K. FITTCHEN / G. FÖRSTER) 27 ff.
E. NETZER / E. M. MEYERS, *Preliminary Report on the Joint Jericho Excavations Project*, in: *Bulletin of the American Schools of Oriental Research* 228 (1977) 15 ff.
J. B. PRITCHARD, *The Excavations at Herodian Jericho, 1951, Annual of the American Schools of Oriental Research* XXXII–XXXIII (1958).

Jerusalem

R. AMIRAN / A. EITAN, *Excavations in the Courtyard of the Citadel, Jerusalem, 1968–1969. Preliminary Report*, in: *Israel Exploration Journal* b20 (1970); 9 ff.
N. AVIGAD, *Discovering Jerusalem*, Jerusalem (1980).
D. BAHAT / Ch. RUBINSTEIN, *The Illustrated Atlas of Jerusalem*, New York/London (1990).
D. BAHAT / M. BROSHI, *Excavations in the Armenian Gardens*, IN: *Qadmoniot* V (1972) 102 ff.
P. BENOÏT, *L'Antonia d'Hérode le Grand et le forum oriental d'Aelia Capitolina*, in: *Harvard Theological Review* 64 (1971) 135 ff.
B. MAZAR, *The Temple Mount*, in: *Biblical Archaeology Today*. in: *Proceedings of the International Congress on Biblical Archaeology, Jerusalem, April 1984*, Jerusalem (1985) 463 ff.
E. NETZER / S. BEN-ARIEH, *Remains of an Opus Reticulatum Building in Jerusalem*, in: *Israel Exploration Journal* 33 (1983) 163 ff.
K. und L. RITMEYER, *Reconstructing Herod's Temple Mount in Jerusalem*, in: *Biblical Archaeological Review* 15 (1989) 23 ff.
L. RITMEYER, *Locating the Original Temple Mount*, in: *Biblical Archaeological Review* 18 (1992) 24 ff.
J. SIMONS, *Jerusalem in the Old Testament. Researches and Theories*, Leiden (1952).
YS. MARIE ALINE DE SION, *La forteresse Antonia à Jérusalem et la question du prétoire*, Jerusalem (1956).
Y. TSAFRIR, *The Site of the Seleucid Akra in Jerusalem*, in: *Cathedra* 14 (1980) 17 ff. (hebräisch).

Masada

M. AVI-YONAH et al., *The Archaeological Survey of Masada, 1955–1956*, in: *Israel Exploration Journal* 7 (1957) 1 ff.
G. FÖRSTER, *Art and Architecture, Masada* V, *The Yigael Yadin Excavations 1963–1965, Final Reports*, Jerusalem (1995).
E. NETZER, *The Buildings, Stratigraphy and Architecture, Masada* III, *The Yigael Yadin Excavations 1963–1965, Final Reports*, Jerusalem (1991).
Y. YADIN, *The Excavation of Masada 1963/4. Preliminary Report*, in: *Israel Exploration Journal* 15 (1965) 1 ff.
DERS., *Masada, Herod's Fortress and the Zealots' Last Stand*, London (1966).

Wüstenfestungen

V. C. CORBO OFM, *La fortezza di Macheronte*, in: *Liber Annuus* XXVIII (1978) 217 ff.
DERS., *Macheronte la reggia fortezza Erodiana*, in: *Liber Annuus* XXIX (1979) 315 ff.
DERS., *La fortezza di Macheronte (Al Mishnaqa)*, in: *Liber Annuus* XXX (1980) 365 ff.
DERS., *Nuòve scoperte alla fortezza di Macheronte*, in: *Liber Annuus* XXXI (1981) 257 ff.
E. NETZER, *Kypros*, in: *Qadmoniot* VIII (1975) 55 ff. (hebräisch).
E. NETZER / R. BIRGER, *A Byzantine Monastery at Nuseib 'Uweishira, West of Jericho*, in: *Christian Archaeology in the Holy Land, New Discoveries (Studium Biblicum Franciscanium Collectio Maior 36)*, Jerusalem (1990) 191 ff.
Y. TSAFRIR, *The Desert Fortresses of Judea in The Second Temple Period*, in: *The Jerusalem Cathedra* 2 (1982) 120 ff.
Y. TSAFRIR / Y. MAGEN, *Two Seasons of Excavations at the Sartaba-Alexandrium Fortress*, in: *Qadmoniot* XVII (1984) 26 ff.